人間形成と承認

教育哲学の新たな展開

L・ヴィガー＋山名 淳＋藤井佳世 編著
Lothar Wigger, Jun Yamana & Kayo Fujii

北大路書房

は　じ　め　に

　教育学と教育実践は，ドイツでは，またおそらく日本でも，多くの新たな要請と課題に直面している．グローバル化した世界においてうまく立ち回ることができることを証明するという新たな政治的課題，児童・生徒の学力に関する国際比較調査の結果からみた教育制度の効力に対する世間の高まる期待，所得と就労機会と生活水準が相互の連関性を欠いたまま展開することなどにみられる社会の急激な変化などが，その例である．能率と効率性が学校改革と大学改革の基準であり，人間形成(ビルドゥング)と教育は増加しつづける有用性と経済機関からの要求に囚われている．経験的［＝実証的］な研究は有用で技術的な知を約束し，伝統的教育学あるいは哲学に基礎づけられた人間形成思想(ビルドゥングスデンケン)よりも政治的・社会的期待を満たすことができるかのようにみえる．だが，実証的な知は政治的決定を基礎づけることができず，教育制度(ビルドゥングスジュステム)改革は経済成果を保証することができていないため，科学的な研究成果がそうした期待を裏切りはしないかということが問題となる．しかし，そうした問題とは別に，人間形成論(ビルドゥングステオリー)は，経験的な研究の限界を指摘することができ，また人間性への要求に応える義務を負い，そのような要求とのかかわりにおいて有用性に関する政治的および社会的な要求を点検することに変わりはない．
　第１章では，人間形成論と人間形成研究(ビルドゥングスフォルシュング)との関係を主題にしており，経験的な人間形成研究の二つのヴァリエーションを比較している．経験的な人間形成研究の二つのヴァリエーションとは，量的研究と質的研究のことである．量的な人間形成研究は総体に関する一般的見解を得ようとするものであり，質的な人間形成研究は第一次的な個々のケースをその特別な複雑性のなかで探究するものである．第３章では，ヘーゲルの人間形成哲学が，多くの問題を抱えた青年の伝記的叙述という具体的な事例を分析する際に基盤となりうることの一例を示す．成長期の直中にいる世代が成績を上げるように期待され，その結果として学校や人生に関して子どもたちや少年少女たちが抱える問題が増大してい

i

はじめに

ることに鑑みれば，彼ら個人の自己理解や人間形成にとって教育実践における承認問題はますます重要になっているといえよう。第5章では，承認問題についての基礎理論に関するアクチュアルな学問的議論を取り上げ，これまで教育学における議論を率いてきたアクセル・ホネットの相互行為論上の端緒を批判的に論じる。ここで私は，ホネットの対案として理論的にも，個々の具体的ケースの分析に関しても，承認の制度的条件にこれまで以上に注意を払うことを提起してみたい。第7章では，学校の制度的条件がいかに少年少女たちの承認をめぐるコンフリクトや彼ら彼女らが学校において抱える問題と関連しうるか，ということを提示する。第7章の事例分析は，第3章における事例分析と同様に，今日における子どもたちや少年少女たちが直面している数多くのさまざまな問題の例である。それらは，同時に，人間形成論的な伝記（ビオグラフィー）研究の試みの例でもある。これらの試みの中核をなしているのは，個人の視点，世界に関する個人の理解，他者に関する個人の理解であり，つまりは個人の限界性と可能性のうちで展開する個人の人間形成である。

　第9章および第11章は，PISA以来ドイツにおける教育改革（ビィルドゥングスレフォルム）の多様な努力と多声的な教育議論から，二つの中心的なテーマを取り上げる。それは，教員養成改革と学修能力の改善である。この二つの章では，ドイツにおける教育状況の変化とその変化が教育学にもたらす影響を描出することを試みる。ここではまた，伝統的な人間形成論の省察水準と人間性への要求を喪失することなく，ドイツの教育学が現代化することによって新たな課題に解答を見いだせるかどうか，という問題に注目する。

　あらゆる学術的作業と出版は，多くの人びとの支援なくしては実現しない。まず，2011年に2か月間の日本における研究滞在を可能にしてくれた日本学術振興会に御礼を申し上げたい。引き続いて，京都大学，東京大学，広島大学，福岡教育大学，九州産業大学における私の講演機会を準備し，議論と対話から多くの刺激を受ける機会を提供し，歓待してくれた日本の同僚たちに感謝を述べたい。とくに，藤井佳世氏，池田全之氏，野平慎二氏，鈴木篤氏は，翻訳の労を取り，コメントを施し，本書の出版に力を注いでくれた。この場を借りて御礼申し上げたい。最後に，私は山名淳氏に，長年にわたって計り知れない労力をたゆみなく注いでくれたことに心から感謝を述べずにはいられない。彼の

苦労がなければ，私の日本における豊かな滞在も，私の講演やその後の刺激的なディスカッションも，また本書の出版も，可能にはならなかったであろう。

ドルトムント　2014年4月

　　　　　　　　　　　　　　　　　　　　　　ローター・ヴィガー／藤井佳世（訳）

目　次

はじめに　i

序章　現代において人間形成（ビルドゥング）に向き合うことは何を意味するか…… 1

1. ビルドゥングとは何か　1
2. ビルドゥングに注目する理由　3
3. ビルドゥングの翻訳問題　5
4. 「人間形成」という訳語を選択する　7
5. 「形成」に込められた意味　9
6. 「承認」というもう一つのキーワード　11
7. 本書の構成　13

第Ⅰ部　伝統の人間形成論と今日における人間形成研究のあいだ

第1章　現代における人間形成論と人間形成研究
　　　　──一つの状況記述の試み……… 18

はじめに　18
1. 人間形成論と人間形成研究の二元論について　20
2. 人間形成論を欠いた人間形成研究　22
3. 人間形成論的に基礎づけられた人間形成研究としての伝記研究　26
4. 小括　33

第2章　ドイツの古典的人間形成論の文脈で見た自伝研究 ……… 37

1. 個人の自己形成と社会関係の相即性への眼差し──ヘーゲルの人間観　37
2. 到達不可能な無限者と差異の戯れ──ドイツ・ロマン主義の世界観　39
3. 記憶の迷宮から人間形成論を紡ぎ出す試み──ベンヤミンの記憶論　43

第3章　ヘーゲルの人間形成論と現代の人間形成研究 ……… 47

はじめに　47
1. 伝記研究に対する批判──人間形成論の不十分さ　49
2. フンボルトとヘーゲルにおける人間形成，人間形成過程，そして人間形成の形態　52
3. 事例解釈──トム・ノヴァクの場合　57
4. 未解決の問い──「おわりに」に代えて　65

第4章　ビルドゥングとビオグラフィ
　　　　──あるいは，Bildungstheoretische Biographieforschung …… 71
　　1．ヴィガー論文のコンテクスト　　71
　　2．「ビオグラフィ研究」とは何か　　72
　　3．「ビルドゥング」という言葉──その思想地平　　74
　　4．ビルドゥングとビオグラフィ　　77

第Ⅱ部　人間形成論としての承認論

第5章　承認と人間形成 …………………………………………… 80
　　はじめに　　80
　　1．現代のドイツ教育学と教育科学における承認　　81
　　2．出発点──アクセル・ホネットに基づく承認の理論　　82
　　3．オルタナティヴ──ルートヴィッヒ・ジープに基づく承認の理論　　88
　　4．人間形成論に対する結論　　93

第6章　承認の場所──不正の感情と自己形成 ………………… 98
　　1．人間形成論からみたホネット承認論　　98
　　2．主体の意のままにならない自己形成　　100
　　3．自らの経験を他者に語ること　　102
　　4．自己実現と人間形成論の離齬
　　　　──どのようにして人間形成論は社会的承認の獲得過程を捉えるのか　　103

第7章　制度の目的・承認のコンフリクト・人間形成 ………… 107
　　はじめに　　107
　　1．承認──カテゴリーの問題と理論の不十分さ　　108
　　2．「ヤニカ」の事例
　　　　──学校の拒否，承認のコンフリクト，阻害された人間形成過程，そして暴力　　112
　　3．学校
　　　　──法的な関係，人間形成という課題，選別の機能，そして制裁の力　　117
　　4．学校の承認基準──権利，知識，成果，そして道徳性　　119
　　5．おわりに──補償のジレンマ　　122

第8章　質的な伝記研究，承認論，人間形成論 ………………… 125
　　はじめに　　125
　　1．承認論と人間形成・社会形成　　126
　　2．人間形成過程としての主体と制度の相互作用　　128

3．経験的，質的な人間形成研究と人間形成論　130
4．質的な人間形成研究と人間形成論の相互参照──「おわりに」に代えて　133

第Ⅲ部　人間形成論から教育現実を読み解く

第9章　ドイツにおける教員養成改革と教育学の変容 …………………136
1．問題の所在　136
2．ドイツにおける教員養成の構造的特徴　137
3．ドイツにおける教員養成改革　140
4．教育学の変容　153

第10章　変貌を遂げる教員養成と教育学
　　　　──今日のドイツは明日の日本か ………………………………157
1．高等教育の構造変化　158
2．教員養成の質保証　159
3．教員養成スタンダード　160
4．日本における教員養成制度改革に照らして　163

第11章　ドイツにおけるアビトゥーアと学修能力をめぐる議論 ………166
1．公共の議論における学修能力　166
2．ドイツにおけるアビトゥーアの歴史と意義　171
3．「学修能力」とは何か　175
4．一般陶冶，大学入学資格，学修能力　179

第12章　試験・学校・人間形成
　　　　──ヴィガー氏のアビトゥーア論に寄せて …………………………187
1．人間形成・選抜・資格付与という三位一体のイメージ　187
2．〈学校／試験／大学〉の構図を支える人間形成論　189
3．変化する人間形成観　192
4．経歴──試験がつくり出す個人の物語とは何か　195
5．文化の副作用──試験の自己目的化を超えて　198

文　献　201
人名索引　220
事項索引　222
おわりに　225

序章

現代において人間形成（ビルドゥング）に向き合うことは何を意味するか

山名　淳・藤井佳世

1 ── ビルドゥングとは何か

　本書は，ドイツの教育学者ローター・ヴィガー氏の論考を収めると同時に，彼と議論を重ねてきた日本の教育学者による応答の試みである。本書の支柱をなしているのは，ヴィガー氏による考察によって構成された六つの章（第1，3，5，7，9，11章）である。各章に対して，翻訳者を中心にコメント論文（第2，4，6，8，10，12章）を添えた。ヴィガー氏の基本的な関心はすでに「はじめに」によって示されているが，あらためて強調しておかなければならないのは，どの論考においても「ビルドゥング（Bildung）」概念がその中心的な位置を占めているということである。

　ある人が誕生し，そしていつかその生を終える。その間に，人は自分自身と環境――そこには「自然」や「文化」と私たちが呼ぶもののすべて，また自分を取り巻く人やモノのいっさいが含まれる――との相互作用のなかで自らを変え，また自らが変化していくなかで環境にはたらきかけ，そして自己と環境との関係性を変容させてゆく。ドイツ語のBildungは，人が「自然」や「文化」とのかかわりのなかで「人間」になるそのような変容およびその過程において得られたものの総体を一語のうちに内包しているのではないか。本書において，この語を「人間形成」と訳したが，ビルドゥングの原義は一般に「形成」という日本語によって思い描かれる人間の変化よりも力動的かつ重層的である。

　Bildungは，日本語においては，「人間形成」のほか，その語が用いられる文脈に応じて「陶冶」，「教養」，「教育」，「自己形成」などと訳されてきた。「自己変容」や「自己生成」といった表現も，Bildungと意味の重なりを有してい

1

るといえる。だが，この概念は「その核心において他の言語に置き換えることは不可能」(Menze 1983: 351) であり，それゆえドイツ語以外の言語によってその内実を捉えようとする場合に一語に置き換えることはできない。「〇〇であり，〇〇であり，なおかつ〇〇であり……」というように，複数の語によってその多面性を疑似的に構成するほかはない。こうした事情は，日本語に比べるとドイツ語と比較的親近性のある英語の文化圏においても共有されている。ドイツ語で書かれたBildungに関する哲学的エッセーのある英訳者は，訳注を付して次のように述べている。Bildungとはformationであり，developmentであり，cultureであり，self-cultivationであり，またeducationであると[★1]。

　ビルドゥング概念そのものにも歴史的な変遷がみられ，そのことがこの概念によりいっそうの奥行きを与えている[★2]。キリスト教の意味世界においては，「像 (Bild)」=「神の像 (Imago Dei)」に人間 (=「神の似姿」としてつくられたが原罪により「像」が破損してしまった存在) が近づいていくことがビルドゥングという語の原義に内包されているが (Lichtenstein 1971)，その後，マイスター・エックハルトなどの神秘主義の思想や，パラケルスス，ベーメ，ライプニッツ，ブルーメバッハなどの自然哲学・有機論的な思想のうちにこの概念が扱われたとされる。とはいえ，ビルドゥングが思想史上の重要概念として昇格したのは，18世紀後半から19世紀前半にかけてヘルダー，フンボルト，シラー，ゲーテ，またフィヒテやヘーゲルなど，初期ロマン派やドイツ観念論哲学として括られる人びとの努力に負うところが大きい。ここにおいて，「人間のあらゆる力が自らに固有のテロスにおいて展開すること」(Menze 1983: 351) という，人間とその変容に関する哲学的考察の基盤としてのビルドゥング概念が練り上げられることになった。「[人間の] 諸力が最も高度にかつ最も調和的に完全で一貫した全体性へと発展すること」(Humboldt 1967 (1792): 107) という意味におけるビルドゥングが教育学の文脈において引き継がれ，20世紀のドイツ教育学を席巻した精神科学的教育学などにおいても重要概念の一つであり続けた。今日ではこうした哲学・思想由来の意味世界を超えてビルドゥングという語が使用されるようになっているが，その点についてはあとでふれることにしよう。

序章　現代において人間形成（ビルドゥング）に向き合うことは何を意味するか

2 ── ビルドゥングに注目する理由

　すでに述べてきたことによってあきらかなように，ビルドゥングは重要ではありながら，とはいえドイツ語圏ではない言語文化圏に導入しようとする際に相異なる意味世界の壁を大いに感じさせるような概念である。そのような困難にもかかわらず，今日の私たちが，しかも日本においてあえてビルドゥングに注目する理由は何か。

　第一に，ビルドゥングは，教育について考察するための包括的な視野を私たちが確保しているかどうかを確認するための，いわば点検概念となりうるように思われる。教育，すなわち他者の自己変容をある方向へと導こうとする営みを構想し，実行し，省察するとき，どのような人間観がそのための前提とされているか。このことは，教育の思考と実践にとって決定的に重要である。極端な事例だが，たとえば完全に受動的な人間観からは外部の圧力により鋳型に填めたり外部の要素を注入したりするような単純な教育観が導かれてしまう，といったように。力動的な自己変容としてのビルドゥングは，人間観および教育観が硬直しかかった場合にその修正を可能にしてくれるような思考の始源となりうるのではないか。ビルドゥングの翻訳不可能性とあえて向き合い，他言語の意味世界にない部分をそこから抽出しようとすることに私たちが意義を見いだそうとするのは，そのためである。ビルドゥングにとって，とりわけ私たちの「世界観」を変容させることにとって，言語がいかに重要であるかということを強調したのは，よく知られるとおりフンボルトである。このことを受けていえば，ビルドゥングという言語上の**他者**と接触することによって，人間とその環境をめぐる「世界観」が開かれていくことに私たちは期待している。

　第二に，ビルドゥングは，今日における教育学の動向を見極めるうえでも鍵概念であるように思われる。ドイツにおいて，近年，教育に関する大学教員の公募に際して専門領域を表す看板として長らく使用されてきた「教育科学（Erziehungswissenschaften）」に代わって「ビルドゥング科学（Bildungswissenschaften）」という名称が用いられることが増加しているという。そのような意味において，現在，ビルドゥングの復権とでもいうべき現象がみられるといえるかもしれない。だが，その際に志向されているのは，必ず

3

しも上述したような哲学・思想の領域において蓄積された人間存在やその変容に関する考察であるわけではない。思弁性の高い考究よりもむしろ経験的・実証的な研究が，ビルドゥングの名の下に人間・教育に関する学問ディシプリンの中核を形成する傾向が認められるのである。

今日のドイツにおいては，経験的・実証的な考究を「ビルドゥング研究（Bildungsforschung）」と呼び，哲学・思想を基盤とした人間と教育に関する伝統的な思考の蓄積を「ビルドゥング論（Bildungstheorie）」と呼んで，両者を区別することがある（このような用法を推進している代表的な論者の一人が，ほかならぬヴィガー氏である）。教育学の中心が「ビルドゥング論」から「ビルドゥング研究」へ移行しつつあるかにみえる傾向は，ヴィガー氏が第11章において示唆しているように，今日における学術政策や大学改革における全体的な動向と密接に結びついており，競争的資金の配分と連動する仕組みのなかで学問ディシプリンの新たな輪郭が形成される現象の一環としての側面をもつ。そのような傾向の足場は，すでに1970年代あたりに築かれたといってよいのではないか。ビルドゥングを鍵概念として用いることによって，人間の生成や発達，教育や社会化の領域を広く捉えたうえで多様な，とはいえ実証主義的な傾向を有する調査や研究がなされるようになった。それと同時に，ビルドゥング概念の濫用状態が嘆かれ（Luhmann/Schorr 1979），極端な場合には，その延長線上で次のような主張にまで行き着くことになった。人間本性のテロスも神の似姿という目指すべき像も想定されえない「ポストモダン」状態においては，ビルドゥングはもはや考察のグランドデザインを私たちに与えてくれはしない，と（Lenzen 1997, Lenzen 2000）。

教育哲学を基盤とするヴィガー氏の立場からすれば，そのような学術・教育政策の時代文脈のもとに哲学・思想に根ざしたビルドゥングの考察がなおざりにされるのではないかという危惧が強調されたとしても驚きはないが，彼の力点はそこにはない。先ほど挙げた第一の理由ともかかわるのだが，ヴィガー氏はむしろ伝統的な「ビルドゥング論」と「ビルドゥング研究」は相反するものではないことを指摘したうえで，ビルドゥングの哲学・思想を今日においても有効な人間研究の点検概念として用いつつ，双方を架橋しようとしている。本書全体において展開されているのは，そのような架橋のための実験的な試みで

ある。ヴィガー氏は，人間や教育に私たちが向き合う際に重要となる視点や問題構成が沈殿している知識のストックとして伝統的な「ビルドゥング論」を位置づけ，それを参照するという研究スタイルを提示することによって，二つのことを目指しているようにみえる。第一に，経験的・実証的な「ビルドゥング研究」に対してはそこで前提とされがちな制約された人間観や世界観を相対化し反省する契機を得るということであり，第二に，哲学・思想研究の領域に対しては「ポストモダン」時代のビルドゥング不要論があまりにも単調であることを自らの実験的試みによって証明することである。

社会システム全体が「グローバル化」していく状況下においては，ドイツにおける学術・教育政策の動向およびそれと連動する人間・教育に関する学問ディシプリンの変化は，日本を含む多くの国々でもみられる。コメント論文においては，ヴィガー氏による伝統の「ビルドゥング論」と現代における「ビルドゥング研究」との融合の試みの妥当性について，日本の文脈などをふまえつつ私たち自身が検討することをできる限り試みることにしよう。

3 ── ビルドゥングの翻訳問題

私たちがビルドゥングについて注目する第三の理由。それは，もともと多様な意味を帯びているビルドゥングが日本の教育学に移入された際に生じた意味世界の錯綜について問題意識を向けることが重要と感じたことにある。日本の教育学において，ビルドゥングに由来する言葉は，少なくとも3種の意味で使用されている。第一にここで注目している力動的かつ重層的な人間形成という意味で，第二に知的学習という意味で，そして第三に一般的な教育という意味で。

よく知られるとおり，明治期において欧米のシステムが日本に導入されたとき，教育に関する思考と制度もまた持ち込まれることになった。教育研究に関する欧米の術語が日本語に置き換えられる際の腐心と紆余曲折は想像に余るものがあるが，ともかく翻訳作業の過程においてビルドゥングの訳語として定着していったのは漢語由来の「陶冶」という語であった[★3]。

「陶冶」という訳語が誕生した経緯については諸説あり，その真相はつま

びらかではない。だが，欧米の教育論を日本に導入した重要人物の一人である湯原元一（1863-1931年）の証言によれば，少なくとも教育学の意味世界においてこの語がビルドゥングの定訳となる礎が築かれたのは，明治20年代から30年代にかけてヘルバルト主義が日本において積極的に紹介された時期である。また彼の自己申告が正しいとすれば，「陶冶」という訳語を考案したのは湯原本人ということになる（cf. 櫻井 1994）。彼は，当時を述懐して，「ビルドザームカイを陶冶性，ビルデンを陶冶と訳したのも私である」（湯原 1922: 186f.）と述べたうえで，「陶冶とは漢籍に出拠があって，俗語ではないがしかし品性陶冶という語が恰も昔から行はれていたもののやうに，世上一般の人々にまで口にされるようになつたのは，私に取っては一つの快心事であるといつてよい」（湯原 1922: 187）と続けている。

1893年に湯原が翻訳したヘルバルト教育学派のリンドネルによる教育学テキストにおいて，彼は「訳例七則」を提示しているが，その第五則において「妄意新製志たる」自らの訳語の一つとして「陶冶」を挙げ，次のように述べている。「陶冶性　原語はBildsamkeitにして，bildenすべき性質を云う。而してbildenは，英語のto cultivateに該当し，陶冶修養又は薫陶の意を有す」（湯原 1893: 5-6）。リンドネルの著作は，出版されてから「凡そ七，八年の間は，全国師範学校の約八分位に採用されて大いにヘルバルト主義の鼓吹の役を務めた」（湯原 1922: 182）とされている。こうした著作や後に続く訳著およびそれらから影響を受けた日本人教育学者の手による文献を通して「陶冶」という語が日本の教育学において根づいた可能性が高い。

湯原は，「訳例七則」の第一則として，当時試みられた翻訳の難しさについて次のように書き記している。「独乙語と，日本語とは語源を異にし，語格を別にするが故に，原書の語格を損し，之を邦語に飜訳して，尚ほ意義の通暢せんことは，断じて望むべからず。……本書は実に義訳の法を取れり」（湯原 1893: 1）。ビルドゥングの意訳として生み出された「陶冶」がその後日本においてどのように普及し，どのような意味変遷を遂げたのかという問題はそれ自体興味深いが，ここで本格的な概念史的考察を展開する余裕はない[★4]。ただ，指摘しておかねばならないことは，「陶冶」概念が，一方で篠原助市において典型的にみられるように力動的な人間形成として語られ[★5]，他方においてとく

に教授学の文脈で「訓育」と一対のものとして把握され，知育とほぼ同義のものとして位置づけられるようになったということである[★6]。また，教育学を学び始めるときにふれる「形式陶冶」と「実質陶冶」などの場合にも[★7]，知育を核としつつ私たちが一般的に教育と呼んでいることをイメージしていることが「陶冶」という語によって捉えられることになる。

　大学において教育学について学ぶ者は，その入門段階において，知育を中心とした教育という意味を有する語として「陶冶」に出会うことが多い。なるほどそれもビルドゥングというドイツ語が有している意味の一部であるという点では問題がないかもしれない。だが，こうした翻訳と教育学教育の結果として，ドイツ語におけるビルドゥングが有する力動的で重層的な人間形成のイメージはそこから往々にして抜け落ちてしまうことになる。日本における教育学内に張られたそうした特異な意味論上のバリヤーを意識しない限り，ドイツ語圏でビルドゥング概念をめぐってなされている議論に接近することが難しくなる。私たちは，この問題を意識しつつ，ヴィガー氏が投げかけるビルドゥングをめぐる議論に参入しようと思う。

4 ──「人間形成」という訳語を選択する

　以上のようなことをふまえたうえで，それでは本書においてBildungというドイツ語をどのように訳すのか。私たちはこの大きな問題に直面した。「Bildung概念を『陶冶』『教養』『教育』などと訳すことを可能な限り避け，Bildung概念・理論をその原語に即して研究する必要性を感じる」（櫻井 1998: 77）という立場からすれば，最大限に妥協してもカタカナで「ビルドゥング」と記す以上には日本語に置き換えられないと主張されるかもしれない。あるいは，Bildungの「義訳」として「陶冶」が選択されて日本において定着したのだから，この語を用いることが適切であるという立場もあるだろう（真壁 2012: iii f.）。また，Bildungの邦訳として「陶冶」が用いられているとはいえ，この言葉が今日において人口に膾炙しているとは必ずしもいえないことから，むしろ「人間形成」という，日常用語に近い感覚で容易に理解できそうな語に置き換えてみるという選択肢もある（テノルト 1998: 20）。だが，Bildungが本来的に「他の言語に

置き換えることは不可能」である以上，どの訳語にも一長一短があり，おそらく但し書きが必要となる。

　私たちは，ヴィガー氏の論稿を翻訳する際に，Bildungを，①「ビルドゥング」，②「陶冶」，③「人間形成」と訳した3種類の原稿を作成した。そして，三つの原稿を読み比べてみた。①の「ビルドゥング」案では，発音の記号としてカタカナを用いることで特定の意味を有する日本語への置き換えを避け，そのことによって，ドイツ人がBildungという多義的な語に向き合う場合のかまえを疑似的につくり出すことがねらいとなる。だが，「ビルドゥング」という語に必ずしも慣れ親しんでいるわけではない読者が関心を失うことなく本書を読み切れるかどうか。「ビルドゥング」が多用されるとそこに意味の空白が読者のうちにできるのではないか。当初，訳者の一人である山名は，「ビルドゥング」と記すことを提案したが，いざその原稿を読み通してみると，すでに訳者でさえ読みの困難を感じざるをえなかった。②の「陶冶」については，ドイツ語圏の教育学にふれる機会の多い立場にある者にとっては最もよい訳語であるように思われた。だが，第一により広い読者を想定した場合には日常において慣れ親しみのない「陶冶」という語が頻出する原稿は十分にその内容が読み取られないことが予想されること，また第二に教育学における上述した意味論上の問題があることに鑑みて，「陶冶」を訳語として用いることも回避した。

　残るは，③の「人間形成」という語である。すでに示唆したように，「人間形成」もまたBildungの完全な訳語ではありえない。「形成」という語が何か一定の型にはめ込んでしまうというイメージで捉えられてしまう可能性がある[★8]。ただ，多くの読者にとって意味がわかると感じられる「人間形成」という語を用いることによって，この概念が有する基本的な意味の方向性を保持しつつ本書を読み通すことができると，私たちは考えた。もちろん，そこには，但し書きが必要となる。本書における「人間形成」はBildungを指し示すための記号であり，この語によってすでに述べたような人間変容のダイナミズムという意味もまた内包されているということを前提としている，という但し書きが。

5 ──「形成」に込められた意味

　「人間形成」という日本語によってビルドゥング概念が有するダイナミズムを想念するという本書における提案は，私たちのたんなる思いつきではない。日本の教育学における「人間形成」という語の使用法を概観してみるとき，「人間形成」は主として戦中戦後を通して培われたビルドゥングに対する（「陶冶」に代わる）第二の訳語としての側面を有していたことがわかる。

　小池孝範がすでに指摘しているように，戦前にも「人間形成」という語が教育学において用いられている例もあるが（エッセル 1935），ビルドゥングと結びついた日本語として「人間形成」を根拠づける入念な作業はまだみられず，普及もしなかった（小池 2008: 6）。とはいえ，当時の関連文献を眺めてみると，たとえばすでに1933年の時点で，西田幾多郎は「哲学と教育」（後に「教育学について」として改稿）において次のように述べている。「教育ということも，私は一種の形成作用と考えることができると思う。彫刻家が彫像を造る如く教育者は人間を形成するのである」（西田 1966（1933）: 87）。その場合の「形成」とは，「単に主観的なるものを客観的に現すということ」ではなく，むしろ「客観的なるものをして自己自身を現さしめる」ような「主客合一の創造作用」として思い描かれねばならない。西田は続けて次のようにいう。「構成するbildenということは引き出すerziehenことである」（西田 1966（1933）: 88）。ここでは，「訓育（Erziehung）」と「陶冶（Bildung）」に分断される以前の，また西田の術語を用いていえば主客合一としての教育の有り様が，「人間を形成」するという語によって表現されている。つまり，ビルドゥングとしての「人間形成」という語の胎動がここに看取されるのである。

　さらに西田の門下にあって教育の哲学的根拠を追究した木村素衛は，『形成的自覚』（1941年）において，「形成」の意味をビルドゥングとの関連で次のように語っている。少々長くなるが，重要であると思われるので引用しておきたい。

　　教育の結果人は教養を得る，と考へられている。ところが教養cultureは文化Kulturと共にその語原をculturaに発している。一方またcultureと意味を同じくするBildungは，もともと形あるものを作ることを意味し，ここからして

> この言葉はまた教育と同義に用いられる陶冶の意味を担って来る。しかるに文化は常に自然との対立において理解せられ，自然がおのづから成るものであるに対して文化とは特に人間によって作られたものとして，そこにその本質をもつものと考へられる。さうすればcultureとKulturとがその深き根源において何らか密接な関係を暗示しているやうに，BildungとKulturともまたそれらが共に形造るといふことに内面的なつながりをもつ点で何か関係をもつもののやうである。(木村 1941: 3f.)★9

　木村の「形成」観は，ビルドゥングが有するダイナミズム，すなわち人間が文化や教養を作ると同時に作り手としての人間もまた変容を遂げる過程を内包したものであった。第二次世界大戦後，ビルドゥングとの関連を有するこうした力動的な「形成」概念の意義が再発見されて，より明確に「人間形成」という語がその文脈において用いられる例があった。たとえば，大浦猛は，「社会的人間形成としての教育」（1950年）において，「形成的」存在としての人間の性質を考究した人物として木村素衛に注目し，その延長線上において「人間形成」を教育学的意味論のうちに定位しようとしている。木村の考察に言及したあとで，大浦は，「文化的主体としての人間存在はかくて，自己が本来いかにあり，いかにあるべきかを知るところの自覚的存在にもとずいて自己の主体性を養い育てること，すなわち教育的実践……を，自己の本質的，必然的な展開として含んでいる」（大浦 1950: 201）と述べ，そのような意味において「人間形成」という語を用いている★10。

　以上の例についていえば，「人間形成」というビルドゥングの訳語は，複数の人びとによる思索の受け渡しの産物としての側面を有している★11。むろん，「人間形成」という語が常にビルドゥングとのかかわりにおいて用いられてきた，というわけではない。1960年代に主として教育哲学や教育人間学の領域において「人間形成」をキーワードとした一連の成果が公にされ，その後，20世紀の後半を通じて「人間形成」という語の頻度は大きくなっていった★12。そうした広がりのなかでさまざまな「人間形成」論がどのような相互連関のうちにあるのか，あるいは明確に区分けされるのか，ということを言い当てることは難しい。さらにいえば，第二次世界大戦後，「人間形成」という語は，教育

学のみならず，心理学，哲学，人間学，倫理学，社会学などの領域においても幅広く用いられていた。教育学の内外において繰り広げられる「人間形成」に関する議論の方向性は多様である。

「人間形成」に関するそのような多様な議論を紐解くことはそれ自体興味深いが，それは今後の課題として残さざるをえない。ここではただ一点，こうした20世紀後半から拡大した「人間形成」の意味世界において，とりわけ教育に関する部分についてはその始原においてビルドゥングとの関連が意識されていた，ということを確認するに止めたい。「人間形成」という語が用いられる場合，人間変容のダイナミズムがそのうちに内包されていることが前提となる，という本書の但し書きは，日本語によってBildungが考察される過程で生み出された力動的営みとしての「形成」の含意に根ざしている。

本書においては，以上のような検討に基づいて，Bildungの訳語として基本的に「人間形成」という日本語を当て，文脈によって「人間形成」以外の訳語を採用すべきであると判断された場合には，適宜訳語を変えることにする。それらがBildungの訳であることを示すために，該当箇所に「ビルドゥング」というルビを振るようにする（「陶冶」「教養」など）。本書において重要な語となるBildungstheorie（哲学・思想由来のビルドゥングに関する考察）の訳語も，この原則に従って，基本的に「人間形成論」と記し，またBildungsforschung（実証主義志向のビルドゥング研究）は「人間形成研究」と表記する。Bildungに関する語およびそれを部分として有する語についても，できるだけ言語の読み方をルビ機能によって示すことにする（「陶冶する」「人間形成科学」など）。なお，本書においては，以上の訳語を原則として「　」なしで表記する。

6 ──「承認」というもう一つのキーワード

本書には，ビルドゥングが重要な核となっていることとは別に，もう一つの大きな特徴がある。それは，社会哲学者アクセル・ホネット（Axel Honneth, 1949-）の「承認」論に対して教育学・教育哲学の視点からアプローチしている点である。ホネットの「承認」論は，日本ではおもに哲学，社会学，政治学の分野において研究が進められているが，教育学において本格的に彼の承認

論に向き合った研究書は管見の限り皆無である。本書は、日本において「承認」をめぐる教育学的研究の端緒としての側面を有している。

　本書で紹介されているとおり、ホネットの「承認」論はドイツ教育学においてはすでにいくつかの立場から論及がなされている。そのなかには、ユルゲン・ハーバーマスのコミュニケーション的行為の理論が教育目的のレベルで受容されたときと同じように、「承認」のスローガン化を指摘する立場の研究者たちがいる。そうした立場が主流であるかのようにみえるなかで、ヴィガー氏の立場はいささか特異であるといわねばならない。というのも、ヴィガー氏は、ホネットの「承認」論を擁護するでもなく、とはいえ棄却するでもない立場をとっているからである。ヴィガー氏の立場をあえて要約すれば、彼はヘーゲルの「承認」概念に軸足を置いたルートヴィヒ・ジープの論考に賛同を示しつつ、彼に近い立場からホネットの「承認」論を批判的に検討しているといえるだろう。

　誤解のないように付言すれば、ヴィガー氏が「承認」を教育目的とするような議論を展開していないということは、彼が人間形成にとっての「承認」の意義を軽視しているということを意味しているわけではない。他者からの「承認」によって自らの人生の意味が変容してしまうほどに、私たちの生は「承認」によってあきらかに左右されている。ヴィガー氏による議論の根底にあるのは、そのような「承認」の意義に対する揺るぎない確信である。だからこそ、ヴィガー氏は、他者による「承認」と社会に適応していく側面がどのようにかかわっているのかをつぶさに読み解こうとするのである。

　ヴィガー氏にとって人間形成の過程を読み解きの対象として可視化する手段は、現代の質的な人間形成研究（ビルドゥングスフォルシュング）において採用される手法の一つであるナラティヴ・インタビューである。彼がそのような手法によって掬い取る具体的事例は、「承認」がよりよい方向に作用したと思われるような人間形成過程ばかりでは必ずしもない。「承認」を得ようとして非行と呼ばれる行為に接近したり、人生が暗転したと感じられたりするような事例も取り上げられている。「承認」というテーマが織り込まれた過程としての人間形成は、けっして肯定的に捉えられることばかりではない。挫折や悩みなども人間形成の一側面であり、「承認」と深くかかわるできごととみなされる。しかも、「挫折を経験したあとで社会的な『承認』を獲得し、そこから翻って飛躍を遂げた」といったような、非連

序章　現代において人間形成（ビルドゥング）に向き合うことは何を意味するか

続的でありながらも最終的には上昇のイメージで把握される人生の物語に回収されることもない。ヴィガー氏が取り上げる人間形成過程の解釈は，その意味においてどの方向にも開かれている。それが現実だといわんばかりに。ヴィガー氏によるそうした人間形成の捉え方は，「承認」することが教育学において無条件に教育目的として設定されたり，「承認」の前提として信頼に基づく人間関係が手放しで称揚されるにとどまったりする傾向——教育学的なプロットの形成——を批判的に検討するという姿勢をすでに示しているのだが，しかしそのような開かれた人間形成過程の論究にはそもそも教育学的な意義などあるのだろうか。あるいは——と自問することも可能だろうが——そのように反問する際に用いられる「教育学的」なるもののイメージこそが省察されるべきなのだろうか。本書が試みることは，ヴィガー氏の「承認」論のたんなる解説ではなく，彼が仕掛けた「承認」論批判について批判的に議論することでもある。

7 ── 本書の構成

　最後に，本書の構成についてふれておこう。本書で掲載されたヴィガー氏のテキストは，日本において開催された講演の内容およびすでにドイツで公にされた論稿をもとにしている（「おわりに」を参照）。それらを時系列に並べるということも考えたが，最終的に内容を基準として三つのグループにそれらを区分して構成することにした。

　第Ⅰ部は，人間形成論（ビルドゥングステオリー）と人間形成研究（ビルドゥングスフォルシュング）をテーマとする論文によって構成されており，双方を接続する試みをめぐって議論が展開する。第Ⅱ部においては，「承認」と人間形成をテーマとする論文が収められており，「承認」概念と具体的な人間形成との結びつきが考察される。第Ⅲ部は，今日におけるドイツの教育現実に関する問題に関する論考を扱っている。そこでは，近年の教員養成改革や高大接続の問題などが，人間形成論の観点をふまえたうえで考察が試みられている。

　今回はテーマとして取り上げられていないが，電子空間の拡張などによって「わたし」の在処があらためて問われている今日，主観と客観，内部と外部，結果と過程といった二項図式によってにわかには把握しがたい私たちの日常を

読み解く鍵は，むしろ上述の二項図式における双方の要素を集約するビルドゥングのような概念にあるのかもしれない。人間形成をめぐるドイツと日本の文化的差異を考察することも重要であるが，同時に両国の文化に共通する今日的な問題をめぐって二つの言語を往還すること自体にすでに意義があるのではないだろうか。古く，そして新しい議論の起点が発見される可能性がそこにあるように思われてならない。

■注

★1　テオドール・W・アドルノの『批判的モデル集』第1巻の英語版訳注（Adorno 2005: 323）を参照。ちなみに，この著作の日本語訳（法政大学出版局，1971年）では，タイトルも含めてビルドゥングが「教養」と訳されている。今日ときおりみられるように「教養」を知識の体系的なストックという意味で捉えてしまうと，アドルノの邦訳は誤読されるおそれがある。かつてそう把握されていたように，読者は「教養」概念のうちに自己の変容過程（人間形成）という意味をも読み込まなければならない。

★2　ビルドゥング概念史について言及した邦訳文献は少なくないが（文献一覧を参照），体系的なものとしては三輪1994，濱田1999を参照。

★3　こうした文脈における「陶治」は，主として人間変容の過程にかかわる側面に重きを置くときのビルドゥングの訳語である。その一方で，ビルドゥングは，そのような過程の成果として獲得されるものをも指し示す概念である。こちらの意味において用いられることの多いビルドゥングの訳語としての「教養」は，もともと自己変容の過程と成果の双方を言い表す性質を有していたが，歴史の進行とともに後者のニュアンスを強めていった。「教養」概念については，たとえば進藤1973，筒井1995，渡辺1997，竹内2003を，また教育の文脈においては松浦2003を参照。

★4　一つの興味深い試みとして，小池孝範は1917年から2000年までに刊行された13冊の教育学に関する事典・辞典類を調査してビルドゥングの訳語と意味内容の変化を分析している（小池2008: 4ff.）。

★5　篠原は次のように述べている。「陶治は教育上では第一に，パウルゼンの力説した如く……内部からの発展であり，第二に，内部からの発展であるから生徒の自己活動によって成り，第三に，内部的，精神的本質を全体として（一方に偏しないで）なるべく完全な姿に発展せしめることを意味する」（篠原1975（1949）: 84）とされている。

★6　学校教育に関する理論と実践が20世紀において盛んに議論されるようになるにしたがって，ビルドゥングが一般的な教育を意味することが多くなる傾向は，教授学の領域を中心としてドイツにおいてもみられたが，日本では20世紀後半にそのような傾向が顕著になったのではないか。鈴木秀一によれば，「訓育（Erziehung）」を人格形成などの意味を含む教育活動として，また「陶治（Bildung）」をそれとの対置関係において知育にかかわる教育活動として用いるようになった最も大きな契機は，1960年代に「生活指導」概念をどのように教育実践において位置づけるかという議論であった

序章　現代において人間形成（ビルドゥング）に向き合うことは何を意味するか

という。「生活指導」をめぐる論争において，小川太郎が『教育と陶冶の理論』（1963年）を上梓し，そのなかで「人格の教育」としての訓育と「学力の教育」としての陶冶というカテゴリー区分をして「以後，この整理に基づいて研究と実践がすすむ」（鈴木 1988: 575）ことになったとされる。ちなみに，それ以前の時代には，たとえば城戸幡太郎の場合のように，教授学的な分野においても自己と世界との力動的で重層的な関係性という意味における陶冶概念が踏まえられていたケースがあった（城戸 1935: 996）。城戸は，陶冶とは「形成されたものに対する形成することの関係」，つまり精神の客観化としての現象（文化）を他者（児童）のうちに創造していくことであると理解したうえで，教授を「技術の技術」（精神を客観する技術を伝える技術）と位置づけていた。ビルドゥングをめぐるこうした日本語訳とその意味内容の変遷過程については，今後本格的な「発掘」作業を通して明らかにされるべきだろう。

★7　一般に，「実質陶冶」は習得すべきとされる知識などを提供する教授の在り方を指し，「形式陶冶」は記憶，思考，判断にかかわる知的活動の一般形式を涵養する教授の在り方を意味する語として用いられる。いずれにしても，ビルドゥング概念が有する自己変容という側面よりも外部からの働きかけとしての教育に力点が置かれている。

★8　細谷恒夫は，ある一定の方向性や型に向かって人間が変化していくという意味で「人間形成」が理解されがちであるという問題を，とりわけ「陶冶」の語感と関連づけて指摘している。彼によれば，「たとえば陶冶という言葉が示しているように，土を材料としてそれをこねてある形を与えた上でそれを焼いてある器を作りだし，また金属をとかしていがたに流し込んである道具としての形を与えるように，人間形成ということも，いわば生の人間に外からいろいろ手を加え」（細谷 1955: 2）るかのように考えられることが多い。この傾向は，現在においてもみられるように思われる。

★9　引用に際して，旧漢字，旧仮名遣いを新漢字，新仮名遣いに置き換えた。

★10　より厳密にいえば，大浦は，木村によって示唆される「自己による自己の自覚的形成作用」に加えて，「他者による自己の形成作用」が重要であることを指摘し，「人間形成」を双方の合一的な過程として捉えようとしている。後者の点とかかわって，大浦は西田幾多郎の「哲学と教育」（1933年）を引用しつつ，「人間形成としての教育作用においては，単なる一般的な規範とか抽象的な独立自己とかいうものを離れて，『客観的なる社会的・歴史的事物が自己自身を形成するといふことが主でなければならない』」（大浦 1950: 227）として，社会や歴史に限定された人間の在り方に傾注した。

★11　京都学派との強い繋がりのなかで培われた教育人間学経由の戦後「人間形成」論のうちに，ビルドゥングとの内的な連関を，少なくともそこからの継承と発展を読み解くことが可能であろう。京都学派から教育人間学を重要な基盤とする「人間形成」論への変遷については，田中毎実による一連の論考（田中 2003，田中 2009，田中 2012）を参照。

★12　「人間形成」という語に込められた問題関心と視点はさまざまである。すでに言及した流れとは別に，人間を「社会生活によってかたちづくられ」（宮原 1976: 7）る存在とみなし，「自然成長的」な要素（社会的環境，自然的環境，個人の生得的性質）による人間への働きかけを教育と区別したうえで（中内 1988: 22f.も参照），社会・歴史における人間の営みをより広い視野で捉えようとする「人間形成」論もあれば，「発達」との関連において教育を捉え直そうとする「人間形成」論（勝田 1972，堀尾 1991）もある。「ひとがひとに働きかけるということの奥深さ」（上田 1966: 2）を強調して教育

15

に関する考察を行う立場を表明する際の看板として「人間形成」論が用いられる場合もあれば，人間と環境との交渉を通して新たな行動様式が獲得される点に注目する「プラグマティズム的視角」（細谷 1955: 4）からの「人間形成」論もある。また，教育に関する人間学の可能性と課題を追究しつつ独自の理論の構築を目指す考察が「人間形成」論と名指される（森 1961，森 1977，森田 1992，岡田 1996，田中 2003）。自己が変容していく空間とかかわり合いに焦点をあてた「人間形成」論の方向性も打ち出されている（堀内 1979，高橋 1992）。ちなみに「人間形成」という語が市民権を得たのがいつ頃かを言い当てることは難しいが，たとえば1970年代後半に出版された「教育学講座」において『人間形成の思想』（平野・菅野 1979）が収められたことは一つの目安になるかもしれない。

第Ⅰ部

伝統の人間形成論と今日における人間形成研究のあいだ

第1章

現代における人間形成論と人間形成研究
―― 一つの状況記述の試み ――

ローター・ヴィガー／池田全之（訳）

■──はじめに

　理論と経験の関係についての議論は，ドイツにおける学問的教育学の歴史に通底している。現在，この問題は人間形成論と人間形成研究（ビルドゥングステオリー　ビルドゥングスフォルシュング）の関係への問いとして論じられている[★1]。

　本章での考察の出発点とされるのは人間形成論と人間形成研究の二元論のテーゼである。つまりこのテーゼは，H. -E.テノルトが提示し，A. v. プロンシンスキーが，人間形成（ビルドゥング）の意味の変化を歴史学的にふり返りながら特徴描写したものである。

> 　一方では，人間形成論的で人間形成批判的な思考は，現存する指示先である人間形成研究というオプションを欠いたままに幅広く展開されることができた。他方で，人間形成研究は1960年代以来，人間形成論的なオプションと体系的に関係しなくても公認されてきた。(Prondczynsky 2009: 15)

　彼が「人間形成研究なき人間形成論」と特徴を描写した人間形成思想は，その出発点をW. v. フンボルトに置いていたのであり，19世紀から20世紀までの間，経験科学的分析との関係を欠いたままだった[★2]。ここ数十年来，経験に基づく社会研究の標準規格にますます準拠し，学習や発達や知識といった心理学的な理論や概念に方向づけられた，あるいは社会的出身，階層や階級，職業，組織といった社会学的な理論や概念に方向づけられた人間形成研究が確立されてきた。だが，人間形成論に方向づけられた人間形成研究は確立されなかった。

それゆえ，現代は「人間形成論なき人間形成研究」という定式によって描出されうると思われる。

そして，プロンシンスキーが確定するように，ルーティン化されて独断化した人間形成理解が，（たとえば，F. ニーチェの場合のように）伝統的な人間形成概念とのかかわりでいかなる二者択一的概念を構想することがなく，あるいは（T. W. アドルノの場合のように）逆説的な思考パターンをとって，「社会化された半教養へのアンチテーゼ」として「それ自体が批判に与する伝統的な人間形成概念を活用する」とすれば，「人間形成研究なき人間形成論」の時代にこのような人間形成批判を組み込むことがもっともであると思われるのは，古典的な人間形成論と人間形成批判について経験的基礎の有無を争う場合と，人間形成研究という表題をもっぱら経験的な科学理解の意味での研究に適用する場合だけなのである。

P. ツェドラーは人間形成研究のさまざまな意味を示しているが，こうした意味の違いは，研究が認識関心に関して定義されているのか，副次的なディシプリンや個人についての資料集成とのかかわりで定義されているのか，対象領域ないしは方法理解によって定義されているのかにかかっている（Zedler 2002: 21）。そこで彼は，「行動理論的教育学の二つの古典的な問題設定」を（つまり「何が教育的・教授的行動によって生み出されうるのか，あるいは生み出されるべきかと，前世代は後世代に対して何を求めるのか」という問題設定を），「教育科学的な人間形成研究」の問題設定から（つまり「前世代は後世代に実際に何をするのか，彼らは何を生み出すのか，そして，人間形成システムの仕組みの内部で，そしてこの仕組みを介して意図された働きにおいて確認されうるものはどのように説明されうるのか」という問題設定から）区別するのである（Zedler 2002: 27）。

以下では，私はまず，①人間形成論と人間形成研究の二元論という上述したテーゼをあきらかにすることによって問題設定を明確にし，それから，②現在の人間形成研究が，人間形成論的な反省との関係を欠いても公認されるというテーゼの是非とその射程を吟味し，最後に③人間形成論に支えられた教育科学的な人間形成研究の範例と展望を，一般教育科学の文脈において示そうと思う[★3]。

第Ⅰ部　伝統の人間形成論と今日における人間形成研究のあいだ

1── 人間形成論と人間形成研究の二元論について

　テノルトは，数年前にベルリンのマックス・プランク研究所で行われたある講演のなかで，次のような強力なテーゼを立てた。彼によれば，人間形成論と人間形成研究は二つの相互に独立した言説であり，それらはただたんに相互に異質であるというばかりではなく，他律的な考察の仕方に基づいている（Tenorth 1997: 971）。さまざまな人間形成概念が分類されうるのだから，問題はそれが多様に使われていることにあるのでもなければ，人間形成概念はより厳密な理論的・方法的要求を課されるときに明確に規定されて操作可能になるのだから，世間や政治の場面では日常言語的で非理論的な語られ方に優位があることに問題があるのでもない。さまざまな学問の多元的分野での分析が孕む異質性も問題ではない（vgl. Tenorth 1997: 972）。というのも人間形成という問題は一連の共通の特徴を有しており（そうした特徴として，テノルトは「経験的情報」，「歴史的索引」，「社会的含意」，フンボルト以来のテーマ，つまり「主観－世界関係」を挙げている），だから，人間形成研究とは「研究のある理論的で体系的な指示連関」（Tenorth 1997: 975）を表しているのである。この異質性は「困難ではあるが，体系的な意味でそれに手を加えることができるものである」（Tenorth 1997: 971）。けれども，人間形成についての言説が「問題を孕み論争的になる」のは，「テーマとして設定する形式が他律的である」（Tenorth 1997: 976）からであり，人間形成について「哲学と批判の文脈でも」語られる限りにおいてである。テノルトは，この文脈による人間形成概念の四つの用例を素描している（Tenorth 1997: 976f.）。

- 当該分野の偉大な思想家に人間形成の真の概念を求めるという無駄であり，（彼の目には無害とも映る）試みとしての古典的思想家の保存と釈義。
- 特権化され党派的な，その限りでは対立を生み出す知識への逃避としての歴史哲学的で，世界観的で，ユートピア的な用例。
- 人間形成と科学ならびに現実性との反科学的なあるいは現実批判的な対立関係。人間形成論による人間形成研究への自己矛盾した批判。

・教育科学の根本概念としての人間形成。それはD. ベンナーが説明しているようなものである。彼は主観についての研究や社会理論的な反省に結びつく余地を残しながらも、反面、それらとの違いに固執するばかりかそれらの欠点を組織的に記述する。これは、人間形成概念の上記三番目の用例を思い起こさせる。

テノルトによればこうした問題が発生するのは、「人間形成の理論家が自分の能力以上のことを欲し、たんに知識を構造化するばかりか、世界を解釈しようとし、問題状況をあきらかにしようとするばかりか、規範を設定し、自律的に批判を基礎づけようとする場合である」(Tenorth 1997: 980f.)。逆に彼が批判するのは、経験的な人間形成研究を自らの理論や方法やデータにかかわる作業に自足して自己限定してしまい、人間形成論やその問題との議論に加わらず、したがって、人間形成論的な反省から学ばないことである（Tenorth 1997: 982f.）。

おそらく必ずしも哲学から学ぶことができないというわけではないものの、そこから学ぶことを欲しない経験的な人間形成研究への穏やかな批判にもかかわらず、経験的な研究とのかかわりを断つ人間形成論への批判にもかかわらず、人間形成についてなされる哲学的なつぶやきを頑なに拒否するにもかかわらず、要するにあらゆる批判にもかかわらず、テノルトは人間形成概念が不可欠であるということに固執する。

> 一般的な教育科学はむしろ（一般的な社会学が社会の概念について……そうであるように）、研究によって規定され解明される人間形成概念が、たとえば教育の可能性と規定がそうであるように、それ自身の作業の基礎概念であることを証明することができる。こうしてそれは、人間形成研究と人間形成論の関連を体系的に生み出すことができる。(Tenorth 1997: 980)

人間形成概念が不可欠であるのは、それがなければ、「そのなかで主観たちが彼らの世界を獲得し、この獲得行為のなかで自己を個人として構築し、かつ世界を再生産する」(Tenorth 1988: 242) 過程を概念的に把握できないからで

ある。

　以下の論述では，一般教育学の「研究によって規定され解明される人間形成概念」を説明するという構築的な課題をこれ以上直接追究することはせず，さしあたりただ，テノルトのこの二元論テーゼを吟味する。というのもこの二元論テーゼがもはや該当しないとすれば，人間形成論と人間形成研究との現在の媒介関係，ないしは両者を媒介することの提案は，さらなる構築的な反省の基礎や出発点にはなりえないことになるからである。

2 ── 人間形成論を欠いた人間形成研究

　人間形成論と人間形成研究の二元論というテーゼは，さしあたり，R. ティッペルトが編集した，分野横断的かつ多元分野的に構想された新しい『人間形成研究ハンドブック』で確かめられる。つまりこのハンドブックは，その序言においてはっきりと，上述した四つの批判された人間形成論のヴァリエーションと一線を画して二元論の側に立つ（Tippelt 2002: 11f.）。心理学，社会学，政治学の執筆者に期待されるものが，教育科学の執筆者には期待されない。すなわち彼らは，普通人間形成に関係づけられた研究への指示理論として人間形成論を加えないのである。800ページ超の大部なハンドブックの42の主要項目のなかで，ごく少数の人間形成論研究者がさまざまに言及されている。W. マロツキが4回。D. ベンナーとW. ディルタイが3回，W. クラフキ，K. モレンハウアー，H. ノール，A. プライネス，J. ルーロフがそれぞれ2回である。たいていの項目が，人間形成論をまったく参照せずに──あるいは一般教育科学を参照せずに──すませている。人間形成については，普通の言葉の意味で，たとえば，過程と体験の違いや（Kruse/Maier 2002: 529），人間形成の内容と人間形成の過程の違い（たとえば，Eckert 2002: 460）という観点から，そしてその限りでは理論を欠いたままに語られているなかで，二つの論考だけが詳細に人間形成研究とかかわりを保ちながら人間形成論と取り組んでいる。つまり，その一つは，「質的人間形成研究」に関するD. ガルツとU. ブレーマー（Garz/Blömer 2002）の論考であり，もう一つは，「哲学的人間形成研究，人間形成論」についてのY. エーレンシュペックの論考（Ehrenspeck 2002）である。この二

つのテキストは，上述した人間形成論研究者（そのほかに，Th. バラウフ，O. F. ボルノー，H. ポイカート，M. ランゲフェルト）に，ほぼすべての引用を負っている。だが，このハンドブックに特有なアイロニーは，人間形成研究への哲学の貢献として人間形成論をテーマ設定することにより二元論の媒介ないしは克服を期待させる部分が，D. レンツェンが行った人間形成概念の体系理論的な再定式の弁護に流れ込んでしまっていることにある。だが私見によれば，レンツェンの代替戦略（Lenzen 1997）には，次の二つの欠陥がある。①再定義するというかたちでは人間形成概念に拘束されたままであり，この概念の使用を放棄できないこと（あるいは放棄しようとしない）こと（Wigger 2000: 50f.）。②この戦略によって主張されたよりよい結合力は――それをエーレンシュペックは，自己組織化の概念に立脚する構成主義的な学習理論に見いだした（Ehrenspeck 2002: 152）――これまでいかなる教育科学的な経験的研究にも継承事例を見いださなかったということである。

　そしてT. ティッペルトが細心の注意を払って，従来は「人間形成研究と一般教育学の統合や接近は部分的にしか成功しなかった」（Tippelt 2002: 11f）と主張しようとしているならば，T. H. エッカートが人間形成の統計学を成り立たせるための前提として人間形成論が必要であることを認めており，普遍的に承認される人間形成論を見いだすことができないとすれば（Eckert 2002: 460），P. ツェドラーが人間形成研究の多くの個別認識に直面して，「理論に導かれた統合の欠如」（Zedler 2002: 35）を確信したとすれば，J. ゲルシュテンマイアーが「人間形成研究のための統一理論」ないしは「理論的主潮流や共通パラダイム」が欠けていると確信し，教育学的な人間形成論に「そのような理論的パラダイムの最も卑近な候補」を見いだしたとすれば（Gerstenmaier 2002: 156），こうした表明は，ハンドブック全体と同じように，現代を「人間形成論なき人間形成研究」と診断すると同時に，現代に足りないものを確認しているのである。

　そのような経験的な人間形成研究の別の目立った実例は，PISAの名前で実施された義務教育修了時の生徒の学業達成の国際比較研究である（Baumert et al. 2001a, 2002, 2003）。PISAの要求は，「個人的観点でも経済的観点でも満足できる生涯をおくるために，社会生活に積極的に参加するために，現代社会で必要な」（Baumert et al. 2001b: 16）「基礎コンピテンス」を把握することに

ある。PISAの枠組みをなす構想は機能主義に方向づけられ実用的に開発されている。PISAはアングロサクソン的なリテラシー構想から出発する。そして——たとえばテノルトの場合（Tenorth 1994）のように——機能主義的に議論される限りにおいては（Baumert et al. 2001b: 20），「現代的な一般教養や基礎教養の新たな規定」をめぐるヨーロッパ大陸的な試みに結びつく★4。

　PISAは一般教養に関するいかなる研究も志向せず，基礎コンピテンスに関心を集中させる（Baumert et al. 2001b: 21）★5。そして，PISAの研究は人間形成論的に基礎づけられるのではなく，特殊領域のものであるコンピテンス理論に，教育心理学的な説明モデルないしは社会化理論的な概念に支えを求める（Baumert et al. 2001b: 24f., 32f.）。人間形成論との隔絶は，P. ツェドラーが提起した異論で非常に明確になっている。つまりそれは，獲得された個々のコンピテンスの効果に関しては，現存しているが保証されていない知識しかないことと，学校での学業達成の現行の比較研究には人間形成論的な有効性が欠けていることを指示しているのである。

> 　ありえないことだが，たとえわれわれが，どのようにして適切なコンピテンスが生み出されるのかを知っているとしても，何がそれらのコンピテンスを利用するのかはまったく解明されていない。それらのコンピテンスの職業的な要求ならびに職業システムの要求への転移作用も解明されていないし，それらのコンピテンスが個人にとって，予測可能な社会的発達の枠組みのなかで果たす役割も解明されていない。たしかにそれらのコンピテンスのカリキュラム上の有効性は確かめられるものの，それらの人間形成論的な有効性は確かめられていない。……数学におけるより高い水準のコンピテンスと学習領域における読解能力が情報社会や知識社会の要求に関しては好ましい前提であると，われわれは想定する。そしてわれわれが予想するのはもっぱら，平均的によりよい学業達成が，国家の人材ストックの競争力を強化するということである。（Zedler 2002: 33）

　しかし，ツェドラーの知識批判的懐疑が，ただ蓋然性だけが認められ自明なものとして想定され望むに値するものとみなされる連関を原理的に拒否するこ

ととして改めて解釈されるならば、ツェドラーの異論はまちがっていた。この反発は――「人間形成論的な祝福」は経験的研究にとっては捨てても構わないものである（Baumert et al. 2001b: 30）――そのうえ、R. ペクルンによるPISAとそれに類する研究の達成可能性と限界の精緻な評価（Pekrun 2002）によって論駁されている。

　経験的な人間形成研究者であるペクルンが示すところによれば、PISAはたしかに、分散と構造と相関関係を記述することを許容している。だが、この診断結果からは、学齢期以降の達成への予見も、達成実現の条件も、達成の最大化とそれが失われることを予防するための行動可能性も導き出されえない（vgl. Pekrun 2002: 112f.）。この批判で興味深いのは、経験的な人間形成研究者は、PISA研究の裁断的性格や限定的な性格を知っており、発達の経過や知識獲得の条件と結果に関する、あるいは適切な介入に関する、まだ究明されていない多くの問題を知っているということである（Pekrun 2002: 115f.）。そして彼らが「展望の拡大」の必要性を容認し、たとえば、一般教養や、学校の学習による個性の発達や、学校での人間形成のための努力という付帯的成果を問うことによって、それゆえ自ら、より包括的な人間形成論的な問いを改めて定式化しているということである。

　さらに、実際、ペクルンも指示している人間形成論や一般教育科学の側からのPISA批判も注目に値する（Pekrun 2002: 122）。D. ベンナーが確証するところでは、PISAは「教育学的な働きかけの因果性を認めず、教授学も学校理論も欠いており、そのようなものとして指定される人間形成論を欠いてすませている」（Benner 2002: 81）。そして彼は、まさにこうしたことと結びついた問いをしだいに消し去ることで、PISAの初発の説得力が基礎づけられたとみなす。だが彼は、読解力と数学的基礎教養と自然科学的基礎教養を、PISAの研究デザインが切り詰めてしまったと批判する。つまり、個々の能力をそれら相互の指示連関から切り離して孤立させていることを、反省性格と多元的展望性格を消去していることを、「解釈学的コンピテンスを除外していること」（Benner 2002: 87; Messner 2003:406f.）を批判している。それから彼は（テノルトのテーゼを背景に置くと驚くべきことであるが）、このようなテストや評価を放棄することを要求するのではなく、枠組みから除外された教育学的・教

育科学的問題設定へとそれらを開放するように要求し，彼は，PISAに「人間形成論からも証明される有効性が認められるように」「PISAのさらなる発展」を要求する（Benner 2002: 87）。したがって彼はとりわけ，中核に一般教養を置くために，何を対象とするのかについての理論や人間形成論からみても適切であるようにテスト問題の多様さを拡大することを提案する[★6]。

たしかにベンナーは，「人間形成論と経験が連続体へと揚棄されないこと」（Benner 2002: 87）に固執している。それにもかかわらず，私はベンナーとペクルンのPISA批判を，人間形成論と人間形成研究の互いに対する無知の克服と接近，ならびに，相互受容と可能的な協同の展望として読み解きたいと思う。PISA研究の理論的な根本概念が，人間形成論的問題設定に結びつく力を有することが示され，これらの問いを受け入れてPISAを補完して拡張させる研究が樹立される限りでは，テノルトの二元論テーゼは，将来的には妥当性を失うかもしれないのである。

さて，ベンナーの**綱領**には次のような異論が提起されよう。媒介を展望しているにもかかわらず，現在の人間形成論は常にまだ批判の立場に固執し続けており，人間形成論的なインスピレーションを受けた，あるいはさらに，人間形成論的に基礎づけられた経験的な人間形成研究とは過大要求であり，美しい未来ではあるが，現実的ではないと。たんなる研究綱領以上のものとして，もちろん1980年代以降，広く多様なテーマで営まれた教育科学的伝記研究がある。この研究は「人間形成論と経験的人間形成研究の伝統的な乖離の克服」（Krüger 1999: 26）を要求している。この要求が今やより精確に吟味されるべきである。

3 ── 人間形成論的に基礎づけられた人間形成研究としての伝記研究

「教育科学的伝記研究の関心の中心にあるのは，生活史を学習史と形成史の焦点のもとで再構築する努力である」（Krüger 1999: 14）。「伝記は，概念としては構造的に，主観性と社会的客観性ならびにミクロレベルとマクロレベルの交差点に住まう。そうであることによって，学習過程と形成過程を主観的分析と客観的分析との緊張の場において把握する可能性を開く」（Krüger/ Marotzki 1999b: 8）。ナラティヴ・インタビューは，F. シュッツェの物語構造

の有効な活用手続きやエヴァーマンの客観的解釈学の概念と結びつけられて，主観理論と社会理論を照合して個人の人間形成史を再構成する方法の王道であると思われている（Krüger 1999: 26）。伝記研究は一般教育科学に，基礎理論を哲学的かつ理論的に仕上げて，経験とかかわることによって内容豊かで繊細なニュアンスをともなう作業を可能にする「ある理論的な連関体系と方法論的研究戦略」（Krüger/Marotzki 1999b: 8）を与えることを約束する。人間形成論に方向づけられ，経験的に基礎づけられた伝記研究のための重要な労作を発表したのは，マロツキ（Marotzki 1990）とH.-Ch. コラー（Koller 1999）だった。以下では，この二つの発端が簡潔に素描されなければならない。

とくにマロツキが努力したのは，社会学的伝記研究と一線を画すものとして教育学的な伝記研究の自立性を証明することであり（Marotzki 1991a: 185f.），教育学的な伝統的血統を想起させることによってそれを公認することであり（Marotzki 1991b），それが一般教育科学ならびにその理論の在庫と結びつく可能性を示すことであり（Marotzki 1996: 2002），学習と人間形成の相としての伝記の経験的研究のための人間形成論的な基礎を説明することだった（Marotzki 1990）。彼は，教育科学的伝記研究とは「時代診断を意図して仕上げられた方法論と研究と理論の綱領」（Marotzki 1999: 58）であると理解している。マロツキによれば，教育科学的な伝記研究とは「社会的・個人的経験を整理する個人的形式」を探究することである。あるいはこれを別様にいえば，それが扱う問題は，「人が非常に複雑な社会のなかで首尾よく自分に方向を与えるのはどのようにしてなのか」（Marotzki 1999: 58），「どうしたら無気力状態に直面したときに，個々人にとって方向づけが可能なのか」（Marotzki 1999: 59）である。マロツキにとってこれらの問いの避け難さと衝撃は，近代性に関する理論およびポストモダン的な言説の中心テーゼから，つまり近代の発展と結びつけられた「反省性と偶然性の亢進」から生じてくる。ナラティヴ・インタビューによって，「伝記過程の結果として，生活史の文脈のなかで情報提供者の自己観と世界観が表現されるようになる」（Marotzki 1991a: 185）「伝記化」の過程が活性化されて記録され解明される。解釈学的なテキスト解釈方法によって解明されうるのは，「いかなる学習模範や人間形成タイプが生活史の特定の相を支配しているのか。そしてそれらはどのように変更されたのか」

(Marotzki 1991a: 185) である。

　マロツキは伝記研究を人間形成論的な照合枠に移すが，その理由は，それが「経験とかかわりながら，人間の世界照合や自己照合の構造や維持や変更」に関心を有し（Marotzki 1999: 58），古典的意味での人間形成が，主体と自己や世界との反省的関係をテーマとしているからである。「人間形成とは，人間の世界－内－存在の反省様態のための名称である」（Marotzki 1999: 59）。「人間形成は，人文主義的伝統のなかでは，各人が獲得する反省性の段階を経て定義されうるのであり，実際の知識の在庫によって定義されうるのではない」（Marotzki 1997: 83）。マロツキは，人間形成過程を世界関係や自己関係の「変化」として理解している（Marotzki 1990: 42ff.）。そしてこうした関係の「微細構造」が伝記的文脈のなかに研究されるのである（Marotzki 1990: 180f.）。あるいは別様にいえば，「伝記理論からみて興味深いのは，人間形成の形態変化である」（Marotzki 1997: 85）。アドルノとサルトルを参照しながら，マロツキは「広範囲なケースの解釈」（Marotzki 1990: 14）を支持する。というのもただそれだけが，個別ケースの複雑さに適合して「個人的なものを原理的に受容する」（Marotzki 1990: 68）尺度を満足させることができるからである。

　人間形成論と人間形成研究の関係というテーマに目をやるならば，ここで問題なのはマロツキの理論的原理や方法論や個別ケースの解釈の細かな評価と批判なのではなく，ただ，はたして教育科学的な伝記研究が「人間形成論的言説を経験に接続させる」（Marotzki 1999: 58）というその要求を果たすのかという問いだけである。このことのために，以下での議論と考察では，人間形成論的な伝記研究が人間形成論的である度合いが，従来「あまりにも低かった」というテーゼが基礎づけられなければならない。

　マロツキは，非常に一般的で形式的な人間形成概念を使い，おそらくそうすることによって，不毛な人間形成論上の論争を回避する。しかし彼はそうすることで人間形成論の細分化をも放棄してしまう。だから，解釈学的問いとカテゴリーが彼に伝えるのは，社会学と心理学という照会理論である。

　主観と客観の格闘という一般教養論的テーマは，ただ解釈の一面化だけを被ることになる。「普遍と個の弁証法」（Marotzki 1990: 112）は，個人の自己観や世界観の変化への主観的な反省として，主観的媒介の視座からのみテーマと

して取り上げられる。社会学的な見方に対して教育科学的見方を強調するために，社会化の視座に対して人間形成論的視座を強調するために，マロツキが行う議論が，「主観性は……社会的な相互主観性のたんなる成果としてではなく，この相互主観性の条件としても理解されなければならない」(Marotzki 1991a: 187) ということであるとすれば，解釈は諸主観の人間形成過程の記述と主観構造の再構築にとどまることができるばかりか，社会的条件と制度の分析を通して，ならびにテーマとされた人間形成過程による社会的相互主観性の変化の分析によっても続行され拡張されねばならない。無駄も多い個別ケースの研究がU. ベックの個人化公理の全般的な確証を生むだけで，結果としてただその都度「近代の典型的な伝記」として理解されるだけであるとすれば，教育科学的な人間形成過程分析の社会理論としての重要性は汲み尽くされていないのである (Marozki 1990: 353f.)。

解釈の標準化や性急な一般化を批判するマロツキに従うとしても (Marozki 1990: 12, 15, 312)，制度や社会構造への伝記分析に媒介された眼差しが欠ければ，個別ケース研究の成果を一般化することの可能性への疑問もまた提起されることになる。H.-H. クリューガーは，教育科学的な個別ケース解釈と，見かけ上もっぱら社会学に認められる一般化への関心の間の「わざの対立」を批判するが (Krüger 1999: 26)，それは正当である。

ナラティヴ・インタビューにおける伝記化への促しは，見かけ上，人間形成の問いよりもむしろ，アイデンティティ問題をテーマとすることを促す。マロツキは，クラフキに依拠して，「社会的問題状況への人間形成過程の関係」を原理的であるとみなす (Marozki 1990: 226)。しかしクラフキによって，時宜にかなった一般教養という中心に移された「時代の典型である諸問題」は，たとえばインタビューの受け手にもインタビュアーや解釈者にも周辺的であり続ける。インタビューで唱えられる「主観のその都度の世界解釈と自己解釈の根本原理」(Marozki 1990: 52) は，個人の「その都度の構造原理の変化」(Marozki 1990: 225) は，描写された生活上の危機や回心の体験と決断は，主観的なアイデンティティの伝記的な組織化の文脈において解釈される。たとえば，他者規定対自己規定の次元において，あるいは柔軟性ないしは反省性の亢進として解釈される (Marozki 1997: 115f.)。それらはしかし，それらの内容的な関係に

おいて読解され，対象に固有なものとして解釈される。だからマロツキは，たとえば，ある教育学の学位を有する人の職業キャリアにおける人間形成過程を，肯定的な「自己関係と役割への忠実さ」と「自己との距離感と言説性」という二つの人間形成形態によって解釈する。そして危機的な変化を「反省性と役割からの距離感と社会的コンピテンスへのひと突き」として記述する（Marozki 1997: 115）。試補職への任官を拒否した一人の若い女性の人間形成過程を，マロツキは，「負わされた伝記的な企図」と「否定様式の形成」と「形成された伝記的企図」の三つ（Marozki 1997: 312f.）の「形態」（Marozki 1997: 313）ならびにそれらの「結びつき」によって，そして，「劇的ではない変化と劇的な変化」（Marozki 1997: 342f.）との移り行きによって記述する。移行の根底にあるのは「回心の体験」であり，「A. ミラーを読んだことによる方向転換」が根底にある（Marozki 1997: 347ff.）。解釈と再構成のテーマ上の焦点は，肯定と順応性から反省と距離を置くことに向かう，ならびに他者による規定性から自身の生の企図の自己規定に向かう高次の一般性段階にある，変化するが統一を保ち続ける**自己**の位置にある。この伝記上の発達の意義が問われていない。解釈の焦点は，厳密な意味で人間形成論というよりもむしろアイデンティティ論にある。というのも，カテゴリーを用いて解明された個人的自己概念の文脈としての世界の断面が有する多かれ少なかれ細分化された過程構造が再構成されないからである。これに対して，人間形成論的ではあって，アイデンティティ論的ではない解釈の中心にあるのは，たとえば二番目に述べられたケースでは，権威的教育と反権威的教育の対立，ならびに，よそよそしいものと感じられるようになっていく制度化された教育学と一貫して保たれる本性にかなった教育学の本来性との対立である。

　H. -Ch. コラーの場合には（テノルトの二元論に対して），人間形成論と人間形成研究は相互に補完しあい，相互に問いただしあい，互いに向かってさらに発展しあう関係にある（Koller 2002: 92ff., 2004）。人間形成論的な視座からみて人間形成研究は必要であるが，それは人間形成論の現実との関係を保証し，どのように，そしていかなる条件のもとで「人間形成」という名前に値する過程が実際に可能なのかということを経験するためなのである。他方，人間形成研究の視座にも，問題設定を発展させてその調査結果を解釈し評価できるよう

な概念的・理論的な枠組みが必要である。

　マロツキとは別の形で，コラーはフンボルトの人間形成論をはっきりと出発点として受け取る。そして彼がフンボルトの人間形成論において示しているのは，1800年前後に展開された古典的な人間形成概念のヴァージョンが，今日の徹底的に複数主義的でポストモダン的な社会においても相変わらず人間形成論的な反省を方向づけるカテゴリーとして有用であり，人間形成概念との哲学的で概念（再）構成的な取り組みは，伝記研究の形式における実際の人間形成過程の経験的探究との結びつきをもたらすのに相応しいということである。もちろん，一般教育科学の課題は，社会条件の変更に直面して人間形成思想を新たに規定することにある（Koller 2004）。

　コラーは，フンボルトの人間形成思想と言語思想を，人間の可能性の実際の多様性（すなわち，人間的「諸力」の多様性，個人の性格の多様性，さまざまな言語ないしは語り方の多様性）を彼が承認しているという点で驚くほど現代的であるとみなしている。もちろん，フンボルトの人間形成論的・人間学的な労作に見られるこの多様性は根源的な統一性ないしは求められるべき統一性のなかで解消されていると考えられているが，他方，フンボルトの言語理論的労作に見られる，こうした多様性の諸要素の間の（潜在的）葛藤は正しい洞察である。というのも，言語と言語の世界観の解消不可能な複数性が，無理解の恒常的な可能性としても承認されているからである。コラーによれば，古典的人間形成概念の時宜にかなった再定義は，フンボルトの人間形成論と言語理論のこうした傾向から始められうる。だがこの再定義は，いつでもすでに前提されており理念的な仕方で到達されるべき調和的な全体性のイメージへの結びつきから切り離されなければならない。J.-F. リオタールのポストモダン構想のなかに，コラーは現代社会にとくに適した理論を見いだす。というのも「リオタールは，ライフスタイルと価値の方向づけの多様性の増大を，一方では言語理論的に異質な言語ゲームのあるいは言説様態の多様性として理解するが，他方で，徹底的な複数性として把握するからである」（Koller 2002: 95）。リオタールは「抗争」というカテゴリーによって，法的闘争とは異なり上位の判断規則を欠いているので調停されることのできない複数の言説様態の葛藤をテーマとする（Lyotard 1986, 1989）。だから政治―倫理的観点で問題なのは，抗争を認

め葛藤を公然と保つことによって，抗争に適合することである。

　コラーによれば，（ポスト）モダンの差異経験が人間形成論に意味するのは，状況の徹底的な複数性がたんなる拡大ではなく，その都度固有な世界関係と自己関係の徹底的な変化を要求しうるということを理解するために，人間形成過程が潜在的に葛藤であるという性格をいっそう明確に視野に収めるということである。だが他方，コラーは抗争の思想に基づき，解決への展望を求めずに，これまで言語化されえなかったものを言語で表現するための新しい言語ゲームや言説様態を，刷新のために求めたり発明したりせずに，懐疑的に抗争そのものを承認することという課題として，規範的次元での人間形成を理解している（Koller 1999: 146f.）。

　ここでただ大まかに素描されただけの人間形成概念が，実際の人間形成過程の分析を理論的に枠づけることができ，それにともない問題設定の発展と経験的素材の解釈をも豊かにすることができるということを，学習者（Koller 1999）と移民（Koller 2002, 2004）の伝記的な人間形成過程についてのコラーのプロジェクトが示している。もちろん，はたしてコラーがその解釈で行ったように，「言語ゲーム」，「言説様態」，「抗争」といった概念の適用を拡張することが理論的に正当化され，分析的に実り豊かなのかという疑問が提起される[7]。「文化的差異」経験とか，別様の響きをもつ表現にいかなる余地も認めない「人種に基づく帰属決定」の経験は，その都度「抗争のケース」（Koller 2002: 107）なのだろうか。ある大家族的コミュニケーションの文化実践，ないしは友人や知人を統合する家族的（ばかりではない）コミュニケーションの文化実践は，その都度一つの「言説様態」や「異なる言語ゲーム」なのか。移住することによって学習を強制される言語，ないしは自発的に学ばれる言語も，同じく「言説様態」（Koller 2002: 102f.）なのか。

　これらに加えてさらに立てられる問いは，はたしてコラーによる人間形成概念の規範的使用はあまりにも問題設定や解釈を狭めてしまっていないのかということである（Koller 1999: 225f., 258f.）。こうした規範的な言語使用では，彼が照会する理論が分析のために有するポテンシャルは汲み尽くされていない。だから自我と世界の相互作用としてのフンボルトの人間形成の規定は，世界の諸断面の多様性との格闘のなかでの主観的な獲得と発展という面と並んで，多

くの主観たちの自由な活動性を通しての世界の開示と改変という面も含んでいる。そしてリオタールの抗争という概念は，たとえば法律的思考と道徳的思考の間や，自然科学的—技術的思考と哲学的思考，物語的思考，経済的ないしは政治的思考の間にあるような，異なる社会的サブシステムに見られる専門言語ないしは言説様態の世界観の差異によって，人間形成を活性化し促す葛藤を記述することを手助けすることができる。しかし，人間形成とは抗争の主観的承認であり，あるいは新しい表現様態として新しい言説様態を刷新的に発明することであるという規範的言表において，まさにこの世界連関と内容的な葛藤が，無効化されて主観化されてしまう。たしかに，新たな明瞭な分節化を行う可能性を形作ることや言語表現の手段を求めることのなかには「人間形成の契機」（Koller 2002: 114f.）が見られるし，**自己**定義の変更への眼差しには人間形成概念の主題との重なりあいがある。

> 徹底的な複数性に直面する人間形成過程の決定的なしるしは，この場合には，抗争の恒常的な可能性によって刻印された世界のなかでの新しい自己定義のために修辞的に開かれていること（あるいは，修辞的に自己を開いたままにしておくこと）であろう。（Koller 2002: 114f.）

今や差し迫って必要でありあきらかにやりがいのある課題は，現在ある伝記素材を再分析して，いっそう明確に個人的な**世界**関係とその変化を取り出すことである。そうすれば，伝記研究は人間形成過程の条件分析や，「いかに人間形成が可能か」（Tenorth 2003）という問いへの構築的な回答のために重要な寄与をすることができるだろう。さもなければ，伝記素材が**自己**定義の変化以外の解釈を許さないとすれば，伝記研究はその時代診断的な要求に応じて，こうした考慮に値する事態を反省して説明しなければならなくなるだろう。

4 ── 小括

さて，本章での考察の成果は何か。テノルトの二元論テーゼは，人間形成論的な方向を与えられた伝記研究を指示することによって撤回されねばならない。

それのみならず期待されうるのは，量的方向に規定された人間形成研究と人間形成論との間に観察されうる対決と，緊張に満ちてはいるが可能である両者の協同に直面して，このテーゼが現代のある特徴を反映した評価であることが証明されることである。もちろん，二元論テーゼはたんに歴史的に妥当するだけだという主張の成否は，経験的プロジェクトの問題設定と研究デザインを人間形成論的な基礎に基づいて展開し，それらを首尾よく実現することができるかということに，したがってたとえば，現在の学業達成の比較研究などの不備を，要求の高い適切な人間形成論概念によって解消できるかということにかかっている。それは，学校の目標としての基礎教養や一般教養という従来ゆるがせにされてきた面についての研究であり，学校の課題や有効範囲に入ってこない人間形成の面への研究であろう。人間形成論と人間形成研究の間の目下の論争は，原理的な問いや「現実から遠い」理論と「理論なき」経験の論争的な対立から，経験的研究を補完するという野心をいだいた人間形成論と暗黙裡に前提された自らの理論を展開する方法的に磨き上げられた人間形成研究の間でなされる，人間形成のその都度テーマとされる目標や概念の受容や評価や実現可能性をめぐる論争に移行してきている（Tenorth 2004: 174）。

　二元論を絶えず克服することは，質的人間形成研究としての伝記研究が強化されて自らの人間形成論的基礎を確認することに，たとえば，自己関係の発達への眼差しの心理学的な一面化を克服することにかかっている。ただそうすることによって，伝記研究は個別ケースの分析や伝記的再構成を超えて，制度や構造や教育学的な行動の可能性についての教育科学的分析や理論に貢献することができるのである。古典的な人間形成論は，個人と（社会的）世界の相互構築をテーマとして主観性と客観性の媒介条件を問うた。伝記研究が，いかに主観が自分の経験とかかわり自己を世界のなかで方向づけるのかという問いに精密に取り組むことに限定されるならば，その研究は上記の問題設定にまでは及ばないのである。少なくとも欠けている問いは，伝記的経験は，世界について，そして世界の法則や構造や制度について何を経験させるのかということである。そして教育学者たちが人間形成の機会を開き，より高い発達の可能性を指示し，人間形成過程を促そうとするならば，彼らはますます，自己の世界との関係や自己関係の個人的な反省についての，人間形成が成功する条件についての，ま

た主観的な世界像の制約や、社会関係や可能性の限界についての経験的に充足された知識を必要とするのである。

■注

★1 20世紀ドイツにおける人間形成論と人間形成論研究に関する議論の歴史については、Wigger et al.（2006）を参照されたい。本章の内容は、2006年5月に広島大学で行われた講演に基づいている。

★2 たとえば、F. パウルゼンによる人間形成論と人間形成批判を人間形成システムの実現された記述と結びつける試みや、「社会的事実」としての教育作用の「社会学的考察」というA. フィッシャーの概念といった媒介的な端緒が存在していた限りにおいては、この二つの印象的な定式はもちろん（A. v. プロンシンスキー（Prondczynsky 2009）が限定的に記録したように）教育科学的思考の歴史には適合していない。

★3 伝記研究が一般教育学の唯一経験的な部門であるという主張を論駁することに、筆者はここでは着手しない（Zedler 2002: 24）。

★4 「一般教養や基礎教養の概念は、（リテラシー構想よりも）いっそう広い射程を持つ。それらはいつでも規範的に、相互に交換不可能な異なる世界の獲得と合理性の形式の代わりを果たし、世界の方向づけを仲立ちとする文化の中心的な諸対象とのわれわれの出会いをも含んでいる。……リテラシーと基礎教養の間を架橋するために、PISA研究をドイツ的に補充することを意図して、数学と自然科学分野で基礎教養構想に適合すべき補完的なテストの一部分が開発された」（Baumert et al. 2001b:20）。ドイツのPISA研究者は二つの構想の違いを知っており、実践的に研究を遂行しながら両者の結合を目指している。

★5 メディアと世論では、「PISAの基礎教養概念」（Baumert et al. 2001b: 19）が「問われることなく、新たな一般教養の総体」として説明されているが（Messner 2003: 401）、科学的な議論はますます基礎教養と一般教養の間の違いをあきらかにしている。「画期的な性格を有する人間形成理解の内容的な新しい方向付け」というPISA評価（Messner 2003: 401）では完全に一致してはいても、ある**人間形成概念としてPISAの**「理論的基礎」（Baumert et al. 2001b: 19）を評価することでは食い違っている。L. コッホが固執するように、人間形成概念は問題になりえない。というのも、「基礎教養概念は、それの受け手とテーマへの無関心によって特徴づけられ、あきらかに意識的に、この両者を甘んじて月並みなものとみなすからである」（Koch 2004: 189）。だが人間形成とは「学習されたものの学習者への再帰的な関係」（Koch 2004: 188）を意味し、諸内容の意味が何を含んでいるとしても、反省を促して可能にすることを意味する（Strobel-Eisele/Prange 2003）。これに対して、H. -E. テノルトは、「含意された基礎概念が……人間形成概念によって担われ」、「人間形成論は……理論に導かれた人間形成研究過程自体から生じる」（Tenorth 2004: 175）と考える。だがテノルトらによれば、基礎教養概念をめぐるこの未決定の問題には、これまで議論されることがなかったカリキュラム内容の反省性と拘束性が含まれているのである（Tenorth 2004: 179）。

★6 そのほかに、D. ベンナーは、PISAでは研究されなかった授業の教授学的な質を研究

第Ⅰ部　伝統の人間形成論と今日における人間形成研究のあいだ

することと，反省的で実験的な教育科学の下位分野として教授学をさらに発展させるべきことを提案している。本章で追究されたような問題設定の拡大がなければ，カリキュラムへ及ぼされる思慮を欠いたままに規格化しようとする影響や，授業―学習成果への授業課題の縮減，一種の教職の脱専門職化といったリスクが存在することになるだろう（Benner 2002: 88; Fuchs 2003: 169f.; Messner 2003: 409f.）。

★7　批判的に問いを投げ返すときに筆者の念頭にあるのは，とりわけKoller 2002での解釈と叙述であり，Koller 2004にみられるそれらではない。

第2章

ドイツの古典的人間形成論の文脈で見た自伝研究

池田全之

　今回，筆者が翻訳したヴィガー氏の論文のテーマは，人間形成の理念的研究(ビルドゥング)と経験諸科学に根を下した人間形成研究(ビルドゥングスフォルシュング)の間の埋め難い断絶に関するテノルトの問題提起への応答である。その応答内容については，ヴィガー氏の明晰な論証により理解可能なので詳細を省略し，その結論だけをまとめるならば，ナラティヴ・ヒストリー研究に代表される自伝分析にこそ，二つの人間形成研究の隔絶を媒介する可能性があるというものである。それゆえ，筆者の使命は，ヴィガー氏が下したこの結論についてコメントすることにある。詳しくいえば，ヴィガー氏が自伝研究の可能性とみなす，自伝を語る主体のアイデンティティ形成と，この形成に不可避に浸透している社会的要因との密接な関係の解読，ならびに，世界や制度とのいかなるかかわりが人間形成を成功に導くかについての経験的知見の蓄積ということの思想史的位置づけを試みたいと思う。

1 ── 個人の自己形成と社会関係の相即性への眼差し──ヘーゲルの人間観

　ヴィガー氏が本書に収録された他の論文でも言及しているように，個人の主体的自己形成と共同体との媒介的な関係については，19世紀初頭のドイツにおける古典的人間形成論，とりわけヘーゲル思想において深く追究されている。経験的意識の成長をテーマとする『精神現象学』では，個人と共同体の関係が初めて前景に現れてくるのは，「理性」章においてである。そこでは，生命という全体の一部であるという自覚を得ながらも，欲望の対立のなかで強者と弱者へと階層分化しつつ相互に存在を承認しあう「自己意識」の段階を越えて，各構成員の単純な「我あり」の確信に立脚した不平等な相互承認から，客観的

真理である「われわれである私と，私であるわれわれ」としての相互承認（共同体の設立）へと意識は高まっていく。

> 理性は流動的な一般的実体として，変わることのない単純なもの性（Dingheit）として存在し，多くの完全に自立した存在者に分裂していく。それはちょうど，光が独立して輝く無数の点としての星に分裂するようにである。これらの自立した存在者たちは，自身の絶対的な独立性において，たんに無意識に単純な自立的実体に解消されているのではなく，自覚的にそうなっている。彼らは，このような個々の自立した存在者であるのは，彼らが彼らの個別性を犠牲にし，この普遍的な実体が彼らの本質であり魂であるということによってであることを自覚している。(H.Ⅲ.265)★

この一節にある「自立的実体」とは**共同体精神**のことである。ヘーゲルによれば，人間形成の目的は，こうした共同体精神である「ある民族の生（das Leben eines Volks）」の自覚にまで個人が高まることである。ヴィガー氏の論文との関係で，この高まりの過程を描く『精神現象学』において興味深いのは，自己の存在確信に到達した個人の**労働**の分析である。行為する個人は常にある特定の状況のなかで行為するが，この行為の過程において，個人は自身の行為が向かう目的を設定する。また，行為の向かう対象は行為する個人の外部にあり，行為の結果産出される作品において，個人は存在物として固定された自分の**労働**を見いだし，併せてそれを作り出した自己自身のことを知る。反面，この固定された**労働**である作品は客観的な存在としてあることになり，他者の行為が向けられるものにもなる。こうして，個人は，自己の作品において自己自身に向きあうと同時に，他者とも対峙することになる。このことが意味するのは，作品が自己充足しているとしても，それが他者から価値あるものとして承認されるかどうかはわからないということである。つまり，他者もまた，この個人の作品を肯定的にであれ，否定的にであれ評価するという**労働**によって，自己の力を確証しようとする場合も当然ある。ヘーゲルによれば，個々人の行為の自己に閉ざされた個別性の確立と同時に，それが常に共同の場に提供され，自分のものを万人のものにしようとする個と普遍の相互浸透を本質とする，他

者による各人の作品の評価をめぐるゲーム力学こそが市民社会のシステムを成り立たせている。

> あることがらを始める意識が経験するのは，他者が，ちょうどハエが置かれている新鮮なミルクにそうするように，急いでやって来て，そこに自分たちもかいがいしく励もうとするということである。……これに対して，行為そのものや力と能力の使用と個性の表現だけが本質的である場合にも，やはり相互に経験されるのは，万人が触れあい，招き入れられていると考え，純粋な行為や個々人の固有の行為ではなく，むしろ同時に，他者のためにあるものが始められているということである。いずれのケース［他者の介入と個人単独の行動］でも同じことが起こっている。……意識はこのいずれをも同じように本質的なものとして経験する。(H.Ⅲ.310)

こうした関係にヘーゲルは，各人が生きる「人倫的な実体」の萌芽があるという。つまり，人間は普遍的で公共的なものを基盤としている「精神的な存在」である。市民社会の構成員として生きるとき，人は，自己であると同時に他者に開かれているという自身の基礎的存在様態を無自覚に生きているので，この「人倫的実体」を自覚させることこそが人間形成の目的とみなされる。このようなヘーゲルによる人間の規定に，ヴィガー氏が提起する「個人の体験は即，社会や世界連関への関与である」という自伝解釈の手法との共鳴を見いだすことは容易であろう。

2 — 到達不可能な無限者と差異の戯れ——ドイツ・ロマン主義の世界観

ところでヘーゲルの思想では，意識が「人倫的な実体」を自覚する過程へと分析が進み，それは最終的に『法の哲学』において，国民国家の弁護に帰着することになるが，ヴィガー氏は，そうした**個の普遍**への一方向的な解消傾向の危険性を，ヴィルヘルム・フォン・フンボルトの思想に見られる多様性の容認と，言語や言語観の差異を相互に解消することの不可能性への洞察を評価することで，巧みに回避しようとしている。このような古典的人間形成論そのもの

第Ⅰ部　伝統の人間形成論と今日における人間形成研究のあいだ

によって人間形成論(ビルドゥングステオリー)を更新させようとする試みにさらに筆者なりにコメントを加えるとすれば，ノヴァーリスやフリードリッヒ・シュレーゲルらドイツ・ロマン主義者の知識観を，そのための参照項に加えることができるように思われる。通常，ドイツ・ロマン主義は文学運動であったため，人間形成論との関係が不明瞭であると思われがちである。だが，シュレーゲルらが残した断片や講義録を**個**と**普遍**の関係を考察する言説として読解するならば，自伝解釈をめぐる個人と社会・世界との関係性の議論への原理的考察を提起しうるように思われるのである。

　ヘーゲルの場合と同様に，ドイツ・ロマン主義者においても，世界は完成に向かって生成する絶対者を刻印しているとみなされている。シュレーゲルによれば，絶対者への予感である「崇高なものへの感情」に起因して「無限なるものへの憧憬」が誘発され，無限者の完全な表現という「理想への努力」が触発される。ところで，シュレーゲルがこの時期にいだいていた絶対者の生成の相から世界を見る姿勢は，ノヴァーリスと共有された志向だった。ノヴァーリスもまた知識全体，すなわち，無限に生成する世界内にある個物全体を包括する体系の構想である「百科全書学」を提唱していたのである。

　　　何かはただ表現によってのみ明確になる。人があることがらを非常に容易に理解するのは，それが表現されているのを見る場合である。だから人は自我を，それが非我によって表現されている限りにおいてのみ理解する。非我は自我の象徴であり，ただ自我の自己理解のために役立つ。逆に人が非我を理解するのはただ，それが自我によって表現されて，それが自我の象徴となる限りにおいてである。(N.Ⅲ.246)

　この一節からも，ヘーゲルにおける**労働**の場合と同様に，ノヴァーリスもまた自我（われわれの自我であると同時に，それの基底にある絶対的なものである根源—自我のことでもある）理解のための，それが非我において表現されることの必要性を認めていたことがあきらかになる。それでは，世界を絶対者の表現として理解することを促すものは何か。「百科全書学。類比的分析（分析——周知のものから未知のものを見いだす技芸）類比的等式化——そして課題」

(N.Ⅲ.259)。つまり，外見上かけ離れたものの間に関係性を読みとる「類比」能力こそが，**個**（有限）と**普遍**（無限）の隠された関係性を見いだすわれわれに与えられた鍵であるというのである。

> 全体についての私の認識は類比の性格を持つだろう。――類比はしかし非常に緊密かつ直接的に，分肢の直接的で絶対的な認識と関係づけられるだろう。この二つがいっしょになって，対立即総合的な認識を形作る。この認識は直接的であると同時に，直接的なものを媒介することによって，間接的でもあり，実在的であると同時に象徴的である。すべての類比は象徴的である。（N.Ⅱ.551）

ノヴァーリスによれば，われわれは個物のなかに絶対者の痕跡を見る認識に没頭しながらも，各個物の全体との関係を類比の力によって読み取ることができる。このことが行われるならば，われわれに対立されるものとしての諸個物の認識は，同時にそれらの基底にある全体を指示することになり総合的になる。つまり，個の認識が全体を象徴的に指示する表現となる。ノヴァーリスは絶対者の表現の体系としての「百科全書学」を成立させる「類比」能力を「機知（Witz）」とも呼んでいるが，こうしたノヴァーリスの構想を，シュレーゲルも継承し，「機知」を高く評価している。

世紀転換期にノヴァーリスとともに育んだこうした世界観・学問観を総括するかのように，シュレーゲルはケルン講義『哲学の展開』で，絶対者がわれわれの意識に到来するのは表現や像においてであるという。だが，表現や像は，絶対者を確実に再現しているわけではなく，せいぜいその存在を予感させることができるだけである。したがって，論弁的な理性の生み出す知識は不完全であらざるを得ないが，「機知」がこの知識の欠陥を補うことができるとされる。

> 知識に関して，あるいは他の一切の活動性に関して，人は機知を，ふだんはまさに無関係で，互いに異なっていて，ばらばらにされている対象の間に類似性を求める能力として，つまり，非常に多様なものや非常に異なるものを統一的に結びつける能力として，結合精神（der kombinatorische Geist）と呼ん

だ。……この結合精神が,学問に,とりわけ哲学に豊かさと充実を与える。(KA. XII.403)

シュレーゲルにおいても,「機知」によってこそ人は,絶対者を予感しながらそれの表現を自在に結合させることにより,絶対者についての知識の学問的基盤を形成できる。だが,こうした類比に基づく知識体系は,どこまでも絶対者そのものとはずれているのであり,不確実性と,(その知識体系は,元来表現にすぎないものを結合することによって成立するのであるから),ずれの戯れとしての遊戯的性格を内包せざるを得なくなる。このような遊動性を大胆に肯定しながら,シュレーゲルは理性中心主義的傾向の強いドイツの古典的人間形成論から見て驚くべき学問観を表明する。

> 遊戯的活動性は最高の意味での学問的なものの概念に矛盾しない。逆にそれは,われわれが一切のより高次のものを自由のなかへと定立する限りで,必然的に規定されたもの,規則,形式,方法に対する優位を持つ。人は,機知の学問的関係を方法と混同してはならない。方法はもちろん,一貫して必然的なものであり,その最高の厳密さにおいて非常に卓越したものである。だがそれが応用される前に,それに基づいて方法が行使される理念や原理が存在しなければならない。だからこの最初の理念は,方法に結びつけられることができない。実際には,最良で最高の観念は,たいてい常に真の着想であり,まったく偶然的な産出である。(KA.XII.404)

通常は,ヘーゲルの体系からイメージされるような,概念が方法論に従いながら有機的かつ論理的に整合的に結びつけられて一貫性を保っている知識体系が厳密な学問として推奨されるが,シュレーゲルによれば,予感的に得られた全体の観念がまずあり,それを統制的な原理としながら,機知によって個々の概念や知識がこの観念を象りながら配列されるべきであるというのである。このように,ノヴァーリスとシュレーゲルにとって,知識の体系は当初から遊戯性を孕むものとして理解されていたのである。

ドイツ・ロマン主義者の発想の特徴は,絶対的なものを想定し,しかも,絶

対的なものがその都度個別的なものに反映されていることを容認しながらも，ヘーゲルの場合とは異なり，絶対的なものへの到達可能性への禁欲を堅持していることにある。つまり，ここで言われている絶対的なものを，われわれの行動や判断を枠づけて方向づける社会・世界連関と置き換えるならば，そうしたものを直接言い当てることは許されず，各人の行動や判断という表現されたものの組み合わせから，それは表現されることができるだけである。しかもこの組み合わせの結果提示されたものも，表現されるべきもの（社会・世界連関）そのものではなく，両者の間にはどこまでもずれが孕まれることになる。このような思想傾向は，人間形成を支えかつ制限する社会的な要因を独断的に実体化させることを禁欲しながら，同時に，一見無関係に思われる個々の自伝データに微細に沈潜し，それらデータの間に隠された関係性を読み取るという，ヴィガー氏が論文の結論で強調する自伝研究のこれからにつながる理論枠組みを提示しているように思われるのである。そして，個々の行動・判断やその記憶のなかにすぐれて社会的なものを読み取ろうとする試みとしては，われわれはヴァルター・ベンヤミンの『1900年頃のベルリンの幼年時代』などに見られる想起論を忘れることができないだろう。

3 ── 記憶の迷宮から人間形成論を紡ぎ出す試み──ベンヤミンの記憶論

『1900年頃のベルリンの幼年時代』は，ベンヤミンが自身の幼年時代の自己体験や世界体験を詩的なイメージに結晶化させた散文詩であると思われがちである。だが，1938年に作成されたその最終ヴァージョンの序文においてベンヤミンは，「私は，大都市の経験がブルジョワ階級の子どものなかに沈殿しているイメージをつかまえようと努力した」(B.Ⅶ.385)と述べている。つまり，『1900年頃のベルリンの幼年時代』のテキストでベンヤミンは，個人の記憶のなかへ社会的な構造連関が反映されているあり様を浮かび上がらせることを企図していたのである。しかし，それを一読するときに容易に理解できるように，ベンヤミンはこのテキストのどこにおいても，個人の体験を規定する社会のあり様を直接に語ってはいない。そうした読み取りに肩透かしを食わせるかのように，ベンヤミンは自身の方法論について，このテキストの準備稿である『ベルリン

年代記』のなかで次のように印象深く語っている。

> その午後，私はサン・ジェルマン・デュ・プレにあるカフェ・デ・デュ・マゴの奥の部屋にいて，だれだか忘れてしまったが人待ちをしていた。その時突然，有無を言わせない力で，私の生涯の図像的な図式を描くという考えが私に襲いかかり，しかも私は同じ瞬間に，それをどうやればいいのかもはっきりとわかったのだ。それは，私がそれに導かれて過去を探ったまったく単純な問いだったのであり，答えは自ら，私が取り出した一片の紙の上に描かれた。数年後に私がこの紙切れを無くしたとき，私は自分を慰めようもなかった。決して再び私は，それをかつて私の前で生まれてきたようなかたちで，つまり，一連の系図のようなかたちで，作成することができなかった。しかし今，それをすっかり再現できなくとも，私が頭のなかでそれの見取り図をもう一度作成できるとすれば，私はそれを，むしろ迷宮として考えたい。迷宮の中心の謎めいた部屋に住まうものが何かは，それが自我であれ運命であれ，私を悩ませはしない。だが，迷宮の内部へと導く多くの入り口がいっそう大切なのだ。(B.VI. 491)

ベンヤミンにとっては，「迷宮の中心」にあるもの，すなわち，私の本質や，（私は社会構造との密接なかかわりのなかで形成されるのであるから）私と社会のかかわりの本質を言い当てることが問題なのではなく，そこへ迫ろうとする「入口」，つまり個々の記憶内容こそが重要であるというのである。そして，『ベルリン年代記』は，記憶を彷徨する者の所作をもう一つ別の印象深い比喩で表現している。

> 記憶は過去を調査するための道具ではなくて，その舞台である。大地がそのなかに死滅した都市が埋もれている媒体であるように，記憶は体験されたものの媒体である。自身の埋もれた過去に近づこうとする者は，発掘する男のような態度を取らなければならない。これが，純正な回想の調子や態度を規定する。諸君は何度も同じ事態に帰っていくことを恐れてはならないし，それを人が大地をそうするように撒き散らして，ひっくり返すことを恐れてはならない。と

第2章　ドイツの古典的人間形成論の文脈で見た自伝研究

いうのもことがらは成層や地層であるにすぎず，そこからはじめて非常に入念な探査が，大地に隠れている真に価値あるもの，イメージを引き出すのである。……発掘作業を成功させるためには，たしかに計画が必要である。しかし同様に，暗い大地への注意深いまさぐるような鍬入れも必要である。ただ発見物の目録を記録するだけで発見そのもの現場の暗い幸福を記録しない者は，最良のものを取り違えているのだ。(B.Ⅵ.486f.)

迷宮の彷徨が記憶という大地に埋もれた宝を探る発掘作業の比喩に置き換えられているが，この一節からわれわれは，自伝を物語る営みにおいて大切なのは，記憶を現在の分類に従って意味づけて整理することなのでなく，倦むことなくそれの意味を求め続ける入念な作業過程そのものにあることを知らされる。このような発言を念頭に置きながら『1900年頃のベルリンの幼年時代』のテキスト構造をふり返るならば，イメージに結晶された幼年時代の生活の断片が「私」という謎に迫る「入口」として，構造的にというよりはむしろ，並列的に配置されたこと，ベンヤミン自身が晩年まで絶えずそれらを配列し直していた事実に注目しなければならないだろう。じつは，ベンヤミンのテキスト実践を支えるこうした方法論は，前期の主著である『ドイツ悲劇の根源』(1928年)の「認識批判的序論」に見られる「星座布置（Konfiguration/Konstellation）」の応用なのであるが，これを受け継ぎながら，テオドール・W・アドルノは『否定弁証法』において，ベンヤミンの所作をいっそう哲学的に厳密に定義している。

　　言語が本質的に言語として現れ，表現となる場合には，それは自らの概念を定義したりはしない。言語はいくつかの概念を，あることがらの周囲に集めて互いに関係づけさせて，その関係によって概念に客観性を与える。そうすることによって言語は，考えられたことを完全に表現したいという概念の志向に貢献する。概念が内部では切り捨ててしまったものや，概念がそうなりえないがゆえにこそなりたいと思っている「概念以上のもの」は，ただ布置関係（Konstellation）が外から表現するほかないのである。認識されるべきことがらの周囲に諸概念が集められると，それらの概念は潜在的にことがらの内面を規定し，思考が必然的に自分の内から除去したものに，思考しながら到達する

ことになる。(A. Ⅵ.164f.)

　ベンヤミンとの関係がにわかには見通せないかもしれないが，ヴィガー氏の問題構成と合わせて，この一節にある「概念」を「自伝テキスト」に，「ことがら」を「私や私と社会との関係の本質」に置き換えてみよう。するとこの一節でアドルノが言うのは，個々の自伝テキストは，新しい布置関係のなかに置き換えられると，その新しい関係性のなかで協同しあい，それぞれが潜在的にもっていた意味を開示させていく。その結果，それが単独では表現しえなかったものの在り処を指示するようになる，という事態だということになる（そして，こうしたベンヤミン－アドルノの発想と，「機知」や「結合精神」についてのドイツ・ロマン主義者の思想との共鳴関係も容易に気づかれるであろう）。非同一性の哲学を標榜するアドルノもまた，「神の図像化禁止」をモットーとし，絶対的なものや本質を安易に同定することを退けたことを想起するならば，本質を言わば虚焦点としながら，相互に結ばれる多様な関係性の直中で自伝テキストが，それぞれのポテンシャルを発現させることを説くドイツ・ロマン主義者――ベンヤミン――アドルノと連なる思想は，まさにヴィガー氏の提案する自伝解釈の方法論とも共鳴しあう端緒を有していると思われるのである。

■注
- ★　本文以下のヘーゲル，ノヴァーリス，フリードリッヒ・シュレーゲル，ベンヤミン，アドルノの著書については，以下のように略号を示し，ローマ数字により巻数を，アラビア数字により頁数を示した。なお，テキストの理解のために諸訳を参照したが，本文中の引用は試訳による。また，引用文中の傍点と［　］内は筆者による補足である。

H.　　Hegel. G. W. F.（1986）: *Werke*. Frankfurt. a. M: Suhrkamp.
N.　　Novalis（1960-1888）: *Schriften*. Stuttgart: Kohlhammer.
KA.　Schlegel, F.（1958ff.）: *Kritische-Friedrich-Schlegel-Ausgabe*. Paderborn: Schöningh.
B.　　Benjamin. W.（1972-89）: *Gesammelte Schriften*. Frankfurt. a. M: Suhrkamp.
A.　　Adorno. Th. W.（1971-1986）: *Gesammelte Schriften*. Frankfurt. a. M: Suhrkamp.

第3章

ヘーゲルの人間形成論と現代の人間形成研究

ローター・ヴィガー／山名 淳（訳）

■── はじめに

　過去20年間から30年間にわたって，伝記研究（ビオグラフィ・フォルシュング）は，教育科学の領域において独自の研究方向として確立されてきた。伝記研究とは，質的研究方法に基づいてなされ，また，社会研究で培われた従来の量的方法と並んで認知されていったドイツの教育科学におけるいくつもの試みの一つである。量的研究の試みは，統計的手続きを用いて普遍的な言明を導き出すために，多数のサンプルを取り扱うが，そのためには，標準化したりいくつかの観点に限定したりすることが必要となる。それに対して，質的研究の試みは，単純化を施すことなく現実の状態を把捉するために，個々の事例にみられる複雑さをまるごと調査の対象とし，うまくいかないこともよくあるとしても，そこから普遍的な言明を得ようとする。

　伝記研究がなされる際には，さまざまな理論が参照される。参照される理論の例としてあげられるのは，社会化理論やハビトゥス理論であり，またそうした理論の一つのヴァリエーションとして，人間形成論（ビルドゥングステオリー）もあげられる。人間形成論的な伝記研究は，人間形成論と実証的な具象とを対照させて，人間形成過程（ビルドゥングスプロツェッセ）の可能性に関する実際の諸条件を伝え，そのような条件が現実とかけ離れた目標の定式化という危険に陥ることを防ごうとする（vgl. Koller 2002: 92f.; Koller 2009: 44f.）。そのような試みの代表者は，W. マロツキ（Marotzki 1990）およびH.-Ch. コラー（Koller 1999）である。彼らは，そうした研究に関する議論の方向づけに決定的な役割を果たした。二人が依拠しているのは，R. コケモーアによる変容していく人間形成過程に関する考察（Kokemohr 2007）で

ある。H. v. フェルデン（Felden 2003）とA. -M. ノール（Nohl 2006）は，ここ数年間，人間形成論的な伝記研究に関するさらに重要な業績をあげている。

　以上のような研究者たちの著作において参照されている人間形成哲学的な<ruby>理論<rt>テオリー</rt></ruby>としてあげられるのは，フンボルトであり，またアドルノであるが，ヘーゲルは多くの場合そこに含まれていない。例外はマロツキである。彼は，幾度にもわたってヘーゲルと対峙し，彼の思考をいくらか人間形成論的な伝記研究のうちに取り入れている。なかでも，経験および人間形成過程における**否定性**という要素がヘーゲルの思考から取り込まれたことは重要である。「否定性」を人間形成論的な研究に取り入れることは，**受苦**を主体にとって根本的に意味づけることであり，方向転換の可能性を生み出すものとしての**危機的状況**を承認することであり，そして，自己参照および世界参照の新たな方法によって**不安定さや袋小路**の事態を克服することである。「つまり，主体は，可能性と現実性の間にある差異を，人間形成過程のあらゆる段階において経験している。換言するならば，こうした差異経験は，人間形成過程を構成していくものである」（Marotzki 1989: 158）。

　ヘーゲルに基づく論証は，「さまざまな点で時宜に適っていないように思われる」（Marotzki 1989: 151）。そのようにいえるのは，とりわけ彼の哲学に対する深刻な異議（たとえば，説明と弁明が彼本人によるものかどうかという疑義）が提起されていることを勘案するときである。とはいえ，同時に，ヘーゲルの哲学が内包している洞察や構想は，その有効性や多様性の点において現代における多くの社会科学理論を凌駕しており，その限りにおいて，ヘーゲルの再読とその応用は意義があるものとみなされ，有益であることが認められる。

　現代の教育科学においては，ヘーゲルはほとんど登場しない。Th. リットやJ. デアボラフ以降，今日においては，わずかに J. -E. プライネスだけがヘーゲル哲学への接近を試みている。だが，ヘーゲルの受容や彼の哲学を構成する諸要素の継承を批判理論のうちにみようとするならば，ヘーゲル思想のさらなる痕跡がドイツにおける教育科学のうちに認められるだろう。［そのような教育学者として］私が想起するのは，D. ベンナーであり，W. S. コヴァルツィクであり，A. シェーファーであり，A. グルシュカなどである。以上のような研究者たちの<ruby>人間形成研究<rt>ビルドゥングスフォルシュング</rt></ruby>（たとえば，シェーファー（Schäfer 2011）によるアフ

リカの人間形成(ビルドゥング)に関する人類学的研究やグルシュカ（Gruschka 2009）による授業分析）におけるテーマ領域や成果がヘーゲルの人間形成哲学(ビルドゥングスフィロゾフィー)とどのように関連しているかをあきらかにすることは，それ自体が一つのテーマとなりうるだろう［が，ここではそのことを試みるわけではない］。

　以下でまず試みたいのは，マロツキの人間形成論的な伝記研究の試みがどのようにして生い立ちの語りに基づいて人間形成過程を構成しているか，ということを示すことである。同時に，さらなる議論の方向性を明確にするため，こうした試みに対する批判的な反論を展開してみたい。その次に，生い立ちに関する語りを解釈したり人間形成過程を再構築したりするための基盤となりうるようなヘーゲル思想の諸側面のいくらかを思い起こすことにしよう。さらに，ある青年の事例を紹介したうえで，彼のインタビューを解釈してみたい。この事例は，一見したところ，人間形成論的な解釈を拒絶するかのようにみえる。だが，それゆえにこそ，ヘーゲルと結びつけて人間形成論的な説明を行うことの可能性と限界，効能および射程範囲について議論するために，よりいっそう適しているように思われる。

1 ── 伝記研究に対する批判──人間形成論の不十分さ

　人間形成論的な伝記研究の理論的根拠づけおよび方法論上の構想に対する詳細な評価と批判を，ここでは展開しない。その代わりに，本節では，マロツキによる人間形成過程に関する理解に集中して，ある事例解釈をもとに短めの批判的考察を試みるにとどめたい。

　マロツキは，人間形成過程と学習過程とを区別している。G. ベイトソンのモデルに依拠しつつ，彼はより高度な段階の学習過程を人間形成過程と呼んでいる。学習過程が所与の枠組み内部において生じる（たとえば，知識が既存の理解地平において蓄積されていく場合）のに対して，人間形成過程はそのような枠組みや地平を変容させていく。マロツキは，人間形成過程を世界参照および自己参照の質的変化と定義している。そのような変容がもたらされる契機というものはあるが，［このようにすれば変容が生じるというかたちで］あらかじめ定められたものではない。そうした変容は，学習の条件とかかわり合うな

第Ⅰ部　伝統の人間形成論と今日における人間形成研究のあいだ

かで反省を通してより大きな柔軟性，自由性，個人性を獲得するという，主体の自由で創造的なはたらきなのである（vgl. Marotzki 1990: 52f.）。マロツキは，世界参照および自己参照の変容を，自分自身と世界を新たにかつ別様に観察し，理解し，解釈することを可能にするような「そのときどきの構造原理の転換」（Marotzki 1990: 225）として捉えている。

　マロツキは，1984年に行われたある詳細なインタビューをもとにして，ある若い女性[★1]の生い立ちを人間形成過程として解釈し，「負わされた人生設計」，「否定様式の生起」，「立て直された人生設計」（Marotzki 1990: 312ff.）という三つの「文脈的段階(コンテクストゥーレン)」もしくは「形態(ゲシュタルテン)」（Marotzki 1990: 313）を通して，彼女の人間形成過程を描出した。そのような移行の根底には，「回心の体験」――A. ミラー[★2]の著作を読書すること――があったとされる（Marotzki 1990: 347ff.）。

　インタビュイーは，両親の希望に添うべく，アビトゥア取得後に大学で社会学と法学を学び，法律家である彼女の父親の後を継ぐことを決意した。だが，それは家具職人になりたいという彼女自身の希望に反する決断であった。「負わされた人生設計」とは，そのような人生段階における人間形成(ビルドゥングスゲシュタルト)の形態のことを指している。インタビュイーは，その後，危機に陥り，大学での専攻を教職に変更しているが，こうした専門の変更によって両親に他律的に負わされた人生計画から自由になったかといえば，そうではなかった。彼女は，優秀な成績を修めて学業を終えているが，そのような葛藤に満ちた人生段階を，大学の要請である「知識人化」と彼女の願いである「自然生活」との間の矛盾として特徴づけている。マロツキは，そのような人生段階における人間形成の形態を「否定様式の生起」と呼んでいる。インタビュイーは，アイルランドで1年間を過ごし，試補としての研修勤務の許可が得られるのを待っていたが，この頃から文学および芸術に関連する活動を始めている。ミラーの著作を読み，自らが授かった子どもをミラーが述べているような意味で教育せず成長するにまかせてみたいという希望を膨らませていったのも，この時期であった。この読書体験が「彼女の人生設計における質的な変容」をもたらす契機となった（Marotzki 1990: 350）。彼女は，［将来を見据えた］戦略的な熟慮に基づいてドイツに帰国し，試補としての研修を開始したが，その後，教師という制度的に与えられたライフコースを歩まないことを心に決めた。試補としての研修を中断したこと

第3章　ヘーゲルの人間形成論と現代の人間形成研究

は，つまり，ミラーの著作を読んだことによる「回心」の最終的な帰結とみなされるのである（Marotzki 1990: 343）★3。彼女は，「教育学そのもの」に反対するようになった。「教育学そのもの」とは，彼女にとって，「非教育的なるもの」であった。彼女が教育されてきたなかで経験してきたこと。彼女が大学において経験し，自らの専門として学修を積み重ねたこと。そのような専門の精神において彼女が教師としてなすべきと考えてきたこと。そうしたことのすべてが，教育学であった。そのような教育学を拒絶するということは，彼女にとっては，同時に，両親，学校，大学，教職といった制度を，彼女に対するあらゆる期待や要求——つまり，それまで彼女が有していたあらゆる自己観や世界観——とどもに拒絶することを意味していた（vgl. Marotzki 1990: 350ff.）。マロツキは，アイルランドにおいて文筆家として娘と二人きりで生活するという彼女の計画のうちに新たな人間形成の形態をみており，そのような「自己に対する，また世界に対する開かれた探求的態度」（Marotzki 1990: 338）のなかに，一つの新しい自らの人生設計をみようとしている。

　マロツキのこうした事例解釈を例として，現代における人間形成論的な伝記研究の問題点をいくつか指摘することができるであろう（vgl. Wigger 2004）。マロツキは，非常に一般的な人間形成概念を用いており，そうすることによって，実りなき人間形成論上の対立をおそらく避けようとしている。だが，そのことによって，彼は，人間形成論の発展分化をも放棄してしまっているのである。解釈上の問題やカテゴリーをそこで提供しているのは，社会学理論および心理学理論である。ナラティヴ・インタビューを通して生い立ちを構成するという要求によって促進されているようにみえるのは，人間形成問題の主題化というよりも，むしろアイデンティティ問題の主題化である。さらにいえば，描出された人生の危機，回心の体験，そして決断は，主体のアイデンティティという伝記上の組織の文脈において，また，社会学的な近代化理論の地平（たとえば，〈**他者による規定／自己による規定**〉の図式や柔軟性あるいは省察度の向上などの次元）において解釈されており，それらを超えたところにある「そのときどきの世界解釈や自己解釈の基本原理」（Marotzki 1990: 52）については，内容に踏み込んだ読解や対象に応じた解釈がなされているわけではない。人間形成過程の解釈および再構成を行うための主題上の焦点は，変化はするが統一

的であるような，きわめて一般化の度合いが高い段階に位置している**私**の状態である。ここでいう一般化の度合いが高い段階とは，肯定と同調から反省と距離取りへといたるような，また自らの人生設計の他者による規定から自己による規定へといたるような段階のことである。生い立ちの進行をそのように意味づけることには問題ないと，マロツキはいう。だが，解釈の焦点は，厳密にはどちらかといえばアイデンティティ論的である。なぜなら，そこで行われているのは，カテゴリーを通して開かれた断片的な世界——そのような世界が個人の自己構想の文脈をなしているのだが——という構造に対していくらか内容と過程に関する分析を施して再構成することでもなければ，生い立ちをめぐる決断や個人の立ち位置の変化に関する歴史的かつ社会的な諸条件を再構成することでもないからである。今回の事例を人間形成論的に解釈する際に中心をなすべきは，むしろ権威的な教育と反権威的な教育との対立であり，「疎外」的な制度化された教育と信憑性を帯びた真の「自然な」教育との対立であり，同調を求める制度と「自然」で「自由」な生との対立ではないだろうか。別言すれば，それは，慣れ親しんできた世界観から生改革的で文化批判的で新教育的な世界観への転換ではないだろうか。

2 ── フンボルトとヘーゲルにおける人間形成，人間形成過程，そして人間形成の形態

「人間形成(ビルドゥング)」ということでフンボルトが主題化しているのは，人間と世界とのきわめて根本的な関係である。彼は，「人間とは何か」（カントの根本問題を参照）という問いから発して，人間について，能動的には世界を形成するもの（「力」）として，また受動的には世界に規定されるものとして定義した。人間は自由であり，理性的能力を有している。つまり，人間は，自らの行為の目標を自ら設定し，理性を基準としてそうした目標を検証し，方向づけることができる。同時に，人間は，「世界」に依存しており，自らのあらゆる生の形態の可能性に関して世界に左右される。フンボルトは，啓蒙主義の伝統のうちにある思想家である（彼は，神の摂理，精神と政治の権威への従属，あらかじめ定められた社会的地位に対する批判を行った）。彼は，回顧的には，人間，人間が置かれた状況，そして文化の発展を，世界との対峙によって人間が生み出す

作品として把握し，また予見的には，人間の歴史を，未来に開かれたものとして，また自らが与える自己定義（「自律性」）に従って人間が規定するものとして捉えた。歴史的にみたときの「人間形成」に対するフンボルトによる把握の新しさは，そのような点にある。人間形成とは，人間になるその方法であり，また人間が自分から発して創り出すもの（「型作り」フォルムンク）である。人間形成は人間の可能性（「可塑性」ビルドザムカイト）や，理性によって，また理性とともにより高度に自己発展を遂げる人類の可能性に資するものとされる。

　フンボルトと同様に，類としての人間と個々の人間の二重の関係において人間形成を主題化しているのは，ヘーゲルである（vgl. Wigger 1994）。ヘーゲルは，人間形成について，第一に，精神の（世界精神としての，神としての，絶対的なるものとしての）自己実現として語っている（vgl. Enzyklopädie § 387 A）。彼は，人類の（哲学，宗教，芸術，学問の歴史にとどまらない）あらゆる歴史を，精神の発展および生成ビルドゥングとして把握している。彼独自の，あらゆる知を包括する哲学体系は，こうした精神が自己展開および自己発展したものとして構成されているのである。

　ヘーゲルは，人間形成について，第二に，個々の人間という観点から，「普遍的なるものになること」として語っている。ヘーゲルの把握するところでは，個人の人間形成は，普遍的なできごと，歴史の推移，また精神の発展を統合する要素である。個人における人間形成の基本的性質，目標，必然性は，歴史的，社会的，文化的な文脈によって左右される。ヘーゲルは，そのようにして，諸個人の人間形成と教育について，「普遍的精神が個人のうちに実現される」こととして定義している（Enzyklopädie § 387 A）。「普遍的精神」ということで彼が言い表そうとしているのは，われわれが今日において包括的な意味で「文化」と呼んでいるものである。この場合の「文化」は，たんに芸術，宗教，学問あるいは哲学のことだけを指しているわけではなく，法，習俗，道徳，社会の規則と制度，国家，世界の歴史を含むものである。そのような意味において，個人の生成は，「文化適応」であり，同時に「国家と社会への統合」である。

　個人としての人間が普遍的なるものになることが人間形成であるということによって（vgl. Rechtsphilosophie §§ 142ff.），ヘーゲルはより正確にはいったい何を表現しようとしていたのだろうか。彼によれば，よく人間形成された人

間とは，第一に，「思考する」人間のことである。そのような人間とは，つまり，ある物事の普遍的な規則を把握することができ，それに応じてその物事を客観的に判定することができ，そのような認識と客観的な判断に基づいて自らの目標を設定することができる人物のことをいう。ヘーゲルによれば，思考と人間形成は，真理と関連するものである。彼にとって適切な人間形成を経ていない者とは，自らの意見と希望に囚われた状態にあり，自分の主観的なイメージと関心に従って判断し行為する者のことである[★4]。第二に，よく人間形成された人間とは，実践的な観点からいえば，「人倫的」な人間である。ヘーゲルの意味における人倫性とは，因習やたんなる道徳と結びつく思考や行為以上のものである。人倫性とは，だれにも問題なく同意を得ることができ，合理的に正当化できるような個人の思考および行為の仕方が，社会状況および制度と関連づけられていることをいう。ヘーゲルにとって，個人における人間形成の理想は，人間の自己規定と人間の（人倫的な）公共的制度とが調和していることにあった[★5]。この考え方によれば，適切な人間形成を経ていない者とは，人倫に違反し，反省的に行為することもないような人間のことである。ヘーゲルは，法の哲学において，近代の市民社会と国家が，法と道徳が，そして経済秩序と社会制度が理性的かつ必然的なものであることを証明しようと試みた。ヘーゲルは人倫性を個人における人間形成にとっての枠組みとして歴史的に理解したが，ヘーゲル後の批判（たとえばアドルノにおける批判）においては，人間形成における二律背反が認識されるようになった。すなわち，理性的でよいものとして，あるいは人倫的なものとして評価されえない社会状況のなかでは，個人における人間形成あるいは人倫的な行為は，いかにして可能であるか，という問題である。

　ヘーゲルによれば，人倫的な人間形成に属しているのは，あらゆる個人が国民として（省察の度合いはさまざまであるとしても）共有しているはずの愛国主義的な志操であり，また，職業や社会的地位と特殊に結びついた道徳的教養（「公正性」）である。市民社会が分業的かつ社会階層的なものと理解される限りにおいて，市民としての個人もまた身分上，あるいは社会的に，分化しているものとしてみなされる。実際に，個人における人間形成は，同一のものであると同時に多様なものとして生じている。人間形成の階層化は，ヘーゲルにお

いて，現実のものとして認められ，同時に正当化されている。彼は，たとえば個人における人間形成が労働によって制限されていることや，あるいは近代的な工場における偏向した労働が歪んだ作用を生じさせることを認識していたが，そのことを彼が批判することはなかった。こうしたことに対する批判がみられるようになったのは，左派ヘーゲル派の伝統などにおけるように，ようやく後になってからのことである。

　フンボルトは，さまざまに異なる個性の人間形成を，人類が完成へといたる歴史の要素として解釈した。それに対して，ヘーゲルは，近代の矛盾と内部分裂を分析するという文脈において，個人における人間形成を，社会，国家，歴史への依存関係において定義した[★6]。フンボルトが理想的な人間形成のイメージをいだいて個性を強調していたのとは異なって，ヘーゲルの人間形成論は，「普遍的なるものの優位」を指摘している。しかも，その際の「普遍的なるものの優位」とは，社会や国家に統合されることや，普遍的なるものを承認することおよびそれに対して尽くすことのような，個人の義務に関する規範的な意味においてのみならず，まずは人間形成過程の記述としても――つまり，個人が制度や社会に包摂され，歴史の経過に宿命的に依存することを通して，世界と適合していくこととしても――理解されるのである[★7]。

　マロツキによっても使用されている「人間形成の形態」概念は，ヘーゲルにさかのぼることができる。彼は，『精神現象学』において，自然意識が絶対知の立場へといたるような生成過程を描出した。その際に，彼は，自然意識（それは，素朴でまだ人間形成されていない状態のわれわれのことである）が人間の思考と行為の歴史にみられる内容的に多くの立場を受け入れ検証していくなかで，そのようなさまざまな立場の挫折経験を積み重ね，そうして絶対知（それはヘーゲル哲学の立場にほかならない）が唯一の真なる立場であることを突き止めるまでの道のりを描出したのである。ヘーゲルが『精神現象学』によって提示しようとしたのは，ただ彼の哲学的立場だけが論証によって正当化されうるということであった。また同時に，彼は，そうすることによって，論証により読者を彼の立場へと導こうとしたのである（『現象学』は，真なる知の体系としての『百科全書』への入門書とみなされている）。そのような立場とは，内容的にみれば，知，行為，文化，宗教に関する理想的な立地点であり，ヘー

ゲルによって「形態(ゲシュタルテン)」と呼ばれたものである(たとえば,感覚の確実性,主人と奴隷,フランス革命などがそれにあたる)。そうした形態は,そのときどきに応じて(「知」としての)自らについてのテーゼを,(「知の対象」としての)世界についてのテーゼを,そして形態が認める要求についてのテーゼを有している。その際の要求は懐疑と自己検証を内包しており,そのことが動因となって経験が運動するのである。架橋しがたい差異の経験は,意識を危機へと陥れる。意識そのものについて,現実について,意識と現実との関係について,あるいはそれらを検証する意識の基準について,意識が挫折を経験するとき,そのような挫折経験によって生じるのはパラダイム転換である。ヘーゲルは,矛盾が進展して止揚していくなかで弁証法的に完遂していく意識の生成の常に異なる形態から生じるそうした(必然的な)帰結を描出している。

　私の見解では,人間形成論は,分析的な部分と規範的な部分の双方を合わせもっている。人間形成概念は,教育学の歴史においては,規範的なものとして受け止められてきた。人間形成という概念によって,ある理想が定式化されてきたのであり,そうした理想によって現実(の不完全性)が判定されてきたし,また判定されうるのである。「あらゆる力が高度にかつ均整のとれたかたちで生成される」というフンボルトによる理性人間学的な本質規定を受け入れる場合にせよ,そのほかの人間形成理念が教育の目標として構想される場合にせよ,そのことに変わりはない。だが,人間形成概念は,その一方で経験的な資料を解釈する際の詳細な問題設定や「感性を高める構想」の礎となり,その限りにおいて,分析的な観点からみて,実証的な人間形成研究にとっても重要なのである。

　フンボルトやヘーゲルの人間形成論を,生い立ちに関する語りのような現在の経験的資料を解釈するための提案として受け入れたとしても,今日における青少年に関する経験的に再構成された人間形成の形態と,ヘーゲルが『精神現象学』において描出した人間形成の形態やフンボルトが語っている人類史の秀でた代表者たちとを比較することができないことはあきらかである。だが,そのことは,生い立ちに関する資料から再構成される自己状況や世界状況を人間形成論的な観点によって「人間形成の形態」として把握し,その人間形成過程を再構成することを否定するものではないだろう。

以上のような考察に基づいて，次のような方法論上の帰結が引き出されるであろう。それは，関心が向けられるのは，個人であり，また個人の人間形成（教養 Bildung），つまり，個人が有している理解，個人の見地，世界や他者や自己に対する個人の位置である。その際に方法として適しているのは，生い立ちに関する開かれたインタビューである。生い立ちに関する語りや筋立ては，自らの発展過程に関する個人による自己省察として，あるいはまた，過去と現在の立地点を自己記述したものとして理解される。個人の言明は，人間形成の形態として再構成される。つまり，多くの判断，意図，行為が関連し合ったものとして再構成されるのである。人間形成の形態を再構成することのうちには，個人の生い立ちに関する社会状況や制度的な文脈を再構成する試みも含まれている。突き詰めていえば，再構成される特別な状況や制度は，社会と歴史の文脈化であり，理論的一般化としての側面を有している[*8]。

3 ── 事例解釈──トム・ノヴァクの場合[*9]

　これから提示するある人間形成上の再構成は，「学校から職業への移行に際して社会的に不利な状況にある少年少女たちに講じられる教育的措置」に関するドイツ学術協会プロジェクトで行われたインタビューに基づいている。このインタビューを行ったのは，ギーセン大学の J. エカリウスである。このインタビューは，大部のもので，伝記的な要素を含んでおり，以下の解釈においては十分に論じ尽くされるというところまでにはまだいたっていない。つまり，これから示す人間形成の像は，まだ暫定的なイメージにとどまるものである。

(1) 生い立ちの概観
　インタビューが行われたとき，トムは17歳だった。彼は，施設技術者養成のための教育を受けている最中で，母親と二人で住んでいた。もともと彼の家庭では，両親の争いが絶えなかった。それまでの彼の学業成績は，好ましいものではなかった。両親は，数年前に別居し，離婚。家計状況は逼迫しており，それ以外のあらゆること（経済的なことに関する別れた両親の諍い，不十分な住宅状況）の原因になっていたようにみえる。トムは模範的な生徒ではなかった。

彼は，ある特別なハウプトシューレ卒業資格を有していたが[★10]，その評価は低かった。とはいえ，その後，さらなるプログラムを経て[★11]，現在の見習技術者のポストにつくことができた。トムが4時間以上にわたるインタビューにおいて語った生い立ちにかかわる重要な体験は[★12]，①両親の離婚，②問題の多い彼の成績，③家具製造実習中の事故（この事故により，彼は指を一本切断してしまったらしい），④剣術のスポーツクラブを指揮していた尊敬する年配者の死，そして，⑤恋人の死，というふうに分けられる。それらの語られたできごとはすべて，トムがさまざまなかたちで克服していった生い立ちにかかわる危機を意味している。以下では，まず家族の状況に関するインタビューの導入部分を分析し，その後，学校に関する語りの分析を行い，最後に，恋人の死と武術の師匠の死についての話を分析する。

(2) 導入部分──他者によって左右された生い立ち

トムは，人生がどのように経緯していったのかを語るようにインタビュアーが求めたことに対して，総括的にこたえようとした。その点において，このインタビューの導入部分は興味深い。彼の人生を最初から，また個々の場面の細部について語ってほしいこと，またそのために多くの時間を費やしてよいことが伝えられたにもかかわらず，トムは，そのように語ることはなく，彼の半生をひとまとめにして評価しようと試みた。彼は，自らの人生について，とびきりよいとも，また，とびきりわるいとも総括できないと述べた。つまり，個々の場面に対する否定的な評価と肯定的な評価の双方の間で，彼は揺れ動いているのである。その際，以下のようないくつかの地平が層をなして混在しているように思われる。

①「よいこと」に関する思い出（たとえば，ペットに関する思い出）と父親を原因とするストレスなどの「わるいこと」の思い出とが隣接している。

②とはいえ，そうした隣接した思い出があしき過去とよき現在というかたちで構成されているように見受けられる。そのような構成においては，あらゆることが「よりよい」方向に向かっているとみなされている。過去は，「大

きな障壁」,「過大なストレス」,「精神的な負担」をともなう困難な時期であった。それに対して,現在は,父親との別離によって家庭環境は「好転」し,彼の職業訓練は,かつての学校時代とは異なって,「ほんとうにうまく」いっているとされる。

③さらにいえば,彼は,多くの目に余る問題と認めざるを得ない否定的な体験を背負うなかで,あきらかにそのことについて肯定的な自己記述を行おうと努力している。このインタビューの導入部分は,「きつい」こともときおりあったということを認めることから始まり,「今では常によくなりつつある」という主張で締めくくられている。こうした受け答えの定型は,このインタビューが続けられるなかで常に繰り返されている。このことから,トムが次のように試みているということがわかる。彼は,自らの人生をうまく乗り越えており,かつて抱えていた問題をしだいに押さえ込むことができるようになり,困難な生育環境を受け入れ,その限りにおいて自分自身と環境に満足していると主張する青年としての自己像を提示しており,そのことによって,ある者が未知の者［＝インタビュイー］とのコミュニケーションにおいて肯定的な自己記述を行うという一般的な期待に応じようとしているのである。

トムの人生の初期段階は,両親の争いが絶えず,子どもたちや家族のことに関心を向けない父親とともに過ごさねばならなかったが,この段階のことを彼は思い出そうとしなかったし,より詳細に語ろうともしなかった。彼の言明が父を拒絶したり責任の所在を追及したりすることに向けられていた理由は,そこにある。離婚や家庭崩壊の責任は父親にある。トムはそのように考えており,彼の学校時代における不遇やそれまでの人生におけるあらゆる不幸の原因もそこにあるとみなしている[★13]。それに対して,母親については,トムは理解してくれており,学校時代の彼の問題も受け入れてくれている（父親はといえば,トムがわるい成績をとってきたときに罰を与え,暴力をふるっていた）,と彼は感じている。母親が抱えていた問題を彼女が克服し,困難な生活状況から脱出したという点において,トムは彼女に敬意のまなざしを向けている。彼

が母親をとりわけ大いに賞賛しているのは，彼をつれて住居を移し，父親との共同生活から彼（および非行化した彼の弟）を引き離してくれたことである★14。ただ，奇妙に思われるのは，感情表現が欠如していることだ。愛情や友情について，彼はインタビューのどの場面においても話題にしておらず，むしろ義務や規範について語っている。先の文脈についていえば，語られているのは，順風満帆の家庭生活という理想と結びついた義務と規範なのである。トムが評価しているのは，彼が母親の家事に関連して生活のうえでなすべきことを無条件に受け入れ，そうした義務に従っていることであり，また，家族の世話という母親としての義務を彼女が遂行しているということであった。それに対して，父親が自己中心的で家庭における自分の義務を忘却しているという点において，トムはあきらかに彼を軽蔑していた。

インタビューにおける多くの箇所で，家庭，学校，仕事に関する規則認識，義務意識，規範への同調が大いに表現されているが，こうしたことの言外には，規則違反，逸脱行為，他者による拒絶，そして自分自身の願望が示されている。トムは，この最初のインタビュー段階において，彼の人生を他者によって左右されたものとして描出している。彼は，自分の身に生じたことを評価しているのだが，自らの決断や行為について言及してはいない。プレイヤーとしての彼については，わずかに間接的に言及されるだけで，語られることは数多くの「不平」である。インタビューにおけるこの一節から読み取られるのは，彼の行動が受容しがたいものであったということだろう。トムは，自ら意識している規範をめぐって彼自身が葛藤を抱えたり逸脱したりしていたことを自覚しているのだが，そのことが自分の行為について彼を沈黙させる要因となっている。しばしためらいをみせた後で，彼はコメントを続け，（あたかも非難されるべき彼の行動が両親の仲違いによるものであるといわんばかりに）たわいもない弁明（「家庭という要因」）を行い，また個人にかかわる責任追及（「両親の離婚」）についてふれている。このように問題や葛藤のもとになる他の罪人探しはなされても，自分が規範から逸脱していたことは隠し立てされたままである。他のインタビュー部分においても，そのような傾向がみられる。

このことと関連して示唆に富んでいるのは，「暴力」に関するインタビュー部分である。かつて暴力的な行為に及んでいたとトムは告白しているが，その

ように彼が述べるときには，喧嘩や暴力は葛藤の解決にふさわしいものではなく，できる限り避けるべきものであるという発言が何度も繰り返されていた。もっとも，彼は，暴力によらずして葛藤を回避する能力に長けていたようにはみえない。なぜなら，彼が他の方法で葛藤を解消しようとしていたという，あきらかに空想上の状況について，彼はそれ以上のことを続けて述べることができないからであり，インタビューにおいてためらいの後に「暴力は何の解決にもならない」と主張される原理によってその場をしのいでいるからである。しかも，葛藤を回避する試みがうまくいかなかった場合，トムは暴力の行使を思いとどまってはいないのである。

(3) インタビュー第2部における長い語り──成功からほど遠い学歴

　学校に関する体験と経験について語ってほしいという第二の要求に応じて，トムはとても多くのことを語った。彼は，学年や職業実習の時期ごとに年代を追って正確に彼の学校時代について語った。教師や職場の親方が話題の中心となり，彼らが授業や養成の教育内容を適切に扱い説明したかどうかという観点から，またトムがそこで説明されたことや指示内容が理解できたかどうかという観点からも，彼は話をしている。トムは，学校時代について肯定的に語っている。第1学年はそうでもなかったが，第2学年から第7学年までは，授業も職業養成も理想的で，じょうずに導かれたおかげでうまく適応することができた，というのである。教師たちの能力は高く，授業は楽しかった。「みんな」──つまりトムもそこに含まれる──は説明されたことをよく理解した。このことは，けれども，その後に続く成績不振と対照をなしている。なぜなら，第7学年以降，トムは特別学習支援クラスへと所属を変えているからである。彼は，この頃の学校における困難や成績不振について，家庭における問題や両親の仲違いによって説明しようとしている。

　トムは，自分のことを，学校やそこで与えられる要求を受け入れている人物として，学校での授業や職業養成では納得のいく説明をなしうることが求められていることを心得ている人物として，また学校が期待することを実行した人物として描出している。彼が学校や職業養成の場において学んでいたということに基づいて，自分をそのような人物として思い描いているらしい。各学年や

実習段階を時系列に即して整理しているのは、そこでのできごとが必然的であったこと、また学歴が正常であったことを主張するためである。彼の学歴は家庭の問題（およびそれにともなって生起した心身症）によって生じた欠席と成績悪化によって中断されただけであり、そのような中断は「すべてのことがまた思い通りにいくようになる」まで続いた例外的なこととみなされている。

他の質問に対するさらなる回答においても、トムは、すべてを克服した人物として自分を描き出している。第4学年のときに診断された読み書き能力不足のような自らの弱点について、彼は——そのことにふれる必要がない限り——言及せず、あるいは責任の所在が自らのうちにない問題（ここでは手の負傷）について語ることによって覆い隠している。また、自分が意識している弱点について吐露することは、彼が「それにもかかわらず成し遂げることができた」のだということと常に結びつけられることによって曖昧化されている。つまり、トムは、学校に関しても、またインタビューされているという状況に関しても、有効とみなされている規範と調和している状態に自分があるということを描出しているのである。

(4) 語られなかったこと——喪失の経験

以上のような二つの語り［＝家庭生活と学校生活に関する語り］が求められ、多くの質問がなされた後に不思議に思われたのは、インタビューにおける最初の数時間の間に女の子や女性について話題が及ばなかったことであった。トムが抱えていた問題に関して彼の相談相手となった人物について問われたときにはじめて、彼は「剣術の師匠」について語り、そして、剣術に関するいくつもの質問を経た後で、彼の恋人の死を克服するためにこの男性が支えてくれたことについても話すようになった。トムによれば恋人は殺害されたというのだが、ともかく彼女の死は彼を危機に陥れた。剣術に専心し師匠の助言に耳を傾けることによって、トムは——と彼は主張するのだが——救済された。スポーツ団体について長く語り、彼が「我が師」と呼ぶ年配者に対して高く評価していることから読み取られることは、それらが彼の生い立ちにとっていかに意味があったのかということである。だが同時に、殺害による恋人の喪失という精神的外傷とでも呼ぶべき体験が彼のうちで解消されて克服にいたったかどうかとい

うことについては，疑問の余地がある。いずれにせよ，トムはこのことについて語ろうとしていない。この部分は，解釈が困難なインタビューの一節である。

　この女の子について，彼女との関係について，彼女に対する感情について，トムは口を閉ざしている。それどころか，このインタビューの一節では，彼は常にテーマを早々と変えながら話をしている。彼がより饒舌に，また詳細に語っているのは，殺人犯についてであり，殺害された恋人については何もふれていない。恋人に対する思い出は，あきらかにタブーとなっており，表現されることはない。尊敬する剣術の師匠の死については，詳しく語られている。

　トムは師匠によって勧められた喪に服する方法について語っているが，彼がその方法を採用したかどうかは不明のままである。彼の感情については，彼は完全に口を閉ざしている。この沈黙は受け入れられなければならない。この沈黙からは，トムがこのトラウマ体験をまだ克服していなかったという推測ができるだけである。こうした推測は，両親の離婚と父親に対する感情の表明についてあれほど長く語られたことと恋人に関するできごとの話題の短さとを比較してみると，確かなことのように思われる。彼は，学校の成績悪化や欠席，第8学年時の心身症障害の原因を，両親の離婚に求めているが，恋人の喪失というこうした体験もまた，この人生段階に起きたことである。恋人の喪失という体験は彼のライフコースに狂いを生じさせた，ということが推測される。この体験が生じた時期については，インタビューでは厳密にはあきらかにされていない（が，この人生段階であったことは確認されている）。

(5) トムにおける人間形成の形態──**受動的な現実感覚，同調，職務に対する忠誠**

　トムの世界に対する立ち位置と自己イメージを要約して特徴づけてみると，次のようなメルクマールが認められるように思われる。

　まずあげられるのは，**受動的な現実感覚**である。つまり，こういうことだ。世界は，あるがままに存在している。世界は変えられない（受け入れるしかない）ものであり，人は目の前にあるものとうまく折り合っていかねばならない。愛する人の死というつらい体験にも，生活環境にも，そして諸制度による要求や規則にも，そのことはあてはまる。トムにとっては，自らの希望，目標，考え，

自分が決めた構想を差し挟む余地は，おそらくない。自分の将来像について問われたとき，彼が自らのプランとしてあげていたのは，制度的に与えられた可能性，つまり，職業養成を終えてどこかの会社で働くこと，彼の家族の面倒をみること，そして彼が所属していたスポーツクラブに深く関与することであった。ためらいをみせた後で，彼は，客観的な視点から，二番目の回答を提示した。それは，彼ができる範囲内で「あらゆることをよい方向に転換する」ように試みることであった。その際，トムが念頭に置いていたのは，自分自身の不十分な状態，彼が置かれていた社会環境であった。社会環境についていえば，それは彼には変えがたいものであり，そこから要求されたことについては，彼は適合せねばならず，従うほかはない。彼には，それ以外に受け入れられるような選択肢はない。それゆえ，世界に対する彼の立ち位置は，「そこから最善のものを生み出す」ことを試みるという点に見いだされるようになるが，そのための方法と必要な手段について知る術は彼にはない。

　トムの生い立ちに関する第二の観点は，**同調**である。彼は，家庭，学校，職場における規範および制度からの要求を自覚している。それらは，義務とみなされ，否応なく遵守されねばならないとされる。彼は，自分自身がそれに従うのと同様に，他の人びとも，つまり教師や職場の上司のような権威ある者たちも，規範や制度的な要求を実行することを期待している。彼は，そのように感じていない人びとを見下している。そうした人たちのなかには，それほど賢明ではなく，それゆえ彼と同様に挫折を余儀なくされる同級生たちが含まれている。トムは，何も貢献できないのに不当にも利益をむさぼる人びと（彼がいうには外国人）や「こちら側に属さない人びと」を軽蔑している。彼は，自分自身がなしていたかつての逸脱行為を自覚しつつ，一般的な規範や他者の期待と適合するという理想の自己像を自ら立ち上げようとしている。

　そのような同調には，**職務に対する忠誠**も含まれている。教師，師匠，上司，あるいは母親が提示した課題は，彼によって遂行される。ときには彼は不平をいだいていたかもしれないし，またときには成果が好ましくない場合もあったかもしれないが，ともかく，そのような課題が遂行されねばならないということは，疑われることがなかった。なぜなら，「仕事が存在するのは当然」であり，「仕事はなさねばならないこと」だからである。そのような原理は，現在

のトムの人生を特徴づけるものであった。彼にとって,「今では,仕事がすべて」である。職務に対するトムの絶対的な忠誠は,職業養成や職業の序列性のなかで彼に割り振られた立地点に適合した姿勢といえる★15。

4 ── 未解決の問い ──「おわりに」に代えて

　「人間形成」は,省察と結びつく。つまり,「人間形成」というキーワードによって,自分がなしえてきたことや,世界における現在の自分の他者に対する,また自己に対する位置や,自分の潜在能力と将来の展望が省察される。その限りにおいて,世界や自己との関係に関するトムのそのような規定とかかわって問われるべきは,はたしてトムに関して「人間形成」について語ることは妥当かどうか,ということである。とはいえ,トムの語りと言明も,インタビューという形式によって喚起されたある種の省察である。彼による省察の中核にあるのは,彼の義務や課題であり,自らのアイデンティティや希望や将来に対する期待ではない。

　人間形成概念を使用することの適切さをめぐる同様の問いは,フンボルトによる「個性」,「高みへの発展」,あるいは「完全化」といった観念に関連させて人間形成を考える場合に立てられるであろう。だが,理想を言い表すものとして人間形成概念をみなすのではなく,段階を踏んで到達したり,あるいは到達可能であったりするようなものとして人間形成概念を想定するならば,人間形成概念の使用が不適切であるとする疑念は打ち消されるであろう。

　ヘーゲルは,理論的な人間形成と実践的な人間形成を区別している。理論的人間形成ということで理解されるのは,専門的知識に基づいて自立的に判断する能力のことである。インタビューにおいては,トムが持ち合わせている世界に関する知識の程度はわずかしかあきらかにならず,また彼の人生や生活の正しい舵取りをめぐる判断は因習的であって主体的なものではほとんどなかったが,それでも,彼はとりあえず（仕事について,外国人について,また彼の体調などについて）判断している。実践的な人間形成ということでヘーゲルが理解しているのは,社会的な状況に自らの態度と行動を適合させることとしての個人の人倫である。トムの態度,信念,行いは,彼の置かれた社会的立地点に

適合していた。それは，適応状態となったある被養成者の「人間形成の形態」である。

　最終的な問いは，トムの語りにおいて生い立ちのうえで向上は認められるかどうか，また人間形成の過程は再構成されるかどうか，ということである。彼の師匠に関する語りや，恋人の死と向き合ったことに関する語りのなかでは，自分の人生を変えなければならない，という前向きなメッセージが感じられる。トムは，はたして自分を，また自分の人生を変えたのだろうか。彼自身が生い立ちを描出するとき，現在の自分はかつての自分とは異なるのだ，というふうには述べていない。とはいえ，インタビューの導入部分をはじめとするいくつかの箇所において，彼は二つの人生の段階を区別している。その際，現実感覚，同調，職務に関する忠誠，という三つのキーワードによって私が描出しようと試みたような人物として，彼は自分を表現しているのである。そのようにみるならば，彼が向上して辿り着いた人間形成の形態の，もしくは向上して辿り着こうとしている人間形成の形態の肯定的な側面は，そこにあるといえるであろう。彼における人間形成の形態が有する否定的な側面は，かつての，また現在もなお引きずっている規範に対する侵犯である。どのように彼がかつてふるまい，また物事を考えていたかということについて，つまり，彼が規範を破り，周りと衝突するような行動をしていたことについて，トムは思い起こそうとしないし，他の者に話そうとしない。彼が現在いだいている義務意識や規範理解，そして彼の現在における自己像が，そのようなことを吐露することさえ彼に許そうとしないからだ。

　したがって，トムの人生に人間形成の過程があるとすれば，それは自己規律化のうちに認められるであろう。彼の人生における自己規律化とは，まずは，暴力的な反応をもはや誘発させることはなく，自らの行動を自分に適した原則に基づいて定める，ということである。また，自己規律化は，とくにまた，職業養成を修了すること，そして職場にみられる掟――嫌がらせを含む――に不平をいわず従うこと（学校やそこで要求されることや，家庭における母親や彼女が寄せる期待などに従うのと同様に）にも認められる。このような自己規律化については，型どおりの日課や常に変化がない週間予定について詳しく語られるときに表現されている。トムの危機は乗り越えられたようにみえないが，

それでも彼は自らの進むべき道を職務への忠誠と服従にみようとし，また求めているように思われる。

そのような人間形成過程の契機および基盤については，より正確に議論しなければならないだろう。ひとまずここであげられるのは，学校における成績が不信であったことや，職業養成や職業の可能性が社会的に限定されたことなどの条件を前提としつつ，規範に同調的な人生を歩むことを決断したことである。規則に厳しい剣術や彼の模範となっていた師匠への思慕が，そのような人間形成過程を本質的に促進したということは，予想されるところである。

人間形成とは常に個人の潜在能力をも意味しているのであるが，トムがこの後さらに人格的発展を遂げていく可能性の余地については，なお未知のままである。この点をあきらかにするためには，トムに対してどのような他の実践や行為の選択肢が社会的に供与されるのかということを文脈としてふまえたうえで，世界と自己に関する彼の見解のうちにあるアンビバレンスと矛盾についてより正確に言及しなければならないだろう。同時に，そのようなトムの生い立ちは，こうした社会環境に置かれた青少年たちが制度へと適合していくこと，また彼らにそれ以外の選択可能性がわずかしか与えられていないことの証左としても解釈できるかもしれない。

最後に，これまで行ってきた解釈はまだあまりにも記述的であり，分析的というにはあまりにも不十分ではないか，と問われるかもしれない。ある人間形成の形態を可能な限り正確かつ完全に捉えようとする試みは，これからなすべき説明を行うための出発点にすぎない。ただ，トムのような伝記もまた人間形成の形態として再構成されるのだということがここであきらかになったとすれば，私の望みは達成されたといえる。

■注
★1　この若い女性は，アビトゥーア取得後，2セメスターにわたって，社会学および法学を学んだが，さらに2セメスターを建築学の勉学のために費やした後，ギムナジウムにおける教職を目指す学修（英語，ドイツ語，教育学を学ぶ）へと移行した。第一国家試験を受験してから試補研修を開始するまでの1年間，アイルランドに滞在した。試補研修期間中に流産を経験し，最終的に試補研修を中断することになった。その後，

アイルランドへ移住し，現在は，アイルランドで授かった娘とともにフリーの文筆家として生活している。

★2 アリス・ミラー（1923-2010年）は，精神分析家であり，子ども期研究者である。彼女は，1970年代から80年代にかけて，精神分析から転じて精神分析や「闇教育学」に対する先鋭的な批判家となった。彼女の最も有名な著作として，『才能のある子どものドラマ』（1979年）がある。

★3 インタビュイーにとってこの著作を読んだことが生い立ちに大きな意味を与えたことは，インタビューの最初の部分において「転換」という表現を自ら選択していることによって疑いもなくあきらかである。

★4 今日では，知識と意見とのこうした相違を基礎づけることはますます困難になっている。というのも，ヘーゲルの認識論的および存在論的な前提が批判され，そのままでは受け入れがたくなっているからである。

★5 ヘーゲルの哲学体系が論理学や自然認識や社会実践の原理を理性的なものであることを証明し基礎づけている限りにおいて，個人の生成［＝人間形成］はそのなかに自らの基準を有しており，また成功を収めた人間形成過程はそのうちに自らの目標を見いだすことになる。ある文化，ある時代，ある国家において一般に「人倫」とみなされていることに即した行為は，個人にとって「習慣」となるべきである。ヘーゲルは，人間の自然［＝本性］と人倫との調和からではなく，両者の対立から出発している。彼の信念によれば，第一の自然が第二の「自然」に従属することだけが正しいとされる。人間形成と教育は，不和と疎外によって特徴づけられる。だが同時に，ヘーゲルは，人間形成と教育を解放と和解としてもみなしている。なぜなら，人倫的な行為のうちには，つまり，個人の行いと一般規則との調和のうちには，個人の確信（良心）と普遍的な法則および要求（法規，経済，国家）の間には対立点が存在しないからである。

★6 ヘーゲル（「歴史哲学講義」1822-1831年）にとって，個々人の生成［＝人間形成］は，世界史が進行していくための要因である。彼にとって，世界史とは「自由における意識の進展」として解釈されるものであり，「人間形成という困難な長い仕事」とみなされるものである。

★7 フンボルトと比較してみると，ヘーゲルの人間形成論は，さまざまな観点からみて，「より複雑」である。ヘーゲルの場合，そのときどきの自己との関係および世界との関係は，「形態」として，つまり，構造化され細分化された構成体として定義される。そのような形態は，過程として把握される。つまり，それは，一方において発展の帰結として，また他方においてさらなる発展の出発点もしくは基盤としてみなされる。そのような形態の構造も，またそのような形態をなす各要素も変化するものである。［人間形成の］過程が継続して進行しない場合や，［人間形成の］形態が調和的でない場合，危機や矛盾が生じているといえる。

★8 方法的には，このことは，ある「人間形成の形態」を特定し描出するという課題をまずは意味している。この場合の「人間形成の形態」とは，「人間と世界の関係」である。そのような関係は，ある特定の時期にこの人間が与えられた状況や環境からの要求と対峙するというできごとの結果として，また，さらなる対峙と発展の基盤として，世界の歴史状況や客観的諸条件や他者・自己に対する主観的な立ち位置との組み入った連関のことを指している。方法に関していえば，インタビューに基づく分析評価にとってこのことが意味していることは，手元にあるあらゆる情報が収集され，そのよう

な人間形成の形態を記述するための有意味な連関を形成するために用いられなければならない，ということである。このことは，つまり，インタビューのどのような言明もなおざりにされてはならないということである。

資料に関する一般的な問いは——日常用語を用いて定式化するならば——「ある人物にとってそれは何を意味しているのだろう」もしくは「何がその人物にそうさせたのだろう，何がその人物における人生上の問題なのだろう」というものである。

こうした一般的な問いは，たとえば次のような多くの小問を内包している。その人物は，世界をどのように眺めているのか。どのような「世界の断片」が彼にとっての人生上の領域を形成しているのか。この人物は彼を取り巻く他者をどのようにみているのか。そのような他者に対して彼はどのような立場を取っているか。他者は彼をどのように眺め，また彼に対してどのような立場を取っているか。この人物は自分自身を，自分の長所と短所を，どのようにみているか。彼が現在かかえている人生上の問題とはどのようなものか，など。

語りを分析することによってそのような「いかに」をめぐる問題を明確化する試みを行った後，そのための基盤と基礎づけについて問い，判断および論証が精査される。しかも，そのような精査は，発見されたそれぞれ個々の次元においてなされることになる。次の段階においては，そのような共時的な考察方法が通時的な考察方法によって，拡張され補完される。**人間形成過程**が自己関係および他者関係の変容や個人の立地点移動の転換として問われる場合，方法的には少なくとも二つの異なる「人間形成の形態」が同定されねばならず，また，［インタビューなどのような］経験的な資料のうちにそのような変動やそのための基盤，原因，条件に関する示唆も見いだされねばならない。その際，資料に関する第二の一般的な問いは——日常語によって定式化するならば——次のようなものである。「その人物は，彼が今あるような状態にどのようにしてなったのだろうか」，もしくは，「彼が抱える人生上の問題はどのようにして生じたのだろうか」。発達の明確化を目的とするこうした一般的な問いにも，すでに言及した観点と結びついた多くの小問（すでに挙げた諸観点と関係しており，ここで再論することはしない）が付随している。ここでも，発見されたそれぞれ個々の次元において，そのような変容の基盤や基礎づけについて問われることになる。

分析のための重要な一歩は，データが生起する条件に関する省察である。インタビューによる生い立ちの語りという先に示した事例に関していえば，インタビュアーとインタビュイーの間にあるインタビュー状況と特別な相互行為に対する省察がなされなければならない。資料は，そのようにいくつもの解釈上の手続きを経て論じ尽くされ，その成果が質的に精確かつ詳細に描出されるのである。

★9 本文における以下の文章は，2011年2月23日にギーセン大学で開催されたワークショップにおける講演がもとになっている。

J. エカリウスは，彼女の資料を使用してこの機会に私の解釈をあらためて提示することを許可してくれた。この場を借りて感謝の意を表したい。彼女の研究プロジェクトでは，ヘッセン州において試みられている学校界と職業界との架橋に関する教育的な特別促進措置の効果および効用をめぐって，別の解釈がなされている。人間形成論的な視点からは，インタビューに際してさらに別の問いかけを行うことが望まれるところであると私には思われた。

★10 「学校と職場における学習および労働」がその資格名である。

★11 プログラムの名称は「職業養成と就業へのフィット」である。
★12 インタビューでは，生い立ちの危機が，さまざまな箇所で，またさまざまな方法で話題となっている。インタビューの導入部分ではただちに家庭の不和が，またインタビューの第一部において生い立ちに関して語るようにそれとなく問うたときには事故のことが，さらに学校に関連させて話すように要求した第二部においては好ましくなかった学歴のことが詳細に主題化されている。恋人や剣術の師匠の死については，最初の２時間半に及んだインタビュー部分では語られることがなかった。両者の死については，インタビューの第二部になってはじめて，問題状況を克服するために支援してくれた人物に関する問いの文脈において，しかも非常に手短に言及されている。
★13 こうした父親について，トムは一つの長所も見いだしておらず，彼とこの先まったくかかわりをもとうとしていない。父親は，トム曰く「死んだ」のである。もっとも，復讐の幻想はなおもいだかれているようだ。
★14 母親が再び人生の伴侶を得ることができ，その男性をよく理解し，長きにわたって（８年間であったというが，正確な期間は不明）よくいっしょにいたこと，トム自身もその男性と仲よくしており，「ほんとうにやさしい」人物であると感じていたことは，**彼**にとっての美しい体験の一部をなしている。母親とその男性には結婚や同居の意思はなく，したがって，この男性はトムの新しい父親とはならなかったが，それでも彼はこうしたことを「とってもすばらしい」と表現しており，彼が別の箇所では用いることのなかった非常に感情をともなった評価の形式を採用している。トムは，この二人が再び別れることのないように，という希望を述べている。
★15 より詳細に検討すれば，トムの職業実習における経験，就業における立場，家庭における義務に関する談話のうちに，人生の問題や危機を克服するための一般法則を数多く看取できるかもしれない。

第4章

ビルドゥングとビオグラフィ
——あるいは，Bildungstheoretische Biographieforschung——

西平 直

1 ── ヴィガー論文のコンテクスト

　ヴィガー氏の論文（本書第3章）は，ごく単純にいえば，「ヘーゲルの理論に即して一人の少年のインタビュー記録を解釈する試み」である。当然，疑問が生じる。なぜ少年のインタビューをヘーゲル理論によって解釈する必要があるのか。現代の少年の困難を理解するためにヘーゲルを参照することは適切なのか。あるいは，精神科学的教育学の伝統としてみれば，あまりに古臭い視点ではないか。何が新しいのか。

　実は，ヴィガー氏の試みは，今日のドイツ語圏で議論が積み重ねられているBildungstheoretische Biographieforschung（さしあたり「人間形成論的伝記研究」）というコンテクストのなかで理解されなければならない。ヴィガー論文自身が，その第1節，第2節においてこうした新しい研究動向を紹介し，代表的な試みであるW. マロツキを批判することから始めているのである。

　ではいったい，Bildungstheoretische Biographieforschungとは，いかなる研究なのか。そしてその研究においてはBildungと Biographieがどのような意味で理解されているのか。以下，見てゆくように，BildungもBiographieも一つの訳語に置き換えることはできない。まさにそれぞれの言葉の微妙な意味内容こそ問題の焦点なのである。また「Bildung とBiographieを接続させる試み」が新しい挑戦である点も強調しておかなければならない。この試みを，たとえば「精神科学的教育学」と結びつけ，BildungとBiographieの接続に何らの不思議も感じることがなかったら，ヴィガー論文の新しさは理解できない。BildungもBiographieもそれぞれ独自の展開を見せたのちに，今日あらためて，

その接続が問い直されているのである。

2 ──「ビオグラフィ研究」とは何か

　まず「ビオグラフィ研究 Biographie Forschung」の「ビオグラフィ」は伝記ではない。「伝記」という言葉によって，偉人伝，人物伝などが連想されるとしたら，それは誤解の元になる（直訳的に「生の記述 Bio-graphie（＜grapho）」と訳すのがよいようにも思われるが，混乱を招く恐れがあるので，とりあえずカタカナ表記にする）。

　「ビオグラフィ研究」は経験科学である。「ナラティヴ」「質的研究」「テクスト理論」などからの批判を受け止めることによって問い直された「経験科学」，1980年代以降，社会学，教育学，歴史学，心理学などを巻き込んで展開してきた総合的領域である。たとえば，研究の素材として「パーソナルドキュメント（手紙，作文，文章，日記，自伝）」を活用し，その方法として従来の実験・調査には収まらない「インタビュー，聞き取り，参与観察，グループ討論」などを試み，さらには「フィルム，音声記録，新聞記事，議事録，調書」など，多様なフィールドにおいて展開している。

　興味深いのはその来歴である。社会学の領域でいえば，社会学における「ビオグラフィ研究」の出自は，ドイツ社会学ではなく，北米の「解釈学的社会学 interpretive sociology」である。1960～1970年代の北米では社会科学方法論が多様に議論されていた（シカゴ学派，シンボリック相互作用論，エスノメソドロジー，会話分析，社会言語学，グラウンデッドセオリー等々）。ところが実はこれらの方法論的議論は，しばしばドイツ社会学に依拠しており，たとえば，シュッツ，ジンメル，マンハイム，シェーラーといった「理論的（哲学的）社会学」に立ち戻ることによって，そこから独自の社会科学方法論を立ち上げていたのである。他方，ドイツの社会学（経験科学的社会学）は，そうした自国の思想的伝統を受け継いでこなかったから，北米から届いた新たな議論の背景に，あらためて，自国の思想的伝統を発見することになる。つまり「ビオグラフィ研究」は再輸入されたドイツの思想なのである。

　教育学でも事情は同じである（Krüger/Marotzki 1999: 14ff.）。「ビオグラフ

ィ研究」は「精神科学 Geisteswissenschaft」の伝記研究から直接的に生じたわけではなく，ましてBildungの伝統と結びついて展開してきたわけではなく，むしろ見てゆくように，一度Bildungの思想を拒否した「経験科学」を出自とする。「ビオグラフィ研究」はBildungの伝統とは，さしあたり，無関係だったのである。

　周知のとおり，精神科学的教育学においては，伝記研究が重要な意味をもっていた。たとえば，ディルタイ，そして，ミッシュ（Georg von Mischの自伝研究，あの浩瀚な三巻本 "Geschichte der Autobiographie" は，今日の「ビオグラフィ研究」の視点から改めて検討されるに値する労作である）。同じ時期，発達心理学の領域でも二組の夫妻が，それぞれ独自に伝記研究を積み重ねていた（クララ＋ヴィルヘルム・シュテルン夫妻，シャロッテ＋カール・ビューラー夫妻）。とりわけ，シャロッテ・ビューラー『人生行路の心理学』は伝記研究をもとにした発達心理学の構想であり，現代のライフサイクル論（生涯発達心理学）の古典とされている（さらにこの時期，S. ベルンフェルトが青年の日記を，彼らの自己表現の資料として活用する仕事を始めていた）。

　ところが，戦後，「量的研究」が米国から圧倒的な力をもって流れ込んできたとき，伝記研究は影をひそめる。「科学的・実証的」研究になじまない研究課題は見向きもされなくなったのである。ようやく1960年代，J. ヘニングステンが「自伝」を教育科学の研究対象として取り上げ，H. ロートが「経験主義的転換」のなかで伝記に関心を示したが，十分に展開されるにはいたらなかった。しかしおよそ60年代末から，経験科学が方法論的に問い直され，あらためて伝記研究への注目が起こる。心理学ではP. B. バルテスが「生涯発達心理学」を立ち上げ，ドイツ歴史学は「口述史（オーラスヒストリー）」を受け入れ始めた（ドイツ語文献でもoral historyは英語のまま表記されることが多い）。「伝記」の視点は「ナラティヴ」の視点と重なる仕方で受け入れられたのである（「伝記的・ナラティヴな方向性 die biographische und narrative Orientierung」）。

　そうした流れのなかで「教育科学的ビオグラフィ研究 Erzieungswissenschaftliche Biographieforschung」が登場する。むろん経験科学の原則に立った研究なのだが，しかしその視点は「精神科学的伝記研究」と重なり，また「ビルドゥングの思想」とも触れ合う可能性を秘めていた。ま

さにヴィガー論文が示すように、青年へのインタビュー記録を読み解く試みは、方法論的には解釈学の地平と重なり、人格形成の視点では「ビルドゥング」の地平と重なっていたのである。

3 ──「ビルドゥング」という言葉──その思想地平

　さて、それでは、ビルドゥングとはどういうことか。翻訳がきわめて困難なこの言葉は、英語圏でも、ある時はeducation、ある時はformationなど、まるでこの言葉の厚みを伝えることができない（英語圏・仏語圏とも原語Bildungのまま語られることが多いようである）。そこで「おさらい」を兼ねて二つの場面を確認する。一つは「教養小説」、もう一つは「ヘーゲル哲学」。

　まず「教養小説・成長小説」などと訳されてきたBildungsromanの文学である。「修業」「遍歴」などとも語られるこの「ビルドゥング」は、少年から青年にかけての人格形成の軌跡である。平凡で素朴な青年が、自己を完成させようとする内側から湧き起こる衝動（ゲーテのいう「形成衝動 Bildungtrieb」）をもって、人生のあらゆる経験を、自らを磨く機会として生かそうとする。その典型とされるゲーテ『ヴィルヘルム・マイスター（修行時代・遍歴時代）』では、演劇によって人格の全面的な開花を願うヴィルヘルムが、過ちを繰り返しつつ、現実社会と向き合う。主人公は反抗的ではなく、世界に対する素直な信頼をもち、師を求めて歩く。調和の取れた自己完成への期待、古代ギリシアの完成された人間形成の理念。

　そうであれば「ビルドゥングロマン」は、現実社会との折り合いを主題とせざるを得ない。若い主人公は可能性のすべてを開花させたい。しかしそれはいつまでも許されることではない。いずれ断念するときがくる。断念して一つの職に就く。専門化された活動に自己限定することによって、はじめて現実社会のなかで、自分を生かすことができる。その典型として「芸術家として生きるか、市民的職業につくか」という葛藤が生じる（たとえば、モーム『人間の絆』）。ある時期までは赦されるが、ある時期が来たら自分を一面に限定して他のために生きなければならない。すべての可能性を同時に開花させることはできない。市民的職業のなかに自分を限定する。ということは、ビルドゥングは限定とし

第4章　ビルドゥングとビオグラフィ——あるいは，Bildungstheoretische Biographieforschung

てのみ「完成」する。現実社会のなかでは，自己限定によって初めて，自己を実現することができる，その展開が「ビルドゥング」なのである。

　つまり「ビルドゥングスロマン」のBildungは「成長・形成」一般ではなくて，ある特定のモデルをもった思想である。そして，まさにそれゆえに，経験科学的な「発達」研究はこの言葉を拒否する。特定のモデル（思想地平）に囚われることを拒否したのである。

　ところが，特定モデルに囚われないために登場した「発達」概念それ自体が，実は，無色透明ではなかった。「発達」という言葉自体が，やはりある特定の思想地平の上に成り立っていた。「発達として理解する」ということそれ自身が，すでに一つのモデルをあてはめることを意味し，しかも経験科学は，その事実に対して自覚的ではなかった。ヴィガー論文はその事実を浮き彫りにする。ヘーゲルのBildungの視点から解釈してみせることによって「異化」を試みる。一人の少年のインタビュー記録をヘーゲルの理論枠組みで解釈してみせることによって，同じ現実がいかに異なって理解されるか，その具体例を示そうとする。したがってヴィガー論文は，ヘーゲル理論に依拠することを勧めているのではない。むしろ，個別事例を読み解く背景に注意を向けさせようとする。特定の理論に依拠することを勧めるのではなくて，むしろ暗黙のうちになんらかの理論的・思想的背景に依拠していることを浮き彫りにするために，いわば，参照軸として，ヘーゲルのビルドゥング理論を使ってみせたということなのである。

　次にヘーゲル哲学におけるBildungを見る。さしあたり，ガダマーによる整理（『真理と方法』第1部，第1章，第1節）を手がかりにして，ごく手短に。

　ヘーゲルにおけるBildungは「自らを普遍性へと高める」ことである。「自己を普遍的で精神的な本質存在へと作り上げていくことsich zu einem allgemeinen geistigen Wesen zu machen」（Gadamer 1960: 18 = 1986: 16. 以下，頁数のみ記す）。

　そのために「直接的なもの（自分の感覚，欲望，私的利害）」から離れる。自然的・直接的な欲望を克服して自らを普遍的なものへ高めてゆく。そのプロセスのなかにヘーゲルは「欲望の対象から自由になる」という出来事を見る。あるいは「普遍的なもののために特殊なものを犠牲にする Aufopferung der

Besonderheit」という。たとえば,「古典の言葉」を学ぶという仕方で,今の暮らし（自分の感覚・欲望・直接的なもの）とは異なる視点を受け入れる。そしてその視点を通して普遍的な視点に開かれてゆく。

そのプロセスは「異質なもののなかに自己を認識する Im Fremden das Eigene zu erkennen」とも言い換えられる。直接性（感覚，欲望）から疎外されて，一度，異なる視点（古典の世界）に自らを明け渡す。しかしその新しい視点から見ることができるという仕方で，新たな自己になる。新たな自己は，直接性に縛られることのない，普遍性へとより高まった自己である。それは「普遍的で皆に共通する感覚 Ein allgemeiner und gemeinschaftlicher Sinn」(Gadamer 1960: 23 = 1986: 24) であり，特定の領域に限定されることなく，あらゆる方面に開かれている。

むろん，そこには「直接性 an sich（即自）」,「自己から疎外される für sich（対自）」,「絶対知の立場 an und für sich（即・対自）」の「ディアレクティーク」があり,「ヘーゲルにとってのBildungの完成は，疎外および同化の運動として，実体を完全に掌握し，あらゆる対象的な在り方を解消することに尽き，しかもそれは哲学の絶対知において初めて達成される」(Gadamer 1960: 20 = 1986: 21)。

しかしヴィガー論文はそうした体系にはかかわらない。むしろヘーゲルの体系的な理解を意図的に避けながら，具体的な「動き（変容プロセス）」に注目する。「目的論的」傾向を強くもつヘーゲル体系に従って目的論的に見るのではなく，むしろ具体的な事例における「自己から疎外される」というプロセスそのものに注目しようとする。正確には，ヘーゲルを下敷きとすることによって初めて，少年の語りのなかにもそうしたプロセスを浮き彫りにして示そうとしたのである。

当然ここで立ち止まり，ヴィガー氏の解釈に対して，実は氏の解釈自体がすでに「目的論的」体系に回収されてしまっていると批判することは可能である。しかし今回のヴィガー論文はその点を主題としてはいない。今回のヴィガー論文が主題とするのは，Bildungsgestaltという，これまた日本語に置き換えることが困難な視点である。単純化していえば，人生という旅の舞台（ビルドゥングのための舞台）である。ビルドゥングの過程で出会うすべての人・場面・

制度であり，ヴィガー氏の言葉でいえば「人間と世界の関係 Verhältnis von Mensch und Welt」。たとえば，一人の少年がある家庭に生まれる，その「家庭」と「家庭と彼との関係」がBildungsgestaltであり，彼が学校に通い友達と知り合う，その「学校・友人」と「学校や友人との関係」がBildungsgestaltである。

より正確にはヴィガー氏は，Bildungsgestaltを「人生のある時期に外的状況からの要請と対峙するできごとの結果」と語り，「さらなる対峙や発展の基盤」とも語る。インタビュー記録を読む場合でいえば，「生い立ちに関する資料から再構成される自己状況や世界状況」。『精神現象学』でいえば「感覚的確信，主人と奴隷，フランス革命」など，個別の精神が絶対精神に向かうプロセスにおいて体験する「ビルドゥングのための舞台」である。いずれにせよその守備範囲は広く，同時にそれらすべてを有機的関連として把握しようとする，きわめて包括的な概念である。

一人の少年のインタビューを，こうしたBildungsgestalt（ビルドゥングのための舞台）の視点から理解すること，とりわけ，どのGestalt（舞台・関係・体験場面）がこの少年にとって重要であるか，それを見極めることの重要性を，ヴィガー論文は語るのである。

さて，重要なのは，経験科学の立場が，こうしたビルドゥングの視点を一切拒否してしまったという点である。ビルドゥングは科学的研究にはなじまない。実証的発達研究はビルドゥングの思想と手を切るところから開始され，それと同時に，理論的・思想的背景への関心も捨て去ってしまった。思想的背景に影響されない「経験科学的（客観的・実証的）」な視点を理想とした。ところがそうした「経験科学」の視点が実はある特定の思想的背景の上に成り立っているという事実に対する自覚から，「ビオグラフィ研究」が開始されたのである。

4 ── ビルドゥングとビオグラフィ

さて,今日の「教育科学におけるビオグラフィ研究 Erziehungswissenschaftliche Biographieforschung」は，「生の記述」というより，「人生行路の語り」の研究として展開しつつある（この「人生行路 Lebenslauf」という言葉もあくまで暫定的な用語法である。英語圏のlife-course, life-history, life-cycleなど多様

に語られてきた「人生の時間軸にそった変容プロセス」を暫定的にこう呼んでおくにすぎない）。

　当然「人生行路の語り」は，ビルドゥングの思想と接近する。ということは，ビルドゥングの思想と縁を切ることによって経験科学として確立した「（心理学的）発達研究」が，ビオグラフィ研究を経由することによって，あらためてビルドゥングの思想と接続し始めた。その微妙な場面がヴィガー論文のコンテクストなのである。

　あるいは，逆に，ビオグラフィ研究の側から言ってみれば，Bildungの伝統はしばしば「語り narrative」の仲介に関して無自覚であった。ビルドゥングはnarrativeによって構成される。ビオグラフィ研究は，その点を，ビルドゥングの伝統に突き付けたことになる。

　今日，そうした対話の試みは，Bildungstheoretische Biographieforschung（ビルドゥング理論的なビオグラフィ研究），あるいは，die bildungstheoretisch orientierte Biographieforschung（ビルドゥングの思想によって照らし出されたビオグラフィ研究）と呼ばれる。ヴィガー論文が紹介するマロツキやH. -C. コラーのほか，最近ではフックス（Fucks 2011）の試みが注目されている。

　そうしたなかで，ヴィガー論文は一つの具体的なケーススタディを演じてみせたことになる。むろん「少年のインタビュー記録」がビオグラフィ研究の具体的事例であり，「ヘーゲルの理論」がビルドゥングの視点を代表する。ということは「ヘーゲルの理論によって一人の少年のインタビューを解釈する試み」は，ビルドゥングの視点からビオグラフィを解釈してみせることによって，従来の経験科学では見えなかった位相（論理展開・視点の連関性）を提示する試み，すなわち「Bildungstheoretische Biographieforschung（ビルドゥング理論的なビオグラフィ研究）」の最先端を疾走する試みであったことになる。

　ここにいたって，私たちはようやく，ヴィガー論文の試みを理解する出発点に立ったことになる。と同時に，そのタイトル"Hegels Bildungstheorie und die moderne Bildungsforschung"を「ヘーゲルの人間形成論と現代の人間形成研究」と置き換えたときに生じるに違いない「古臭いイメージ」を想像し，あらためて最初から，ビルドゥングとビオグラフィをめぐる込み入った説明を繰り返したくなってしまうのである。

第Ⅱ部

人間形成論としての承認論

第5章

承認と人間形成

ローター・ヴィガー／藤井佳世（訳）

■──　はじめに

　ドイツの教育科学や教育実践において，数年前から，教育と人間形成(ビルドゥング)に関する承認の要求と問題が強く議論されており，経験的な研究もなされている。教育的相互作用における相互承認の要求には，大部分賛成するが，承認のカテゴリーは，しばしば抽象的なままであり，その意味で，漠然としたままである。承認概念の体系的な位置や厳密化に関する理論的努力は，たしかに，200年を超える歴史をふり返ることができるが，現存する理論と構想およびその教育学的受容は問題があり，けっきょくは，説得力に欠けている。ここでさまざまな次元と側面を適切に評価することはできないので，若干の短い論述とわずかな批判的主張を行うにとどめたい。

　J. G. フィヒテは，1796年『知識学の原則からみた自然法の基礎』において，承認の概念を法の原則として導入した。「私は，自分の外側に，あらゆる場合において，そのようなものとして，すなわち，自由な可能性の概念を通して自分の自由が縮減されるような，自由な存在を承認しなければならない」（Fichte 1979（1796）: 52）。行動空間のなかでの相互の許可に基づいて自由な行動を互いに要請することは，あらゆるものを自由の意識にいたらせる。しかし，互いの自己規定の可能性は，自由に行動空間を与えられているなかで，意志の自由を制限することに基づく。したがって，自己制限は，自由と認識の条件である。

　G. W. ヘーゲルは，自己意識理論のパラドックスが解決されないために，フィヒテのこの自由の理解を常に批判していた（vgl. Siep 1992: 176）。ヘーゲルの基本的見解は，個人的意志と全体的意志との関係を承認するなかで，互いの

関係として承認するという統合である。「自己の自由は，他者を締め出し否定することにあるのではなく，自由な主体として他者のアイデンティティを認識することにある」(Siep 1992: 177)。そして，この自己意識の認識は，人間形成の歴史の成果である。人間形成の歴史のなかで，自由の実現にふさわしい圏域として，法と道徳，市民社会の制度，国家を経験し，共同体的な自己理解を獲得し，そのなかで承認を見いだした。ヘーゲルに従えば，自由な個人として互いを承認することは，一般に認められている規範，慣習，法律，規則の枠のなかで，すなわち，社会の人倫の地平のなかで，生じるのである。

以下では，まず，教育学的，教育科学的受容に焦点をあてて，ホネットの承認論の根本的特質を簡たんに描き，承認に関するコミュニケーション理論的見解のいくつかの重要な問題を示す。次に，L. ジープによる承認に関するヘーゲルのイエナ哲学のアクチュアル化を用いて，オルタナティヴを提示する。このオルタナティヴは，歴史的発展のなかで，個々人の相互承認の制度的前提と規範的地平に注目することである。最後に，承認の理論，それは常に自由の理論でもあるが，その理論の考察を通して，人間形成論と人間形成研究にとっての固有の結論を導くことを試みる。

1 ── 現代のドイツ教育学と教育科学における承認

総じて，差異の承認あるいは承認の教育学的要求（vgl. Rosenbusch 2009; Prengel/Heinzel 2004）は，理解しやすいが，あまりにも十把一絡の状態にある。それらの規範は明確ではなく，その根底にある対立はあきらかにされていない。一方で，他の人格の自律に対する**尊敬**の要求は，追体験でき，近代の法的関係において基礎づけられている。他方で，それは，あらゆる教育的行為とすべての人間形成過程が，まさに，知識や熟練した技能，態度や確信や行動にみいだされた状態の受容と承認を目標とするのではなく（vgl. Ricken 2009: 88f.），それらの変容を目標とする限り，先の要求は，一面的であり誤解をまねきやすい。むしろ，承認されるべきことの事実に関する説明と根拠づけ（そして場合によっては，十分に吟味すること）が求められる。その際，考えなければならないことは，行動動機と相互行為状況に関する，歴史的な可変性，社会的な制度設立，

個々人の決定可能性である。承認が成果のともなう行動やうまくいったコミュニケーションを含意する限り，承認の願望や承認を目指す明確な努力は，失敗の経験や壊れたコミュニケーション関係を問題にする。そして，コミュニケーションの目的あるいは対象へ向けた承認が生じたかどうか，実際的な失敗や失敗したコミュニケーションの問題とともに失われた承認の問いもまた取り扱われるかどうかが，あきらかになる。

　根本的な問題は，「尊重を得たいという避けられない要求の起源である他者の基底的承認」（アハトゥンク）が，**あらゆる**社会的関係の基準として十分かどうか，「異なった社会関係や制度における承認は，人格と人格とのあいだの合理的な関係である同等さの基準に基づいて判断されなければならない，あるいは判断できるのかどうか，そのような『抽象的』で法的な関係は，承認のただある一つの形態であるかどうか，すなわち，異なった人間，複雑な人間，全体の人間によって把握される形態が補われなければならないのかどうか」（Siep 2009b: 114），ということである。家族あるいは学校における教育関係は，法的関係あるいは尊敬の道徳に還元できない。「この問題の具体的な論究のなかで解答されなければならないことは，人物ないしは理性的存在者の相互承認が，純粋に，禁止された境界を超えるものでありうるかどうか，である」（Siep 2009b: 114）。

　ホネットの社会哲学的承認論，とりわけ彼の『承認をめぐる闘争』は，教育科学において，たいてい，受けいれられている（vgl. Sitzer/Wiezorek 2005）。とはいえ，ホネットの理論やカテゴリー区別を教育的相互作用や問題構成へ適用することは，いかなる状況でも，可能であるわけではなく，経験的な材料は，新たな区別や別の区別，カテゴリーを要求する（vgl. Wiezorek 2003; Helsper/Sandring/Wiezorek 2005）。

2 ── 出発点──アクセル・ホネットに基づく承認の理論

　『承認をめぐる闘争』を通して，ホネットは，多く受け容れられた承認の理論を提示した。ホネットは，それを，根本思想として，ここ20年において，たしかに修正してはいるが，常にもち続けている。承認の理念は，彼に，古典的な哲学テキストや著者の再アクチュアル化，哲学的な根本問題への取り組み，

同時代の分析に対するパースペクティヴや観点を与えた。

　ホネットは，『承認をめぐる闘争』において，独特な方法で組みあわされた，いくつかの要求を追求した。第一に，ホネットの理論は，体系的な**説明**を目指し，次に，アクチュアルな社会状況の**批判**を目指し，第三に，経験的な基礎や社会的および歴史的照会先として再び義務づけを負うことができるような**批判の基準の根拠づけ**を目指している。さらに，ホネットは，承認の理論を，さしあたり，若きヘーゲルの体系構想に由来する**理論史的**に展開している。ホネットは，そのヘーゲルの体系構想という観念に，「ミードの社会心理学を再び取り上げるなかで，経験的転回」を与え，それを越えて，異なった承認関係の区別や軽んじられること(ミスアハトゥンク)の類型，**経験的な**証明も，要求している。最終的に，ホネットは，承認を二通りの点において，テーマ化している。その二通りとは，**個人**の自己意識や個人が社会化されてゆく歴史に対する意義と，**集団**の自己意識およびその社会的位置や発展に対する意義である。ホネットは，承認の三形態——愛，法，社会的価値評価——において，一方では，「さまたげられていない自己関係の可能性」(Honneth 1994: 8)に対する構成的な条件をみている。だが，他方で，『承認をめぐる闘争』の焦点として，軽んじられた経験を発生させる「社会的コンフリクトという道徳的論理」(Honneth 1994: 8)もおいている。

　ホネットは，「規範的に内容豊かな社会理論」(Honneth 1994: 7)の発展を意図している。この社会理論は，「社会変遷のプロセス」を解釈することができ，「相互承認の関係のなかに構造的におかれた」「規範的要求」(Honneth 1994: 8)を明示化することができる。したがって，その基礎に基づいてたてられた「歴史的な発展プロセス」を批判的に解釈することができる(Honneth 1994: 8)。ホネットは，「確実な規準のうえに哲学と社会研究を再び引き合わせる」(Basaure u.a. 2009: 39)★1という，フランクフルト学派の批判理論の科学的プログラムおよび社会批判的な要求の義務をおっているようにみえる。したがって，ホネットは，批判理論の第一世代の仕事やフランクフルトにおける彼の師や前任者の理論との批判的切断において(vgl. Basaure u.a. 2009: 49ff.)，「社会的なるものの核心」(Basaure u.a. 2009: 112)として，承認の原理を出発点として，包括的な社会哲学を展開する固有の始まりを追求している。その包括的な社会哲学は，なお構築されるべき社会理論のベースラインを含んでおり(vgl.

Basaure u.a. 2009: 21, 44)。ホネットは，現在，その社会哲学を正義と人倫の理論へ練りあげている（vgl. Honneth 2011）。その正義と人倫の理論はまた，「現代資本主義のパラドックス」（Honneth 2002）に関する批判の原理を示し，不正義や社会的病理の説明（vgl. Honneth 2010）を可能にする。

　ホネットの大規模な理論プログラムの体系化は今なお未完のままであり（vgl. Basaure u.a. 2009: 183），したがって，その概要を示したり，詳細をなぞることはできない★2。私は，ホネットの理論的努力を，次に述べる根本思想の基礎づけの試みであると理解している。承認は，人間のコミュニケーションの基本的な道徳的内容であり，その意味において，社会構造や相互行為のさらなる発展の動因でもある。ホネットの批判的社会理論の中核にあるのは，「社会的な生活世界の中心のなかに，承認をめぐる解答不能のコンフリクトをもちこむことによって，道徳的なコンセンサスや社会闘争が，社会的生活世界の再生産のプロセスにおいて，異なった競技場としてみなされうる」（Basaure u.a. 2009: 84）ことにある。承認の動機は，「うまく切り結ばれた自己関係に到達するために」（Honneth 1994: 220），自己実現に対する人間の関心，主体の「アイデンティティ要求」（Honneth 1994: 106），相互主観的な承認への依存に，人間学的な根をおろしている。ハーバーマスと異なって，ホネットは，「社会理論の人間学的（言語論的ではない）基礎づけ」（Basaure u.a. 2009: 107）を重視している。ホネットにとって，承認は，「社会的実存の基礎メカニズム」（Basaure u.a. 2009: 154）であり，総じて，社会に対して構成的である。「社会的統合の相互承認の型への依存は，変化しない。このことは，私にとって，まさに形式人間学的テーゼである。先鋭化していえば，私たちは，相互承認のメカニズムやある特定の型を越えて規範的統合が作用しないような，生存や生き残りに長けた社会の形をまったく想定することはできない」（Basaure u.a. 2009: 154）。

　承認の形態は，社会進化の歴史のなかで，変化する★3。この承認形態が，歴史的にどのように形成されたのか，ホネットは，これまで応えていない。しかし，ホネットは，承認の三つの異なる形態，愛，法，社会的価値評価が，「近代西洋社会にとって特殊なものである」（Basaure u.a. 2009: 154）★4と語っている。軽んじられること（ミスアハトゥンク）の三つの形態は，この三つの承認形態に対応している。軽ん

じられることの三つの形態とは，暴力的抑圧，権利の剥奪，尊厳の剥奪である。暴力的抑圧とは，身体的な虐待において，「自己の固有の身体を自律的に自由に用いること」(Honneth 1994: 214) に対する尊重が奪われることである。権利の剥奪とは，規定的な法の所有からの排除において，「道徳的な責任能力における認知的な尊重」(Honneth 1994: 216) が奪われることである。そして，尊厳の剥奪とは，文化的な格下げにおいて，社会のなかに織り込まれた自己実現の形態に対する「社会的同意」(Honneth 1994: 217) が奪われることである。ホネットは，「肯定的な自己理解のなかでの人格が傷つけられること」(Honneth 1994: 212) を通して，軽んじられる経験のなかに，「社会的抵抗やコンフリクト，すなわち承認をめぐる闘争へ向かう動機」(Honneth 1994: 213f.) をみている。その意味において，ホネットの承認論は，「道徳的経験のダイナミズムに基づいて，社会闘争を説明すること」(Honneth 1994: 225) を要求する[★5]。

　理論的要求，多様な参照，事実の地平によって，問題に対する基礎をなしている理論を理解することは，容易ではない。ホネットの理論は，安定してもおらず説得力もない (vgl. Reichenbach 2001: 312ff.; Siep 2009a: 191ff.; 2009b: 120ff.; Equit 2010: 106ff.) と，多くの方面から批判されている。ホネット自身は，それを，不断に発展させ修正している[★6]。そのため，私は，理論タイプ，対象の構成，相互行為的重なりという三つの問題のある側面に集中しよう。

①ホネットの承認論は，綱領的な発言に基づいているようにみえるが，どのような種類の理論にかかわる問題なのか，明確ではない。ホネットは，『承認をめぐる闘争』において，「規範的に内容豊かな社会理論」を提示することを求めている。だが，歴史的な相互行為の形態や社会的な関係の分析は，承認の型の説明より少ない。基本的に正統な批判原理の基礎づけを目指すこの理論は，「規範的に内容豊かな**社会理論**」より，むしろ社会理論的な参照をともなう**倫理学**である。承認理論は，何よりも，「規範的構想」(Honneth 1994: 276) なのである。

　この倫理的なパースペクティヴにおいて，**道徳的な原理**のことが問われる。したがって，感情的な親しい関係，法的関係，社会的再生産のメカニズムの探究は，承認形態の理想を描くことでもある[★7]。この理論構築の問題性は，次の

問いにおいて，最もあきらかになる。どの程度，市場や資本主義的な職業世界が，連帯性および価値評価の経験の領域であるのか，あるいはありうるのかどうか（vgl. Schmidt am Busch 2009; Claassen 2008; Equit 2010: 107f.）。連帯性と価値評価は，競争と社会的ヒエラルヒー，貧困と富，従属と排除を特徴とするような社会の理念である。しかし，ホネットは，社会的な関係とその理念のあいだの異議を分析するのではなく，この理想のうちに，市場をその外部から道徳的に包囲する力をみている（vgl. Honneth 2004: 118. それに対する批判としてGruschka 1998を参照）。

②ホネットの規範的なパースペクティヴは，対象の構成——承認論に対する問題のある結果をともなって——に対する帰結である。ホネットは，社会的コンフリクトの契機を，社会の歴史的発展のなかで非常に強調し，社会的コンフリクトの過程と結果，動機と条件を分析するのではなく，コンフリクトや社会発展に先行し，それらの根底にある承認の規範的原則の指摘にますます関心をもつ。ホネットが，社会的コンフリクトを「承認をめぐる闘争の特徴」と証明し（Basaure u.a. 2009: 173），社会集団の闘争の**道徳的**動機を説明しようとするとき，彼において**関心の諸概念**の使用はうすれ，その機会を逃しており（Basaure u.a. 2009: 155），あらゆる社会的説明にともなう規範的正当化は，闘争の根拠を言葉で表現するかどうか，あるいはその規範的正当化が関心を覆い隠し，コンフリクトをただ正統化することにともなっているかどうかがあきらかになった。そして，承認またはその使用が，コンフリクトの成果であるとき，次のことがさらに問われるだろう。この承認が資源または権力の分配の修正を含むのかどうか，あるいは，たんなる代用なのかどうか，すなわち，道徳的な容認によって，他の結果の断念を補っているのかどうか。承認の中心的なカテゴリーは，批判的社会理論の普遍的な基礎付けの要求を通して現れ，フレイザーが指摘しているように**分配**の問いが明確にされていないのであり（vgl. Fraser 2003a, 2003b），あらゆる社会的コンフリクトに共通する解釈を拡張しすぎであり，内容的に空洞化している。

　規範的パースペクティヴは，さらに，次のような問題ももっている。承認は，アンビヴァレントであり，イデオロギー（vgl. Honneth 2004）である。この

両義性は，おもに，軽んじられることと承認という二項図式に基づく理論枠組みにおいて，困難でまだ克服されていない問題である（vgl. Basaure u.a. 2009: 132f.）。ある価値として道徳的前提を構築する相互行為における不可欠な要求として承認を提示することと独占的に肯定的な内包をすることは，両義性をみおとし，その潜在的な権力構造を見誤っている（vgl. Ricken 2006, 2009）。

③トイニッセンまたはジープと同じように，ホネットは，ヘーゲルを，**相互主観性理論的**に解釈している。そこには，十分な理由がある（vgl. Mesch 2005: 350f.）。相互主観性に焦点をあてることは，ホネットの意図とは別に，もっぱら個々人の互恵的な関係として，承認の一面的な解釈を強くすすめることになる。だが，このことは，受容の問題だけではなく，高い抽象的段階での承認のテーマ化にも原因がある。ホネットに従えば，承認関係は，**規範的地平**に関連づけられている。したがって，「価値共同体」の枠組み，あるいは，「複数の価値があることによる開かれた地平」（Honneth 1994: 205）において，「それぞれの価値評価の承認形式が必ず埋め込まれて」（Honneth 1994: 197）いるが，この「相互主観的に共有された価値地平」（Honneth 1994: 196）は抽象的なままであり，同時にまた，何においてそして何のために個人が承認されるのか，内容的にも未規定のままである。

　ホネットは，あきらかに，ヘーゲルにおける法的承認の解釈において，強調箇所の変更を行っている。ホネットは，ヘーゲルの次の文を引用している。

> 　国家においては，……人間は理性的な存在として，自由な存在として，人格として承認され，扱われる。すなわち，……法律に従うことを通して，他者に対しては普遍的に妥当するものとしてふるまい，他者を自己自身に適用されるような意思するものとして，自由な存在として，人格として承認する。(Honneth 1994: 175)

　ホネットは，これに対して，近代における法的承認関係を——ハーバーマスに立ち戻って——主体の自律というパースペクティヴから解釈し，その相互関係作用に焦点をあてている。「法的な主体は，おなじ法律に従うこと，すな

わち個人の自律において道徳規範を理性的に決定することのできる人格として，互いを承認する」(Honneth 1994: 177)。ヘーゲルは，法的人格の相互承認関係を，法への**従属**の下におき，暴力を所有する国家という審級の下で把握し，非対称な承認関係に分類しているのに対して，ホネットは，互いに承認された法的人格という相互の道徳的立場を強調し，承認における両方の共通さにかかわる法の秩序を，少なくとも正統化された理念に従って，主体の**自律**と「すべての自由な同意」(Honneth 1994: 184) に結びつけている。このような方法で，法は，主体の要求や主体の能力として優先的にもたらされ，自己実現の側面に従って捉えられており，国家的な調整や前提にされた秩序としてもたらされるのではなく，相互の自己制限や共通の従属の側面に従って捉えられているのでもない。

3 ── オルタナティヴ──ルートヴィッヒ・ジープに基づく承認の理論

ホネットは，ミード，デュルケーム，ウィニコットの社会学的理論や心理学的理論の助けをかりて，経験的にヘーゲル哲学を改正した一方で，すなわち，その基礎的要素から「大きく距離をおいて」(Siep 2009b: 120) この新しい社会学理論を構成した一方で，ジープは，ヘーゲルの仕事との絶え間ない対話と厳密な接続において，承認の理論を展開しているため，ホネットよりも早くからヘーゲルの**アクチュアル化**について論じており，**社会学化**(Honneth 1994: 109) とよばれる以上のヘーゲル受容を示している。

ジープに従えば，承認のカテゴリーは，社会制度とその発生の理論にとって，根本的である。「承認関係は，制度の歴史的発生であり，その関係のなかに，制度が現れ，内在的であると同時に，その意義の移動と蓄積を現実化のプロセスのなかで知るのである」(Halbig 2006: 305)。それに加えて，承認の原理は，アプリオリに演繹されるのではなく，「うまくいったあるいは失敗した承認という経験史から」(Halbig 2006: 305)，歴史的に獲得されるような存立の批判的規準なのである。

個人のアイデンティティおよび社会のアイデンティティは，承認において，相互主観的に媒介された意識のプロセスから形成される。「承認は，意識の運

動であり，他者のなかでみることができ，それを通して，自己自身を個体や普遍的意識の契機として認識することである」(Siep 1979: 233)。「他者のなかに自己自身を見つけることと他者から自己自身を隔てること」(Siep 1979: 123) という契機を含むこの二重化された運動のなかで，個人は，**個体性**と**共同性**において，すなわち，互いの個体の相互関係と同じように，個体と**普遍**の相互関係においても，それ自身を経験し，認識することができる (vgl. Siep 1979: 121f.)。理想的なことに，この相互関係は，完全に対称的である。それに関連して，ジープは，ヘーゲルについての内在的な批判[★8]に対する手がかりを獲得した。というのは，ヘーゲルは，個体と個体の間だけに対称的な承認関係を示し，個体と普遍，すなわち国家との関係を，**真正な相互関係**とみなすことはないからである。この承認関係は，普遍の目的に応じて形成される個体に対する必然性や普遍の**実在的な優位性**を通して，特徴づけられている[★9]。

ジープは，ホネットとは異なった立場で批判的に取り組んでおり，私は，間接的な方法で，承認論のオルタナティヴをよりあきらかにするために，次に，この固有なジープの異議を取り上げる。

①ホネットは，ヘーゲルを出発点として，三つの承認形態である愛，法，連帯性を，主体性と社会性の条件として区別しているが，かれは，その思弁的な体系や理性の理想的な前提を退けている。それに関連して，次のような問いがうまれる。なぜ，この**三組**があてはまるのか？「解決されていないことは，ヘーゲルの体系から独立したこの三組が，完全な条件あるいはどんな場合でも決定的な条件として含むべき理由である」(Siep 2009b: 117)。ホネットは，ミード，シェーラー，プレスナーを取り上げ，理論史的な影響関係のうえに正当性を示している。だが同時に，彼は，三つの相互行為の領域における分類は，たしかに「大きな蓋然性がある」(Honneth 1994: 152) というのだが，経験的な研究において，証明されなければならないということを認めている。しかし，もし経験的研究においてその分類が証明された場合，この三つの承認形態は「人間の社会化における必然的条件」(Honneth 1994: 109) ではなく，「非病理学的な」社会化および成功したアイデンティティ形成における十分な条件でもある (vgl. Siep 2009b: 120) という根拠づけはまだ示されていない。ジープは，こ

の（徹頭徹尾もっともらしい）三分法に対して，ヘーゲルのテキストにおいて「試みられ，失敗された承認の構造」は多様な形態のうちに見られると指摘している（Siep 2009b: 109; vgl. Siep 1998)。すなわち，名誉あるいは支配と奴隷をめぐる闘争のような前近代的形式，一般的な道徳性にむすびついた個人の良心あるいは宗教への信仰，法をやぶる犯罪者という関係にあるような法，道徳，人倫に基づく近代的形式，にである。

②ホネットは，相互承認の形態とそれらに対応する自己関係（自己信頼，自己尊重，自己評価）の形態のたんなる区別を超えて，ヘーゲルとミードとを関連づけながら，この形態のうちに「実践的な自己関係の実際のさまざまな**段階**」(Honneth 1994: 150) を割りあてること，すなわち，この形態における一種のより高度な発達を要求している。ジープは，ホネットの初期テキストが仮説★10として表明した暗黙の目的論を実行していない，という問題を指摘している。

> ホネットは，愛の関係に関して，それ自体に対する個人の発展だけを追求している一方で，法や連帯を，第一次的に，社会体系やその発展の枠組みにおいて——ただし，自己意識や自己尊重の成果豊かな発展へ向かう個人の可能性に対する意義において——論及している。(Siep 2009a: 192)

ホネットが，「社会の道徳的発展」(Honneth 1994: 149) の動機を問い，同時に，法的な承認関係と価値評価的な承認関係の歴史性をふり返るとき（vgl. Honneth 1994: 185ff., 199ff.)，彼は，三つの承認形態の記述において，その議論の水準を変えている。どのように，個人の社会化史において，「肯定的な自己関係の度合いが新たな承認形式とともに高まる」(Honneth 1994: 278) のだろうか，ということは不明のままである。そして，個人の行動の原動力として，「屈折していない自己関係」(Honneth 1994: 196) あるいは「さまたげられていない」(Honneth 1994: 8)，「うまく切り結ばれた」(Honneth 1994: 220)，「肯定的な自己関係」(Honneth 1994: 277) という抽象的で中身のない心理学上の理念以上のことをなに一つ従属させないとき，理論の結論が，異なった自己関

係の総計以上のものになりうるのかどうか，疑わしい★11。

③『承認をめぐる闘争』は，承認をめぐって闘争され，もしくは闘争されなければならないということを示唆するスローガンになる★12。ジープは，次のように示している。**闘争**という用語は，多義的であり，隠喩的に用いられており，あらゆるコンフリクト，対立，相違点を闘争として示すことや把握する必要はない。ジープは，ホネットの同名の書について，三つを絶対に組みいれたプロセスと相互に条件づけられたプロセスとの間が十分に区分けされていない，と批判している。

> 三つの水準のうえに同時に「承認の契機」が与えられている。すなわち，第一に，成功した，非病理学的な自己生成は，他の個人と互いにおりあいをつける契機を必要としうる。第二に，人格的なアイデンティティの発達は，また，傷つけられることや軽んじられることの経験を通してそこなわれ，それゆえ，回復のプロセスを，ヘーゲルの言葉でいえば和解のプロセスを必要としうる。第三に，法の拡大と社会的成果や価値評価からあらかじめ排除されたグループや個人の包摂の社会的プロセスは，闘争そのものである。(Siep 2009a: 191f.)

ホネットは，あらゆる原初的な関係が性愛的な二者関係，友情関係，親子関係と同じように「数人の人格のあいだでの強い感情的結びつきから成りたつ」(Honneth 1994: 153) 限り，愛の関係のもとで理解している。ホネットは，承認を，「他の人格との情緒的な結びつきと同時に自由になるという二重のできごと」(Honneth 1994: 173) として把握している。彼は，愛の記述において，母親と子どもの関係に集中しており，精神分析的研究，すなわち，「自己尊重というあらゆる態度の発達にとっての心的前提」(Honneth 1994: 172) として，愛の経験の意義をよりどころにしている★13。そのため，次のことが，不明である。不可避で強い非対称さと母子関係における一方的な依存が，成人の愛の関係や友情関係の説明の型に，どの程度まであてはまりうるのかどうか。そして，幼児における愛の経験が自己信頼の発展にとって意義あるということが，

友情関係や愛情関係における承認が自己の状態にとって重要であるということに対応しているかどうか。また，次のことも不明である。どの程度まで，愛の関係において，承認をめぐる闘争が行われるのかどうか[★14]。親子関係において，子どもの側からみれば，身体的な攻撃をうけうるという確実なコンフリクトはあるが，こうした（子どもの）闘争でさえ，ただ一方的であり，また一方的でありうる（vgl. Siep 2009a: 192f.）。

ホネットは，法の関係に関して，第一次的に，軽んじられることの経験や法の拡大という闘争的試みに関心をもっている一方で，ジープは，法の「争いの性質」，すなわち，正統化された要求の拒否に直面した自己主張の不可避性，自律と自己尊重へ向かう個々人の人間形成に対する経験の意義を指摘する。また，ジープは，ヘーゲルとともに，法の共同体の構成員へ向かう個々人の発展に対する本質的な条件，すなわち，「否定的でもあり——反論する——肯定的でもある関係（同等な法的主体としての承認）と共同する固有の関心と力の『自己否定』」を思い起こしている（Siep 2009a: 194）。

ホネットは，また，連帯に関連して，価値共同体における排除と包摂および変化の歴史的プロセスに，より関心をいだいている。その結果，ジープによれば，次のことがあきらかではない。この承認をめぐって闘争されなければならないのかどうか，そして，この闘争は，個人の自己意識の発展にとって必要不可欠なのかどうか。

ホネットは，軽んじられることの形態——暴力的抑圧，権利の剥奪，尊厳の剥奪——を，承認の回復へむかう闘争の動機として説明している。それに対して，ジープは，次のように問う。軽んじられることの形態は，自己生成にとって，必要不可欠なのかどうか。「愛の確認，自律という法の承認，ある共通文化の維持への寄与や成果に対する価値評価への依存は，個人を抵抗力のない傷つきやすいものにする——だが，この傷つきやすさとその克服は，固定した自己尊重の人間形成にとって，必要不可欠なのだろうか？」（Siep 2009a: 195）。

要約していえば，ホネットにとって，**闘争**とは，個人的そして社会的に承認が獲得されるような形態であるが，その愛，法，連帯の形態それ自体が，コンフリクトである必要はない（vgl. Siep 2009a: 197）。それに対して，ジープは，次の点に関して，ヘーゲルに賛成している。**コンフリクトの契機**，相互の否定，

自己克服が，人格の間のコンフリクトのうえでも，個人と共同体の間のコンフリクトのうえでも，「自己形成や共同体の形成の本質的で構成的な契機」である一方（Siep 2009a: 198），承認をめぐる闘争は，歴史的であり，近代においては従属した役割を担うにすぎなくなっている。

　ジープは，ヘーゲルの承認論の成果として，次のことを固く保持している。「理性的な自己理解の人間形成に対する条件として，制度の理論の発展を把握可能にし，批判可能にした。そして，同時に，そこに沈殿している歴史的規範に関する批判を含んでいる」(Siep 1992: 181)。ホネットに対して素描された異議の背景にあるのは，承認のコンフリクトと承認の闘争を体系的に分析するために，そして，経験的な素材を解釈する際に制度的で規範的なコンテクストを適切に考慮するために，ジープのヘーゲル承認論のアクチュアル化を受け継ぐという理論的パースペクティヴの提案である（vgl. Wigger 2009. 本書第7章も参照）。

4── 人間形成論に対する結論

　承認に関して，多様な方法で述べてきたが，本質的なことは，間人格性と内容性の連関である。

> 承認の異なった形式において，そのつど承認された人と承認する人の相互主観的な関係は，ただ承認の内容を決定しうることなく，反省される。そして，その内容は，常に必要なものである。したがって，承認は，常に，だれかを規定することとして，あるいは，なんらかの規定のなかで承認することを意味する。(Mesch 2005: 352)

　たいていの場合そうであるように，承認は，ただ**相互行為的**である。すなわち，承認は，「他者の承認と固有の人格の承認として，双極の意義」(Rosenbuch 2009: 122) において把握される。その結果，内容性が抽象化されて承認が自己確認の方法となるか，あるいは，承認された人が，自らの欲求，考え，関心から内容性を構成するが，その妥当性が相互主観性を越えてしまっているよう

な自己欺瞞が生じるかのいずれかである。だが，間人格的な承認は，ヘーゲルに従えば——そしてそれについてヘーゲルに従っているジープに従えば——常に，与えられた制度と関係の地平のなかで，すなわち，**妥当する普遍**の承認のもとで，生じている。ヘーゲルは，自我と他我の相互行為の関係の問題を，個人と共同体の関係とつなぎあわせ，自我と他我のパースペクティヴを自己 − 他者 − 我々の関係の理論パースペクティヴへずらしている。したがって，承認は，三つの極の関係である。承認の相互関係と地平的関係は，常に，直線的で垂直的な承認関係に埋め込まれている（vgl. Mesch 2005: 355）。制度の秩序と課題，および，規範体系の調節と要求は，承認関係の境界と形態，内容を規定する。すなわち，それらは，承認のコンフリクトと承認の闘争に対する基盤である。したがって，承認は，実践的関係とコミュニケーションの構成要素として理解される。それゆえ，承認は，ある内容と目的ではなく，むしろ，多様な内容と目的をもちうるのである。第一に，失敗や軽んじられること，期待やコミュニケーションの失敗は，まず，承認それ自体が，実践的な目的に関することであり，場合によっては，抵抗に対して闘争しなければならない条件である。したがって，「承認をめぐる闘争」は，正常な事態ではなく，社会的な相互作用の境界事例なのである（vgl. Siep 2009a: 197f; vgl. Wigger/Equit 2010; Equit 2011）。

　すなわち，人間形成論に対していえることは，承認論の体系を取り出すことでもなく，承認論の目的規定を読み取ることでもない。経験的に内容豊かな人間形成論は，制度の要求，社会的規範，個人の野心や戦略の克服との連関の具体的な分析とかかわりあうべきである。人間形成論は，また，承認論が内容的にではなく構造的に内包している相互関係の規範を志向しているだけではない。その意味で，教育学的に提案された人間形成過程は，権力と依存によって特徴づけられ，そのなかで承認は常に，アンビヴァレントでありうるような非対称的な相互行為と関係において遂行される。最終的に，人間形成は，自己自身，他者，世界と人間の関係として，把握される。それゆえ，自己意識の構成は，他者の承認を通して，人間形成のある（重要な）側面だけを把握する。したがって，人間どうしの関連は，道徳的，社会的，自然的世界において発生し，自分自身との関係は，道徳，社会的なもの，自然の世界と互いにかかわりあって形成された成果でもある。

最後に，再び，ジープの言葉をきいてみよう。彼は，実践哲学者として，妥当しているようにみえる承認論の限界への注意を喚起した。それは，人間形成論は，承認論の地平に限定されるものではないということである。彼は，次の三つの観点において，承認論をこえていくことの必然性をみている。①「依存と非対称的な能力分配のコンテクスト」（Siep 2009b: 112）における決定と価値設定を基礎づけうる応用倫理学を通して。②「伝達された多様性のなかで，生活形式，発展可能性の正当な分配，個人的で文化的なアイデンティティにおける個人の繁栄を援助する」（Siep 2009b: 121）ような，秩序づけられた共同体とその善き生の構想を基礎づけられうる社会哲学を通して。③「人間の行為の基準として，よく整えられた自然の理念を発展させる」（Siep 2009b: 123）ような自然哲学を通して。その意味で，間人格的な関係に限定された倫理は，自然と人間の関係に関して，すなわち，人間の身体および外的人間の自然に関する根本的な選択に関して，応えないだろう。

■注

★1　すなわち，私たちの現在の社会の批判に対する根拠ある出発点が生じる（Siep 2009b: 21）ような「哲学の規範的なポテンシャル」と「社会理論的な基礎的な受け入れ」とを結びつけることである。ホネットは，批判とその規準自体を再度基礎づけることのないホルクハイマーとアドルノの仕事に関する批判について（vgl. Siep 2009b: 99f., 111, 169f.)，ハーバーマスに従っている。そして，ホネットは，また，承認論において，批判の規範的前提と規範性の正当化，その証明に照準をあてている。批判の観点は，外側から知らされるのではなく，むしろ——そして同時にホネットは左派ヘーゲルの伝統に身をおいている——なんらかの方法で実在する社会のなかに固定されており，「批判の前科学的な審級」（Basaure u.a. 2009: 150）に依拠している。なぜなら，前科学的な規範の条件なしには，「なぜ，とくに批判的規準が意味あるとみなされるのか，何も示すことはできないし，基礎づけることもできない」（Basaure u.a. 2009: 152）。だが，ホネットは，承認論において，ハーバーマスの了解原理に代えて，相互行為における闘争またはコンフリクトの契機を強調しており（vgl. Basaure u.a. 2009: 77ff., 116f., 179f.），ハーバーマスのコミュニケーション理論を承認論で補っている。

★2　しかしまた，この短い報告の時間のなかで，ホネットの理論プログラムの核心である承認論を，その理論の多種多様さや断絶，矛盾について十分に描くこともできはしない。さらにいえば，ホネットは，一部素描的輪郭を示しただけの最初の理論プログラムを修正し，承認論を常に発展させている。多岐にわたる考察の有する実験的かつ発見的な特徴や彼の理論構想の非完結さは，たしかに刺激の豊かな源泉ではあるが，そ

れとのかかわりを困難にしている。その意味で，批判的な異議は，あらゆる意味の変種，交差，修正を考慮することのない返答を頼りにしなければならない。それゆえ，テーマがリスクにさらされ，意図が誤解され，理論の要素が十分に考慮されないということが，簡単にいえばホネット承認論に関する固有の根本的特徴ということになる。

★3　『承認をめぐる闘争』は，一方で，異なった三つの承認形態は普遍的で文化不変的であると読むことができる。しかし他方で，この三つの承認形態は，ある規定された社会道徳的発展の結果であることが明示されている（このことに関してはBasaure u.a. 2009: 153f.を参照）。

★4　ホネットは，この三つの形態を次のようにまとめている。「私たちは，親密な関係において，個体の個人的な欲求をかなえる相互の感情的な承認を示す。私たちが私的な関係，家族または友情においてかかわっており，同時にそれらと結びついているすべての社会的実践は，愛の理念の関連を通して特徴づけられている。……近代の法において，あらゆる社会構成員は同等な主体として承認されなければならないことが定着している。第三の承認原理は，近代社会が職業社会であること，また，その社会のなかで社会的アイデンティティの中心的な基礎が獲得されるという事実の存在に負っている。一般的に，この原理は，おそらく，成果の理念として示すことができる。私たちが私たちの仕事を通して，社会の再生産に寄与するとき，私たちは，互いに，市民として承認する」（Basaure u.a. 2009: 29）。

　　この形態化について，次のことがあきらかである。ホネットは，三つの承認形態を観念または道徳的原理として把握している。三つの承認形態は，規範的要求として，相互行為のなかに生き続けている。したがって，経験的に存在する相互行為を，成功したあるいは不足した現実化として規定すること，病理や不正義と同一視すること，承認をめぐる個人的闘争あるいは社会闘争を正統化することが可能になる（vgl. Basaure u.a. 2009: 172）。

★5　ホネットは，三つの承認の領域の発展を，個人化，差異化，包摂の社会史的過程の文脈において捉えている。どのように承認をめぐる社会的闘争が今後発展するか，それがどのような結果をもたらすのか，どのように未来の社会編成において承認関係が差異化され，形を調えられるのか，ホネットは，そのことについて述べておらず，また述べようともしていない(vgl. Honneth 1994: 287; Basaure u.a. 2009: 29, 37)。承認論は，社会運動と距離があり（vgl. Basaure u.a. 2009: 113），歴史的過程を待ち受ける理論である（vgl. Basaure u.a. 2009: 32）。

★6　Halbig/Quante 2004およびMenke/Rebentisch 2008を参照のこと。

★7　★4を参照のこと。

★8　ホネットと同じように，ジープは，ヘーゲルの歴史哲学的前提や思弁的前提を招来することはないが，相対主義や新たな目的論を避けようとしている。彼は，確実に「意識に規定された経験の歩みという不可逆性」（Siep 1979: 297）を，歴史的に発展する承認関係の基礎と——その変化を完全にしめだすことなく——みなしている。

★9　ジープに関する批判については，Göhler1981を参照のこと。

★10　「すでにヘーゲルにおいて，相互尊重の段階に応じて個人の主体的な自律性も増大するという意味において，相互性の三つのモデルにそれぞれ個別な人格概念が割りあてられている。しかし，そこにみられる直観は，ミードにおいてはじめて経験的な仮説として体系的に把握されたものであり，三つの承認形態において，人格の自己自身

への肯定的関係の度合いがこの順序で一歩ずつ高まるとされている」(Honneth 1994: 151)。
- ★11 「屈折していない自己関係に達することができるために，人間主体は，情緒的な気づかいや法的承認の経験に加えて，自分の具体的な性質や能力に，肯定的に関係づけることができるような社会的な価値評価を常に必要としている」(Honneth 1994: 196)。
- ★12 『承認をめぐる闘争』の形式化は，ヘーゲルの思考図式に起因する。だが，その思考図式は，この形式化を一度も使用していない。ヘーゲルは，たしかに，「承認」と「承認態」について語っているが，重要なのは，「承認することの運動」(Hegel 1970 (1807): 146) であり，それは，「承認することの闘争」(vgl. Siep 2009a: 181ff.) を含む。ホネットは，承認について語るが，承認することについては語らない。なぜなら，道徳的仮定の主張が重要だからである。『承認をめぐる闘争』の決まり文句は，また，努力していつか到達する目標の状態として，承認のイメージを暗示する（これに対する批判としてRicken 2006: 223ff.を参照）。このイメージは，勝ち取られ，保証され，妥当するという法の観点において納得できるが，承認することの異なる形式に対して無条件ではないし同様ではない。その意味において，異なる相互行為関係のコンフリクトや問題を法的に承認することの内包と規準の拡大は，問題である (Röhr 2009による批判的見解を参照)。
- ★13 「こうした承認関係は，……他の互恵的な承認の形式に論理的にも，発生的にもさきだつ」(Honneth 1994: 172)。
- ★14 ジープは，ヘーゲルが愛を承認関係として規定いるかどうかは明確ではないと指摘している。

【訳者注記】邦訳のある文献については，適宜参照したが，必要に応じて訳は変更している。

第6章

承認の場所
──不正の感情と自己形成──

藤井佳世

1 ── 人間形成論からみたホネット承認論

　『承認をめぐる闘争』に示された承認の社会的領域を具体的に現す手段として，ナラティヴ研究が有効であると考えているのは，ヴィガー氏だけではない。たとえば，フィンランドのある研究者は，教師の語りから承認の問題を考察するなかで，地域の人たちとの関係，学校の同僚との関係，教師としての承認，教育内容への承認といった具体的問題を提示し，「ナラティヴ研究は，ホネット承認論を具体化する非常にすぐれた手段である」（Huttunen 2009: 114）と述べている。だが，ヴィガー氏の見解は，少し異なっている。
　むしろヴィガー氏はホネット承認論に対して，ある種の違和感を抱いている。それは，人間形成論とホネット承認論の相違からくる違和感である。ヘーゲル研究者のジープに従い，人間形成論とは自己自身との関係，他者との関係，自然を含む世界との関係を含んだ理論である，と捉えるヴィガー氏からみれば，ホネット承認論は自己自身との関係のみに終始している。そのため，「人間形成論は承認論の地平に限定されるものではない」と結論づけられる。すなわち，ホネット承認論は，多様な関係にはりめぐらされた人間形成の一面だけを論じたものである，というのがヴィガー氏の見解である。
　こうした見解に基づき，ヴィガー氏はホネット承認論を批判的に考察している。ここではおもに，ホネット承認論と人間形成論の違いについて論じている次の二点を確認しておこう。一点目は，「闘争」と「コンフリクト」の違いである。ヴィガー氏にとって，人間形成のほとんどはコンフリクトにおいて生じることである。いいかえれば，人間形成は「闘争」において生じるわけではない。

したがって，現代の人間形成論からみれば，「闘争」ではなく「コンフリクト」こそが，重要なできごとである。

　ここで述べられているコンフリクトとは，個人と個人の間で発生するできごとであり，いつでもどこでもだれにでも起こりうるような一般性の高いできごとである。それとは違って，ホネットが着目している「闘争」とは，非常に歴史的な概念であり，生きるか死ぬかの極端な闘いのことである。たしかに，ホネットは『承認をめぐる闘争』において，マルクス，ソレル，サルトル，ファノンといった思想家や活動家を取り上げながら，軽んじられる経験と社会闘争をむすびつけて考察している。ヴィガー氏からみれば，闘争は人間形成におけるもっとも極端な事例であり，現代では起こりえるわけもなく，取り上げるべき重要なことではない。もちろん，闘争は，コンフリクトよりも大きな概念であるため，コンフリクトは闘争に含まれるということはできるだろう。しかし，人間形成論からみた場合，そうした闘争とコンフリクトの連続性よりも，切断されていることに重きがおかれることになる。すなわち，コンフリクトは，闘争のような大きなできごとではないため，人間形成の場面として捉えることができるのである。

　二点目は，ホネット承認論における承認形態が規範的であることを含め，理想的である，という批判である。経験的研究との接続を人間形成論の新たな可能性として考えているヴィガー氏からみれば，「理想的であること」は「現実的ではないこと」として映る。現実に生じている承認問題とホネット承認論における承認形態のズレは，人間形成論からみれば，簡単に見過ごすことのできるような問題ではないといえる。

　多様な関係と世界の中で編まれた承認をめぐる日常的なコンフリクトを現実的に捉えようとするヴィガー氏の人間形成論は，人間どうしのかかわりはその多様な世界において生じるのであり，自己自身との関係はその多様な世界とのかかわりによって形成されていくものである，とされる。たしかに，私たちは他者とのかかわりからのみ自己を形成してきたわけではない。自然の世界とかかわるなかで，生物の動き，木々の形や葉の色，空気の匂い，水の音にふれ，それらの空間を通して自己が形成されてきた側面もあるだろう。

　だが，こうした批判的な考察に戸惑いを覚えるのはなぜだろうか[*1]。その理

由をここでは考えることにしよう。

2 主体の意のままにならない自己形成

> 人間存在は，病気をすることで生命が危うくなるのと同じように，社会的な貶めや辱めを経験することによって同一性が脅かされる。(Honneth 1994: 218 = 2003: 181)

　自己の同一性，私が**わたし**であることを困難にしてしまうほどの経験，それが，承認の否定である。ホネット承認論の特徴は，こうした「社会的な承認関係の歪曲および毀損」(Honneth 2000: 101 = 2005: 108) から，社会のあり方を捉え直そうとしたことにある[*2]（重松 1999: 123, 永井・日暮 2003: 181）。「社会的な承認関係の歪曲および毀損」は，だれの目にも明示的にあきらかになっているわけではない。虐待，身体的な暴力，権利剥奪，侮辱といった承認の否定は，特定の文化や集団あるいはプライベートな関係において発生しており，当事者がどのようにしてそれらに気づき，声を発するのかという問題がある。こうした見えにくい問題は，「存在が構造的に否認されることにともなう不正が行われているという，学以前のレヴェル」(Honneth 2000: 100 = 2005: 107) にあるといえるが，ホネットはこの学以前のレヴェルから承認論を展開している。このことは，ホネット承認論が人間形成の社会的ダイナミズムを含み入れた理論であり，単純な個人的承認を問題にしているわけではないことを示している。

　ホネットによれば，承認が否定された場合，自己信頼，自己尊重，自己評価といった自己と自己との肯定的な関係が損なわれる。自己が自己とどのような関係を切り結ぶのかは，人間形成における根本問題である。なぜなら，自己と自己との関係がどのような状態であるかによって，社会や周囲の環境の現れ方やかかわり方もまた変化するからである。自己を信頼することができなくなったり，自己を尊重することができなくなったりするような，何らかの否定的な感情が生じるとき，そこには社会における承認関係の綻びが生じているのである。その承認関係の綻びが社会闘争と結びつく理由は，不正の感情がそこに付

随して発生しているからである。ホネットにとって，社会運動や抵抗は，「利害状況をめぐる行為」ではなく，「不当なあつかいを受けたという感情，不正の感情（Unrechtsempfindung）」（Honneth 1994: 259 = 2003: 215）から発生したものである。

　何が不正なのかを明確に論じることのできない場合や不正の感情を個人的なものとして捉え直すしくみが張り巡らされている社会では，不正の感情は個人的なものとして処理されてしまい，それらが公に示されることはあまりないかもしれない。ホネットは，このような言語化できない状況における不正の感情に，「暗黙のうちに人間の尊厳（Würde）の社会的再定義を求める，感受性の高い不正意識が存在している」（Honneth 2000: 127 = 2005: 140）とみなし，不正の感情は「直観的に与えられる正義の観念が侵害されたという経験に由来する」（Honneth 2000:99 = 2005: 106）と同時に，当該社会における正義の構造的な限界をあらわにする機能を有している，とみている。そのため，不正の感情は，抵抗や反抗といった行為への動機として働くだけではなく，「新しい積極的な自己関係を獲得する手助けをしてくれる直接的な機能をもっている」（Honneth 1994: 263 = 2003: 219）。

　だが，新しい積極的な自己関係は簡単に獲得できるわけではない。その獲得の道程には，現在の状態よりもさらに厳しく苦しい環境が待ち受けているかもしれない。人間の尊厳についての正義が侵害されたという不正の感情を重視するということは，そのような悩みや苦悩を大切にするということである。そうした悩みや苦悩があきらかにすることは，通常は隠されて見えない世界の仕組みであり，そこに生きている人たちの声である。

　教育の空間においてだれかが不正の感情を抱き苦悩しているとき，だれかの言語化されない承認への期待が損なわれているとき，三つの承認関係はねじれていることが多いのではないだろうか[★3]。たとえば，子どもと養育者との関係において，子どもは情緒的関係に基づく愛の承認を求め，養育者は価値評価に基づく能力承認を求めることがある。お互いの求める承認にずれが発生している場合，承認は為されないため，肯定的な自己理解を促進することは困難である。また，学校において，教師や友達，部活の仲間などの周囲の他者に何らかの期待を抱くことができないという感情もまた不正の感情の一部として捉える

ことができる。自己や他者を普遍的存在として捉えると同時に個別的存在としても捉えるという、二重化された人間が出会う教育の空間では、人間形成における承認のねじれが顕現されやすく、自己を肯定することの難しさが発生しやすい。

そこで生まれる不正の感情は、すぐに解消されるわけでもなければ、解決されるわけでもない。長い時間をかけて解消される場合もあれば、異なる次元の承認に逃げ込むことによって忘れようとする場合もあるだろう。その意味で、ホネット承認論に基づく人間形成は、主体の意のままにならない自己形成を描き出していくといえる。

3 ── 自らの経験を他者に語ること

不正の感情、承認の否定を言葉にすることは簡単なことではない。私たちは、通常、他者との関係やコミュニケーションにおいて、型どおりのやりとりを進めることでスムーズな関係を築いている。こうしたコミュニケーションや語る行為それ自体が、不正の感情を生む場合もあるだろう。そのとき、いいかえれば、コミュニケーションで語られている内容とは異なる経験を他者に語ろうとするとき、「私の世界」「私の理解」「私の問題」が前面に表出されると同時に、自己の経験を価値あることとして捉えていなければならない。

このような通常とは異なる自己の経験を価値あることとして捉えることは、簡単なことではない。自己の経験を価値あることとして捉えることができるためには、本質的に自己が自己を認めており、自己の欲求、確信、能力を価値あるものとして捉えている、という自己との関係が成り立っている必要がある。あらためていうまでもなく、ヘーゲルの理論を導きの手とするホネット承認論は、自己が自己を承認するためには他者の承認を媒介する必要があるという人間形成を描いている。自己と自己との関係は、個人の内面的な問題ではなく、社会問題として、すなわち、相互主観的な結びつきの問題として捉えなければならないのである。

承認が人間形成に寄与する側面は、まさにここにある。というのは、子どもが成長する過程において、あるいはだれかが何かを学ぶ過程において、その主

体は自己の経験を常に価値あることとして捉えているとは限らないからである。日本の教室のなかでよくみられる「まちがっていたらはずかしい」で挙手をしない子どもたちは，自己の欲求，確信，能力を価値あると捉えているのだろうか。自己の欲求，確信，能力を価値あることとして捉えられない場合，ホネットによれば，自己自身でいることや討議をすること，自己実現を進めることは困難になる。自らの経験を価値あることとして捉え，その経験を他者に語ることができる背景には，他者からの（みえない）承認がある。こうした承認は，どのような場所で育まれてきたのだろうか。

ホネットは，歴史的に承認関係を形作ってきた場所に目を向け，その再構成を試みている。その場所とは，前国家的な組織であり，家族のような自助グループともいえるような，協会（Verein）や連盟（Verband）である。ホネットは，次のように述べている。「正義を実現する代理店が，私たちの社会の地点にあるということから活発なイメージをもらうために，私たちは家族に近い自助グループ，労働組合，教会の教区，又は，異なる市民のグループ化のことを念頭におかねばならない」（Honneth 2010:68）。

協会や連盟は，当然のことではあるが国家による組織ではなく，市民によって編まれた組織であり，何らかの行為や活動を共に行う集団である。これらの場所で育まれてきた承認関係こそが，ホネット承認論が対象として論じている社会的承認の圏域であり，他者による承認を通して自己と自己との関係を育んできた歴史的な承認関係の場所である。現在でいえば，子どもたちの成育空間の一つとして課外活動をおもに担っている各種クラブ協会やその他の各種団体，あるいは，子どもたちの生命や生活を含む成育空間を担っている福祉団体の活動などが近いだろう。その意味で，協会や連盟は，社会的で倫理的な空間といえる。

4── 自己実現と人間形成論の齟齬──どのようにして人間形成論は社会的承認の獲得過程を捉えるのか

社会的で倫理的な空間は，教育，子育て空間の特徴でもある。依存労働に関する研究を行っているキティによれば，だれかが生きるためにはだれかの手をかりなければ生きることのできないことを，最も顕著に現わしているのが，子

育てなどの子どもとのかかわりの場面，そして高齢者とのかかわりの場面である★4。とりわけ，キティは，出生や死という人生においてまったくの依存状態にある時期を「不可避の依存」と呼び，依存関係をたんなる私的な関係にとどめておくことはできないと論じる。10歳ぐらいまでの幼少期と，後の老年期へのこうした視点は，私たちのだれもが，依存労働にかかわり，依存関係にあることを示している。

依存関係をベースにして，いいかえれば，非対称の関係をベースにして，平等であるような社会を実現するためには，「人間の相互依存の不可避性が平等を可能にする条件となるような平等論」（Kittay 1999: 50 = 2010: 125）が必要であると考えるキティは，「つながりに基づく平等（connection-based equality）」★5を提案する。つながりに基づく平等とは，他者との結びつきのなかで育まれる倫理性を一人ひとりに保証することを基幹にすえる構想である。依存性や傷つきやすさによってかかわりの内実は異なるにしても，そうした出来事を一人ひとりに保証するという正当な取り扱いは，たんに平等である関係とは異なり，人間の尊厳を重視する承認の関係に近似している。

私たちが**わたし**であるためには，だれかの助けをかりながら生きつづけ，別のだれかはまた別のだれかの助けをかりながら生きることになり……と，そのつながりが平等であるような社会において，多くの人の自己実現もまた為されていく。その意味で，承認関係は，多様なかたちで社会の基底にある。それゆえ，自己であることが否応なく他者や他者たちとのプロセスを必要とする承認の空間では，自己が排除されるような感覚を抱かせることもあり，やっかいな空間として現れ出ることもあるだろう。

ともすれば，承認は，教育において，教師が子どもたちに何かをさせるために必要な行為として論じられ，教師の技術力の一つとして捉えられ，教師が身に付けるべき力として捉えられることがある。これらは，教師が子どもに与える承認，学習意欲を抱かせるための承認などのように，子どもたちの内面的動機へ働きかける行為である。こうした承認は教育場面だけではなく，企業における組織づくりなどにおいても見られることであろう（Voswinkel/Wanger 2013）。こうした環境のなかで，一般的には自己実現がなされると捉えられがちである。

第6章 承認の場所——不正の感情と自己形成

　だが，自己実現を軸にすえるホネット承認論は，不正の感情に着目しているように，個人的で私的だと捉えられがちな感情を自己形成の重要な契機として位置付ける。このことは，人間形成において，だれに言われたのかも定かではないようなわたしの，主観的な経験が重要であることを伝えている。さらに，承認は，言葉によってただ確認されうることではなく，行為の遂行において示されることでもある。そのため，自己と他者の相互行為の場面に承認を読み込むことは，言葉によって形成される前にある世界を論じることになる。ここに，物語るというナラティヴ研究とつながる可能性を見いだすことができる。
　前知識的な状態から言葉になるまでを含めた人間形成，いいかえれば，感覚や具体的な生活，捉え方を形づくる背景と承認の関係を示すことが，承認論を媒介した人間形成論のありかたではないだろうか。「承認論の体系を取り出すことでもなく，承認論の目的規定を読み取ることでもな」く，「経験的に内容豊かな人間形成論は，制度的要求，社会的規範，個人の野心や戦略の克服との連関の具体的な分析とかかわりあう」（本書94頁）という人間形成論としてだけではなく，不正と不在の感情に着目することによって，何が損なわれているのかを問い直すこともでき，形にならないことを自己形成の契機として語る人間形成論も可能ではないだろうか。たとえば，承認が否定される経験を不運として捉えるのではなく，不正義として捉えることによって，言語化されていない出来事を浮びあがらせ，新たな自己を形作るきっかけとして捉えていくこともあるだろう。こうした社会的承認を獲得する過程，社会をつくり直していく過程を捉えることも，人間形成論にとって重要なことであろう。
　既存の社会をどのように学び，どのように付き合い，そこからどのように自己を形成していくのか。どのように，に含まれる多様さと幅広さが，人間形成論の奥深さでもある。人間形成論の奥深さは，社会にどのように適応しているかだけではなく，社会に適応するという再生産過程を別の過程から論じたり，対抗場面を論じたりすることを含むことにある。批判的思考によってしか近づくことのできないできごとの現れ，一人ひとりの異なる経験，その異なる生を充実させようとする人間のあり方を承認の観点から論じる人間形成論は，公正さを問題としながら，自己実現へ向かう困難な生をあきらかにする。そうした生のありようを教育の文脈から光を照らすことは，個別的な関係と普遍的な関

係の間で揺れ動く教育と人間形成のリアリティをさらに提示する方向へ進むことになるだろう。

■注

★1 違和感を抱く背景には，承認と人間形成をめぐる日本とドイツの文化的違いもある。序章でも述べているように，日本の土壌では，近代教育学との関係から人間形成という言葉に特別な意味を込めてきた。

★2 『承認をめぐる闘争』に収められている「人格の同一性と尊重の欠如——暴力的抑圧，権利の剥奪，尊厳の剥奪」は，「人格の同一性と蔑視」（大川正彦訳）として『現代思想』（1993年）に先行して訳されている。

★3 ホネット自身は，承認の緊張関係について家族を例に論じている。「一方で人格の不可侵性が守られると確信しうるのは法的人格としてのみだから，家族の成員は相互に法的人格として承認しあわなければならないとともに，他方でそれぞれの幸福が個別の思いやりや心遣いに値する唯一無二の主体同士としても承認しあわなければならないのである」（Honneth 2000: 209 = 2005: 226）。

★4 キティ自身は，障碍のある子どもとのかかわりを中心に構想している。また，依存労働と専門職の境界線上に位置する職業として，ソーシャルワーカー，教師（とくに低学年），看護師をあげている（Kittay 1999: 40 = 2010: 99）。

★5 つながりに基づく平等としての公共空間を次のようにキティは構想している。それは，「ドゥーラ」と呼ばれる「母親が子どもの世話をしているときに，その母親をケアすることによって手助けをする」（Kittay 1999: 107 = 2010: 243）人をモデルにしたドゥーリアという仕組みである。依存関係だけではなく，依存労働の働き手とつながりのある人びとへと関係を拡大することによって，新しい関係を含んだ社会的協働を求めているのである。

第7章
制度の目的・承認のコンフリクト・人間形成

ローター・ヴィガー／野平慎二（訳）

■── はじめに

　人間形成論の立場からの伝記研究（vgl. Marotzki 1990; Koller 1999; Schäfer 2009）は，主体の経験や見方に対する経験的-質的な調査と分析を通じて，人間形成の過程と諸関係を再構成しようと努める。その研究は，制御された方法を用いて主体の自己理解と世界理解を把握することで，とりわけ，経験の蓄積や問題のダイナミクスを再構成し，そのつどの問題状況，その原因や理由，個人的な克服の可能性とその戦略に対する主体の見方がどのように展開していったのかを解明することに適している。書き記されたものである「伝記」が，「構造的にみて主観性と社会的な客観性の接点に，ミクロレベルとマクロレベルの接点に位置するものである」限り（Krüger/Marotzki 1999: 8），伝記研究は，伝記的な経験や個人的な認知の分析を介して，社会の構造や社会の変動過程についての認識を獲得することにも努める。しかしながら，これまで伝記研究ではたいてい，個々の事例研究や主体の人間形成過程の再構成がもっぱら重要であったのに対し，個々の事例の一般化可能性が問われることや，学習や人間形成の履歴がより広い主体理論や社会理論のコンテクストのなかに組み入れられることはなかった（vgl. Krüger 1999: 25f.）。主体の物語やその伝記的な解釈に関心が集まることで，個人的な思考や認知や行為の社会的性格には，これまでしばしば抽象的，一般的にのみ目が向けられるだけであった（例外としてAlheit et al. 1999など。批判としてEngler 2001: 68; Wigger 2004: 485ff.; 本書第1章を参照）。W. ヘルスパーは，生徒の伝記に関する研究上の欠陥を引きながら，とりわけ次のように結論づけている。「とりわけ，生徒の伝記，学歴，

第Ⅱ部　人間形成論としての承認論

制度的な条件，(個々の)学校特有の枠組みの関係をさらに解明する必要がある。そのために必要なのは（…中略…）制度レベルでの分析による伝記分析の補完であり，この両者は互いに媒介されなければならない」(Helsper 2008a: 940)。以上のような事情を受けて，本稿では，制度レベルでの分析を援用することで，ある事例のたんなる解釈を超えて，その事例の条件となるコンテクストを範例的に解明するアプローチを提案する。

　事例分析の中心には承認の問題がある。そのため，まず第1節では，承認の理論の不十分さや，この承認というカテゴリーが教育学や教育科学において利用されていないという問題について述べる。第2節では，暴力的で退学処分となったある女子生徒へのガイド付きインタビューを取り上げ，学校という制度のコンテクストにおける承認のコンフリクトと人間形成の過程(ビルドゥングスプロツェス)を範例的にあきらかにする。第3節では，学校と授業，その構造的条件と一般的要件，その今日的，法的な形態への省察を通して，上で述べた承認のコンフリクトの制度的な前提を解明する。最後に，この背景と承認のコンフリクトとを体系的に区別し，具体例に即して解説する。

1 ── 承認──カテゴリーの問題と理論の不十分さ

　承認という現象や問題は，教育実践においても教育科学の理論においても，近年ますます注目を浴びている。教育的な相互行為において相互承認が要求されることについては無理なく同意できるとしても，承認というカテゴリーはしばしば抽象的であり，またその限りで不確かなままである。それを明確化し体系的に分類しようとする理論的努力は200年以上の歴史をさかのぼることができるが（本書第3章を参照），提出された理論や構想，そしてその教育学的な受容には問題があり，納得できるものではない。それらの理論は多種多様で要求度が高く，そのさまざまな次元と観点をここで適切に評価することはできない。本論においても，批判のためのいくつかのヒントやテーゼを掲げるが，それは事例解釈，ならびにここで紹介する新しいアプローチのための理論的な前提を描くことで満足しなければならない。

①教育学における差異の承認ないしは承認一般への要求（vgl. Rosenbusch 2009; Prengel/Heinzel 2004）は，わかりやすいが包括的すぎる。このような一般的で抽象的な要求の合意や同意能力は，規範性に関する詳細な説明の欠如や，基礎となる論争や対立の解明の放棄という代償を払っている。あらゆる教育的行為，そしてすべての人間形成過程が，知識や技能，態度や確信や姿勢の受容と承認を目指すのではなく，それらの転換を目指すものであるとすれば（vgl. Ricken 2009: 88f.），上のような一般的で抽象的な要求は，一面的で，誤った結果にいたる。むしろ必要とされるのは，承認されるべきことがらの，事実に即した解明や根拠づけである。承認への普遍的な願望や，承認への人類学的に根拠づけられた中核的な動機などが主張される場合もあるが（vgl. z.B. Prengel 2008: 32），そうした主張は行為の動機の歴史的な可変性，社会的な構成，そして個人的な規定可能性を誤認しており，その限りでは問題を隠蔽し，根拠づけの課題の意義を見失わせる，見せかけの根拠づけである。「この問題の具体的な論究のなかで解答されなければならないのは，人物ないしは理性的存在者の相互承認は，純粋に，禁止された境界を超えるものでありうるかどうか，である」（Siep 2009b: 114）。

②一般に受容されているのは，A. ホネット（Honneth 1994）の社会哲学的な承認論である（vgl. Sitzer/Wiezorek 2005）。彼は，J. G. フィヒテとG. W. F. ヘーゲルの承認論のアプローチを，より新しい社会科学理論を用いて経験的に補強し定式化し直すことで，新たな批判的社会理論を提示しようと試みている（これについては本書第3章で詳しく論じている）。もっとも，社会的コンフリクトと権利の行使に焦点をあてるその理論とカテゴリー区分を，教育的な相互行為と問題設定に応用することには問題がないわけではない。そのため，一方では事実に即した解明にあまり役立たない理論的な問題が生じ，他方では経験的な材料が別の新たな区分を要求し，カテゴリーが拡大され新しく解釈されなければならないことになる（vgl. Wiezorek 2003; Helsper et al. 2005）。

③ホネットの理論はそれ自体問題を含んでおり，多方面から批判されており，それ自体堅固でも説得的でもない（vgl. Reichenbach 2001: 312ff.; Siep 2009a:

191ff., 120ff.; Equit 2011: 113ff.)。承認の中心的カテゴリーは，批判的社会理論の普遍的で規範的な基礎づけを求めるあまり，過度に拡大され内容的にも空洞化しているように見える（vgl. Fraser 2003a: Fraser 2003b）。肯定的に評価された承認の内容は，その二律背反と内包された権力構造を捉えそこなっている（vgl. Ricken 2006; Ricken 2009）。ホネットはヘーゲルから出発して，愛，法，連帯という3種類の承認の形式を区別するが，ヘーゲルの思弁的な体系や理性観念論的な前提は退けている。なぜこの［愛，法，連帯という］三組があてはまるのか。それには完全な，あるいは決定的な条件が含まれているのだろうか（Siep 2009b: 117）。社会的な価値評価は，連帯という観点のもと，経済的な競争における業績と成果の承認や，不平等な富の分配のコンテクストにおける社会的地位の獲得や，業績主義社会のリスクに対して，どのような立場をとるのだろうか（vgl. Classen 2008; Equit 2010: 107f.）。

④ホネットが示した「承認」と「尊重の欠如」という二つの形式の単純な対立は，実際の関係や事態に適合していない。あきらかに，彼が取り上げた尊重の欠如の形式——暴力的抑圧，権利の剥奪，尊厳の剥奪——は人を傷つけ，損害を与え，あるいは破滅させるものであり，成功したアイデンティティ形成の一般的なイメージに矛盾するものであるが，他方でそれが個人の人間形成にどのような意味をもつのかはあきらかではない（Siep 2009a: 195ff.）。承認の対概念は経験的にも理論的にも不十分にしか規定されていない。肯定的な意味をもつ承認とは何を意味するのであろうか？　何が事実上の承認の基準，あるいは正しい，適切な，ないしは理性的な承認の基準となるのであろうか？

⑤『承認をめぐる闘争』というタイトルが繰り返し唱えられ，スローガンにまでなったことで，承認をめぐって闘争される，もしくは闘争されなければならないというイメージが固定化した。L. ジープ（Siep 2009b）は，「闘争」という用語が多義的で，隠喩的に用いられてもいることを指摘した。あらゆるコンフリクト，対立，そして相違が闘争と名づけられ理解されるべきかどうかは疑問である。もし承認が多様な内容と目的をもちうる実践的，法的な関係やコミュニケーションの構成要素であるならば，そもそもコミュニケーションの失敗

ないしは法の拒否は，承認自体が一つの実践的な目的となること，そしてそれは抵抗を克服して勝ち取られるべきこと，の条件となる。「承認をめぐる闘争」は，つまり正常な事態ではなく，社会的な相互作用の境界事例なのである（vgl. Siep 2009a: 197f.）。

⑥「承認をめぐる闘争」が示す第二のものは，獲得が目指され，いつかの時点で到達される目的状態としての承認のイメージである（これに対する批判については，Ricken 2006: 223ff.を参照）。そのような承認のイメージは，戦いのなかで勝ち取られ，認められ，そして通用する法に関しては納得のいくものであるが，承認の別の形式に関しては必ずしもそうではない。その限りで，法的な承認の基準や含意を他の相互行為の関係の問題やコンフリクトへと拡張することには問題がある（これに対する批判については，Röhr 2009を参照）。

⑦「承認をめぐる闘争」という表現は，ヘーゲルの思考図式に由来する。ヘーゲルはこの表現を一度も使用しなかったが，あきらかに部分的にのみ読まれ，一面的に受容されている。ヘーゲルはたしかに「承認」や「承認された存在」について語っているが，彼にとって重要なのは「承認の闘争」（vgl. Siep 2009a: 181ff.）を含む「承認の運動」（Hegel 1970: 146）である。ヘーゲルは，それ自体矛盾を含み非理性的であるような，アルカイックで単純な自己主張と承認の探究の形式を，名誉にかかわり生死を決定づけるような闘争として理解している。ヘーゲルはさらなる承認関係――たとえば道徳的な制度や関係における法や生など――についても把握している。これらはけっして「抽象的」ではなく，すなわちけっして一面的で不十分で未発達ではなく，むしろそれ自体より細分化され，市民の時代としての現代により適合し，その限りでより理性的である。ヘーゲルの承認の形式を社会史のなかに位置づけるならば，「名誉をめぐる決闘」（Hegel 1970: 174）としての承認をめぐる闘争は前近代的であり，法治国家においては時代遅れであろう。また，それを理論史的に読むならば，ヘーゲルはホッブズの自然状態を思い描いていたように思われる。

⑧ヘーゲル自身は，相対立するさまざまな承認のヴァリエーションの間の矛盾

が，市民の法的関係，およびそれに対応する社会的，政治的な生の人倫のなかで止揚されると捉えていた。承認の矛盾に対するヘーゲルの批判は，初期ヘーゲルの体系構想に連なる現代の承認論の盲点を示したものとして読むことができる。承認はもっぱら相互行為的にのみ，すなわちその「両極的な意味において，他者の承認および自己の承認として」(Rosenbusch 2009: 122) 把握される。しかしヘーゲルに従えば，承認は基礎づけられるべき，また基礎づけ可能な制度や関係の地平で，すなわち法，道徳，人倫の地平で生じる。行為者は承認のなかで常に同時に共通の規範体系にかかわっている。ヘーゲルは自我 (ego) と他我 (alter) の相互行為的関係の問題を個人と共同体の問題に結びつけ，自我と他我の関係に対する理論的な観点を自己－他者－我々という関係に対する理論的な観点へと移している。つまり承認は，三つの極をもつ関係なのである。規範体系の要求や統制といった制度にかかわる課題や秩序は，承認関係の内容，形式，境界を規定し，これらは承認のコンフリクトと承認の闘争の基礎となる。

　ジープは，「理性的な自己理解の形成のための条件として制度を理解可能にし，また批判可能にし，同時に制度のなかに堆積した歴史的規範の批判を含めた制度の理論を展開したこと」(Siep 1992: 181) がヘーゲルの承認理論の成果であるとしている。上で述べたホネットに対する批判を背景としつつ，承認のコンフリクトと承認の闘争を体系的に分析し，伝記的題材の解釈において制度的，規範的なコンテクストを関連づけ適切に考慮するために，ジープによるヘーゲルの承認論の活性化という理論的な観点を手がかりとすることができる (vgl. Wigger 2009b)。

2 ──「ヤニカ」の事例──学校の拒否，承認のコンフリクト，阻害された人間形成過程，そして暴力

　この節で紹介する例は，ヤニカ (Jannika) と呼ばれるある女子とのガイド付きインタビューの概要である。彼女は実科学校の 8 年生を落第し，このインタビューの少し前には暴力行為のために退学となった[★1]。彼女は，母親と義父との家庭生活も，祖父母のもとでの生活も，大きなコンフリクトのためにうまくいかず，その後，暴力犯罪を起こしたために数日間の少年拘禁に科せられ，

生活支援グループホームないしは保護施設へ移されるところであった。

　ヤニカの物語を伝記的に再構成すると，実科学校から課せられた課題の克服の失敗が決定的な危機であったことが示される。ヤニカは，将来通訳になるべく，自ら望んで，また成績もよかったので，基幹学校から実科学校の７年生に転入した。

　　　J（ヤニカ）：通訳になりたかったから転学したの。……基幹学校じゃ英語し
　　　　か習わないし，それにそれもベストじゃない！　そう，それにフランス語とイ
　　　　タリア語も習いたかった。……それから努力して，そうしたら成績表には１と
　　　　２と３ばかりだったわ，それから転学したの。

　基幹学校の教師たちは，彼女の教育面での向上心(ビルドゥングスアスピラツィオン)を応援せず，それどころか彼女の挫折を見込んでいた。彼女の両親はこの向上心に無関心だったように思われるが，ヤニカは祖母の知り合いの支援を受けて転学する。

　実科学校の教師たちは，彼女の知識不足を目の当たりにした。けれども教師たちは，実科学校の課題が［ヤニカにとって］新しくより高度であったにもかかわらず，彼女が遅れを独力で取り戻すことを期待した。これがヤニカには過大な要求となり，授業と学校への興味は失われていった。

　　　J：少し難しくなったわ。進むのが全部早かったし。
　　　I：（うーん。）
　　　J：それにみんなはもっとわかってたわ，たとえば英語，私よりもっと単語を
　　　　知っていて，そんなのまだ聞いたことなかった！
　　　I（インタビュアー）：そう。それは説明されたりした？　それともその後は
　　　　どうなったの？
　　　J：５年生と６年生の教科書をもらったわ。
　　　I：（そう）
　　　J：それで勉強できた。
　　　I：勉強したの？
　　　J：半分半分ね。後になるともうやる気がなかったわ。

I：どうして？
　J：7年生で5年生と6年生の教科書，同時に7年生の教科書も持って勉強するのは，少し多くて，やる気がなくなった。

　両親は彼女が勉強でわからないことがあっても助けることはできなかったが，ヤニカは上述の知り合いから個人指導を受けた。その知り合いは「最適の」実科学校を探すのを手伝ってくれ，この時期のヤニカにとってあきらかにある意味での手本であった（vgl. Wiezorek 2010: 43f.）。個人指導（英語，地理，数学など）は，知識の遅れを取り戻すには不十分で，彼女の成績は8年生でさらに下がった。ヤニカは授業への興味を失い，8年生を繰り返すことになった。そのクラスで3人の女子生徒と知り合い，彼女らといっしょに授業をサボり，挑発的な態度を取り，他の女子生徒を殴ったりした。基幹学校に在籍していたときから，すでにヤニカは殴り合いと窃盗のため悪い意味で目立っていた。この行動は学校での成績や転校に影響を及ぼすものではなかったため，ますすあきらかになる学校での失敗を背景に，彼女の暴力はエスカレートしていった。

　……もともと殴ったりすることについてはいつもそうだった。でも本当に始まったのは実科学校に転校してから，7年生，そう7年生のとき。

　彼女の暴力行為の継続性はあきらかであり，彼女の家族生活の描写からは「身体的な行動，つまり暴力が当然であったこと」（Wiezorek 2010: 42）が読み取れる。ヤニカ自身は彼女の暴力が最初に始まったのは実科学校時代であると考えている。
　伝記分析の観点からみると，ヤニカの学校歴はF. シュッツェ（Schütze 1981, 1983）のカテゴリーを用いて，自律的な生活の形成の過程が「学校拒否のトラジェクトリー」（Wiezorek 2010: 45）に一変し，それが常態化したもの，と説明できる。もっとも，「成果志向と進学への向上心」（Equit 2010: 59）の段階から完全な学校拒否の段階（vgl. Equit 2010: 70ff.）へという，この二つの伝記的段階の区別は，根底にある姿勢の継続性を覆い隠すべきではない。ヤニカは彼女の生活のすべての領域において成功を望むが，学校にかかわる条件だ

けが彼女にとって不利な方向へ変化していく。ヤニカは基幹学校ではよい生徒であり，またそのように見られていた。

> 学校は本当に気に入っていたわ。学校にいるみんなを知っていたから。[Z 地区] のたくさんの人を知っているから，それにとても簡単だった！ 学校の成績もよくて，成績表には 1 があったわ。もちろんひどいこともしたけど，学校ではよい生徒だった。

しかし，基幹学校の教育課程(ビルドゥングスガング)を彼女は受け入れず，より多くのもの，よりよいものを望む。実科学校は「それまでの家庭環境を超えた，将来のよりよい人生へのチャンス」（Equit 2010: 59）を約束してくれる。そのため，抵抗にあってもヤニカは転校を言い出し，実行する。けれども，実科学校での成功とそれにかかわる承認は達成されないままである。基幹学校では優秀な生徒の一人であったが，実科学校では求められる知識や能力の面で遅れを取り戻せないため，その立場に再び立つことができない。彼女は軽蔑的に「天使」や「ガリベン」と呼ぶ他の生徒の成功を知っている。そして，授業の課題や校則にあからさまに背を向け，要求されることに取り組むのではなく，やりたいことだけをするようになる。

しかし彼女は，学校の課題との取り組みに挫折したなかにあっても，自分で物事を決めて押し通す人物，という自己像に固執する。彼女の見解では，彼女は失敗していないし，過度な要求もされていない。自ら何度も強調するように，「学校に関心がなくなった」のである。学校での失敗を，彼女は無関心の結果として，すなわち自ら下した決断の帰結として説明する。学校では彼女は学業や成績の面で首尾よく自分を押し通すことができず，授業以外の場で女子生徒から，さらには家庭内においてさえ，必要とあれば暴力という手段で尊敬を得ようとする。自らそうありたいと望む成功した人物，ないしは最良の人物としての承認を強引に勝ち取ろうとし，卓越し優越した人物としての自己像を他者に認めさせようとする。他の若者や教師との，また家庭内での暴力的衝突の描写からは，自らを押し通そうとする絶対的な意思が示される。他人への暴力は自制心の欠如の無意識的な表れではなく，「……だれに向けられるかはほとん

ど意味がないように見えるとしても……計算され習慣化された表現の一つなのである」（Müller 2010: 25）。自分の痛みを考慮に入れない身体的暴力の行使は，優越する者としての，「勝者」としての自己理解を確認すべく行われる，他者に対する無条件の押し通しにほかならない（Equit 2010: 61）。

コンフリクトのダイナミクス，すなわち学校での問題やコンフリクトの激化，家庭内の立場をめぐる闘争の激化，そして学校外での暴力の激化は，次のジレンマから生じている。すなわち一方では，職歴や社会的地位に決定的な意味をもつ場所，つまり学校での成功や承認を得るための努力がうまくいかなくなり（また，思い描いていた職業上の目標が結果的に実現できなくなり），他方でヤニカは（学校や家庭や祖父母のもとで）ますます排除され，根本的な承認の拒否を経験しなければならないにもかかわらず，優越した人物という自己像や成功への要求に固執する，というジレンマである[★2]。ヤニカがインタビューを受けた自伝的段階では，制度の力のために彼女には限定された行為の空間しか許されておらず，彼女の長期的な展望はさえぎられているため，たとえその場限りのものでしかないとしても，尊敬と優越という基本的問題がすべての中心にある。というのも，判決と退学のために，彼女が目指した実科学校の卒業，そして通訳になるという夢は実現できないほど遠のいたからである（vgl. Equit 2010: 73）[★3]。

ヤニカはしかし，判決を受け退学した後も（施設に入所している若者の）グループ内で引き続き支配的な立場にある。

> ここには5人いて，ここで靴を履いているのは私。タニヤも少し。男子が私たちのいうことを聞かないと，何発か食らうのよ，顔に。

インタビューのときでさえ，最初[★4]と最後[★5]に，ヤニカとインタビュアーのやりとりのなかで優位性への要求が生じている（vgl. Equit 2010: 78ff.; Rieger-Ladich 2010）。これは，ヤニカの「人間形成をめぐる諸関係の中心的な問題」（ビルドゥングスコンフィギュラツィオン）（Müller 2010: 20）である。「とにかく彼女はいつも争いのなかにいる」（Müller 2010: 31）。あらゆる人物や関係が，争いという観点から描き出される。あらゆる行為の目的やさまざまな関心が，もはや否定できない学校での成績の低下や

「落ちこぼれ」を背景として、社会的、制度的にますます狭まっていく境界のなかで、優位性を効果的に自己主張し自己描写するという課題のために、縮小される。あらゆる実際上の関係やコミュニケーションのなかから、名誉をめぐる問題、そして「承認をめぐる闘争」が生じている (vgl. Equit 2011)。すなわち、抽象的な形式をとった名誉の主張についての承認や、自らの自己理解と世界理解が妥当であることへの原則的な尊敬の要求と実現の主張についての承認をめぐる闘争である。すでにヘーゲルは、そのような無制限の要求は承認をめぐる闘争につながり、優位と劣位の決定を、したがって暴力の可能性を含むことを理解していた[★6]。

3 ── 学校──法的な関係，人間形成という課題，選別の機能，そして制裁の力

ヤニカは学校から求められる課題を達成できない。彼女のコンフリクトは制度的な条件と法的な規定の存在を指し示している。以下ではそのいくつかの基準を確認する。学校の一般的な基礎についてはよく知られているので、四つの中心的な観点を短く指摘するにとどめる[★7]。

①学校は、国家の監督および法的な規定に、もしくはドイツ連邦共和国の連邦制度における連邦州に従う。原則的に州のすべての児童および青少年に就学義務が適用され（ノルトライン・ヴェストファーレン州学校規程　第34条参照）、両親はその遵守について責任があり、教師および校長もそれに従う義務を負い、最終的には所管する監督局が強制措置をとることができる（ノルトライン・ヴェストファーレン州学校規程　第41条参照）。公立学校への生徒の受け入れとともに、学校における公的、法的な関係の基礎が築かれ、この関係からすべての関係者にとっての**権利**と**義務**が発生する（ノルトライン・ヴェストファーレン州学校規程　第42条1参照）。生徒は共同作業の義務を負い、それによって学校での課題が果たされ、教育目標（ビルドゥングスツィール）が達せられうる。すなわち生徒は、授業やそのほかの義務的な学校行事に真面目に参加し、授業の準備を行い、授業に積極的に参加し、必要な課題に取り組み、宿題をし、学校の規則を守り、指示に従わなければならない（ノルトライン・ヴェストファーレン州学校規程　第

42条3，第43条参照)。

②学校は授業や教育活動，人的および物的な管理に配慮しなければならず，そのため，もし生徒が義務を怠る場合，教育的な介入（たとえば面談，懲戒，授業への出席停止，監視下での補講など）又は規制措置（たとえば停学や退学など）を行う権限をもつ（ノルトライン・ヴェストファーレン州学校規程　第53条参照）。学校制度は，その目的の実現のために**制裁力**を備え，法的に規定された枠組みのなかでそれを適用する権限が与えられている。

③学校は**人間形成**(ビルドゥングス)**ないしは教育**(エアツィーウングスアウフトラーク)**という課題**をもち，生徒の個別の条件を考慮しつつ，人間形成(ビルドゥングス)や教育(エアツィーウングスツィール)の目的に沿って必要な知識，能力，技術，価値観を伝達しなければならない（ノルトライン・ヴェストファーレン州学校規程　第2条4参照）。

④さらに学校は，**選別機能**をもつ。なぜなら学校はさまざまな種類に区分されており，異なる卒業証明書(ビルドゥングスツェルティフィカート)を与え，成績と能力を評点と成績表で評価し，その結果，生徒を異なる教育の進路(ビルドゥングスガング)に割り振るからである。学校が正当化し説明しなければならない成績評価は，生徒の学習過程の様子についての情報を与えるだけでなく，その後の進路への促し，すなわち異なる種類の学校への進学にとっての基礎でもある（ノルトライン・ヴェストファーレン州学校規程　第11条，第48条参照）。

これら周知の規定には相違や矛盾が含まれているが，そのすべてをここで詳細に説明することはできない。私の見解では，中核的な矛盾は，すべての子どもに対する**人間形成ないしは教育という課題**と，学校のもつ選別機能との間の矛盾である（vgl. Wigger 2009b）。すべての若者は，経済的な状況，出身，そして性別に関係なく学校で人間形成と教育を受ける権利をもつが（ノルトライン・ヴェストファーレン州学校規程　第1条1），どの学校に進学するかは，本人の能力と傾向（そして両親の意思）に左右される。学校教育への道はすべての子どもに開かれているが，意欲や能力（ノルトライン・ヴェストファーレ

ン州学校規程　第1条2参照）に左右されるのであり，これを証明するのが学校である。

4 ── 学校の承認基準──権利，知識，成果，そして道徳性

　このような学校規定（ここではまったく一般的なものだけを挙げている）に基づいて，またその枠組みのなかで，関係者は行動し，相互行為や人間形成の過程を進める。学校の目的，課題，そして規則は基準をあらかじめ設定し，関係者がこれをさまざまな仕方で解釈し，独自の立場や実践に組み入れる。上で示した学校とその課題──法的体制，人間形成と教育という課題，選別機能，そして制裁力──についての規定をもとに，承認の四つの次元とさまざまな種類の承認のコンフリクトを体系的に区別することができる。

①承認の基礎的な水準は，学校における諸関係が法的に規制されていること，そして関係者が原則として法的に規定された権利と義務をもつこと，言い換えれば**法的に規定された人物**として承認されていることによって与えられる。権利の範囲や種類，法のもとにある集団が要求する権利やその集団が依拠する義務の有効性をめぐる対立は，政治的な，そして／あるいは社会的な対立ないしは闘争である。妥当している法の枠内で，法に違反することで承認のコンフリクトが生じる。このようなコンフリクトの除去もまた法的に規定されている。

　それゆえ，上の例において学校は，暴力行為の結果として生じたヤニカに対する法的強制力のある判決に対して，退学という措置で応じている。この法的行為のなかでヤニカは，法的に規定された人物としては承認されているが，学校の一員たる生徒としての承認は退学によって剥奪されている。

②学校の中心的な課題は，さまざまな教科の授業を通して知識と能力を伝達することであり，教師は生徒の学習の状態を，内容にかかわる反応を手がかりとして，客観的にも個々人の発達という点でも，またしばしばクラスのなかでの比較においても，評価する。教科の学習や教育課程(ビルドゥングスガング)のなかで，生徒は教師や同級生や両親，また他のだれでもよいが，そうした人びとによって，自分たち

がもっている知識や能力を基準として承認される。このような**知識と能力**の承認の基準となるものは，一方では，たとえば知識の真理性，規則適用の正当性，実践や制作の芸術性，芸術的，言語的表現の美しさや完成度といった，主題となることがらである。他方，この教育的－教授学的関係におけるもう一つの基準は，習得や表現における 発 達 や成長の状態，個人の進歩を考慮すること^{エントヴィックルングス ビルドゥングスシュタント}である。このレベルでの承認のコンフリクトは自己評価と外部評価の差異から，つまり，教科に固有で発達に関連した質的基準をさまざまに異なって適用することから生じる。このコンフリクトは，ある一つのことがらをめぐる論争として，客観的に測定された基準をもとに取り除くことができる。

　上の例で注目すべきことは，インタビューではそのようなコンフリクトと論争についての情報が得られないということである。インタビューを受けた者にとって学習と教科の成績はたんに他の生徒との競争のなかで成功するための手段として現れ，その限りで論及に値しないのである。インタビューとそのなかで表された人間形成の形態の中心にあるのは，別の次元での承認である。
ビルドゥングスゲシュタルト

③学校は，生徒の成績の評価の結果として，成績表と卒業証明書を与える。このような生徒の能力の比較は，細分化された順位のみならず，教育の進路や将来の機会の選抜的な細分化にもつながる。通常は両親や第三者，そして生徒の注意や関心がそこに向けられる。学校の成績評価と順位はさらなる承認の形式の基準を設定する。最優秀の，あるいはよい生徒は，悪い生徒よりも高い承認を経験する。このような学校での**成功または失敗**の承認は，人柄の全体，生徒間の上下関係における現在の位置，将来到達しうる社会的地位の可能性と限界に関係する。このレベルでの承認のコンフリクトは，自己像と外部評価の差異から生じる。成功に向けた労苦や努力がすべての人から期待されるにもかかわらず，競争のなかでは全員が成功できるわけではない以上，ほとんどの生徒がこのコンフリクトを経験する。学校や社会で一般に求められている成功への要求を満たそうとする自己像と，相対的な失敗という公式評価の間のコンフリクトは，承認への努力，すなわち学校で失敗した時に成功への自己要求が生じるという意味での努力を生じさせる。学校での承認のコンフリクトは，たとえば，仲間集団のなかで有効な，あるいは個別に選択される，成功の別の基準や新し

い基準による，補償的な解決策を模索するという結果にいたる。

　競争の倍増は，成績を測定し比較する学校での教授と学習の文化から生じるように思われる。より高い得点の形で表される学校での成功を目指す競争と並んで，仲間の間での尊敬をめぐる生徒の競争が生じる。それは，生徒の自己意識や行動にとって同様に大きな結果をともなう。その限りで,学校の「裏舞台」(Zinnecker 2001: 249) は，「表舞台」すなわち公式秩序と対照をなす独自の規則集をもつ。承認の問題は，授業内容の実質的な理解から切り離されて，得点の形で表される学校での成功という基準に結びつくこともあるが，のみならず，学習という学校の課題やよい成績を収めることへの期待からも，ひいては学校での成功ないしは失敗からも切り離され，学校生活や他の生活領域を支配する，固有の承認の模索，新しい基準を与え新しい活動領域を切り開くような承認の模索に向かうこともありうる（vgl. Nüberlin 2002）。

　ヤニカの伝記は，あきらかに他の何よりも成功を志向する一例である。それは，基幹学校における学業志向にも，実科学校における学業拒否にも，見て取ることができる。ヤニカは，一番ではないにしても上位の生徒の一人であると確信し，教師からの理解や評価に反して，自分がこの要求を保ち続けていることを確信している。この要求は，最初はとりわけ教育面での向上心（ビルドゥングスアスピラツィオン）として表れ，しかし次にやってきたコンフリクトのダイナミクスのなかでは，学校や社会のすべての規則や法律に反して，この承認を他の何よりも優るものとして強引に得ようとする，という結果にいたる。成功し他人よりも秀でた生徒，つまり際立った人物として彼女を承認することが制度的に拒否されたため，落胆したヤニカは学校と反対の方向へ向かう。なぜなら，彼女の自己像に従えば，彼女がそのように承認されるとすれば，それは彼女ではなく他人がいだく像がまちがっているからであり，教師の行動様式や判断，学校の要求や規則が彼女に対して不適だからである。実際の結果として，彼女はますます学校の規則や要求を無視し，そのことで（周囲の生徒に対しても）彼女の優越さを示し，それだけでなく，同級生や他人に対する身体的暴力によって承認を強いる。学校という制度によって拒否された承認の代わりになるのが，仲間からの承認であると考えられている。しかしこの承認は，規則違反を前にしても，ほとんどの生徒が学校規則を疑問視せず尊重するならば，矛盾をはらむものとなる。

④学校はその課題を遂行するために，学校の方針に沿った行動，毎日の登校，共同作業の積極的な遂行，課された課題への取り組み，社会性などを生徒に期待する。教育的な影響を与えようとする日々の試みのほかに，近年では再び，生徒の行動が通知表上段のいわゆる「態度についての所見」欄に評価され記録される。悪い行いは受け入れられず，多くの規定に従って処罰される。よい行いや相応の努力は**道徳性**の承認の基準であり，これが承認の第4のヴァリエーションである。この次元での承認のコンフリクトもまた，学校側の要求や評価と，生徒側の行動や自己理解との差異から生じる。学校の秩序や規則を寛容な態度で，最終的には無条件に遵守し，学校側からのあらゆる種類の要求を受容することがすべての生徒に期待されるならば，コンフリクトは必ず生じる。

　上の例のなかでヤニカは，もはや授業を理解せず，授業を妨害し，宿題もせず，授業をさぼり，逸脱行動をやめなかったと話している。そのことで彼女はあきらかに教師全員を敵に回し，その結果落第や最後は退学にいたるまで，学校からの処罰をすべて経験した。ヤニカの表現によれば，「先生全員が私を嫌っていた」。彼女はますます，規則に従った行動を取っていれば得られたかもしれない承認を断念する。その種の承認は彼女がいだく優位性と自律という要求と折り合わないのである。彼女は，制度的に通用している道徳的行為や道徳的心情の基準に従う必要があり，またそのことは学校側からの「悪い生徒」というランク付けを受け入れることにもなるのだが，その基準に反して，彼女は自分の名誉という個人的な基準を設定するのである。

5 ── おわりに──補償のジレンマ

　承認のコンフリクトは，ここで区別した学校の諸次元においてのみ表れるのではない。それは，多様な学校の要求や，多層的でそれ自体けっして安定的でない学校や社会の規範システムの存在を指し示す。このシステムが関係者によってそのつどさまざまに解釈され，生徒，教師，両親，仲間集団，公共メディアなどのいだく規範的な確信が互いに一致していないこと，このことが教育科学的な解釈にとっても，教育的意図のもとでの事例分析にとっても，状況を不

第7章 制度の目的・承認のコンフリクト・人間形成

透明で困難なものにする（vgl. Helsper 2008b）。事例分析，ならびに詳述してきた考察の中心的な結果として確認できるのは，承認という観点から補償が——たとえば，若者文化の「対抗世界」（vgl. Pfaff 2008）のなかに——求められるということである。もっとも，さまざまな制度や生活世界からの要求や評価，それに基づく承認のヴァリエーションは相殺されえないという点に，そのような補償の試みの解決不可能な問題がある。その限りにおいて，教育の観点から軽率に承認を要求することはジレンマにつながり，問題を解決するよりもむしろ拡大するのである。

■注
★1　完全なインタビューはWigger/Equit 2010: 105-120に掲載されている。本稿では，インタビューの引用箇所を逐一示していない。
★2　F. ズターリュティー（Sutterlüty 2002）は，家族から受けた軽蔑や暴力の経験に若者の暴力行為の本質的原因を求めている。しかしヤニカの事例分析は，学校での成績不振が暴力の拡大と密接に関係していることを示しており，ズターリュティーのアプローチは狭く一面的であるとみなされる（そのアプローチへの批判については，vgl. Equit 2011）。
★3　Ｉ：OK。では10年後はどうなっていると思う？
　　Ｊ：（……）外を歩くデブ。
★4　インタビューは，インタビューが行われる部屋の空間的な配置にヤニカが要求を出すところから始まる：
　　Ｉ：OK。それはそこに置きましょう。いいわね。では。
　　Ｊ：机をもっとこっちに寄せていい？
　　Ｉ：えー，私は結構。そうしたい？
　　（ヤニカが座る椅子のほうへ机が引き寄せられる音）
　　　　このほうがいい？
　　Ｊ：うん。
　　Ｉ：OK。……
★5　ヤニカは人生のモットーに関する質問に答えることができない。彼女はそれを，受け入れることのできない劣等性として解釈する。そのため彼女は役割を逆転させ，逆に質問をする。
　　Ｉ：OK。人生のモットーはある？　人生にモットーがあるとしたらそれは何？
　　Ｊ：（10秒間の沈黙）全然わからない。
　　Ｉ：何も思い浮かばない？
　　Ｊ：うーん。（否定しながら）
　　Ｉ：OK。
　　Ｊ：**あんたのモットーは何？**

Ｉ：私の？ええっと，私も考えたことなかったわ，いい質問ね。何て名づけようか
　　　　しら？
　　　Ｊ：あんた，**素直な人じゃない？**……
★6　ヤニカが自らを「勝者」として承認してほしいと望んでおり，名誉をめぐる闘争を展開している点は，このインタビューにとって特筆すべき点である。この要求や闘争のなかには優越か従属のいずれかしかない。しかしながら，ヘーゲルにおいても，また経験的にも，承認を得ようとする努力や承認をめぐる「闘争」のすべてがこのような特殊な内容を含むわけではない。しかし私見によれば，承認をめぐる現在の議論のなかでこの両者は非常にしばしば混同されており，また「承認」「尊重」「尊敬」「名誉」といった概念も十分に整理されていない。
★7　法規を例示するにあたっては，ノルトライン・ヴェストファーレン州の教育法を引用した（Jülich 2005; Avenarius/Heckel 2000も参照）。

第8章

質的な伝記研究，承認論，人間形成論

野平慎二

■── はじめに

　本章「制度の目的，承認のコンフリクト，人間形成」において，ヴィガー氏は，現代ドイツ教育学における承認論の受容，およびそれに依拠した伝記研究の不十分さを指摘したうえで，制度のコンテクスト（ないしは個人と制度との間のコンフリクト）を視野に入れた伝記研究の一つのあり方の提示を試みている。ここではその試みをふまえながら，人間形成論的な質的伝記研究の意義について考えたい。

　本章の論旨は一見したところ明快である。まず，従来の教育学における伝記研究ではもっぱら個人の人間形成過程に焦点があてられ，その再構成が試みられてきた一方で，それを取り巻く制度的，社会的なコンテクストへの目配りは不十分であったことが指摘される。当然ながら，人間形成は制度的，社会的なコンテクストからも大きな影響を受ける以上，それも視野に収めたアプローチが追究されなければならない。個人と制度や社会との相互作用を解明する視点として，近年，承認論に注目が集まっている。ただし，教育学における（とりわけA. ホネットの）承認論の受容については留保が必要であるとされる。哲学的，社会学的な承認論は，主体の変容という教育学に固有の課題の解明にとって十分ではない。ヴィガー氏は，制度や社会との関係を視野に収めながら主体の形成過程を論じたものとしてヘーゲルの承認論を捉えるL. ジープの立場を参照しつつ，制度的コンテクストをふまえた伝記研究の範型を提示しようとする。

　具体例として取り上げられるのは，ヤニカ（仮名）という女子生徒の事例で

125

ある。ヤニカは，元々家庭での人間関係に問題を抱えており，小学校の頃から暴力的な態度がみられた。それでも基幹学校の時代にはまだ学業に前向きに取り組んでいた。通訳になる夢を実現すべく7年生のときに実科学校に編入するが，実科学校での課題は難しすぎ，教師との関係もうまくいかなかったため，暴力行為がエスカレートすることになる。そして8学年の留年，退学処分，さらには少年拘禁に科せられ，保護施設に送られたのであった。ヤニカへのインタビューからは，「実科学校から課せられた課題の克服の失敗が決定的な危機であった」（本書113頁）ことが示される。また同時に，「自分で物事を決めて押し通す人物，という自己像に固執する」（本書115頁）ヤニカの姿が浮かび上がるという。ヤニカのライフヒストリーに大きな影響を与えた制度的コンテクストである学校には，教育機能と選別機能という相矛盾する機能が存在している。このような制度の特徴がヤニカとの間にコンフリクトを引き起こし，暴力をエスカレートさせたと解釈される。最後に，承認をめぐるコンフリクトはさまざまな制度との間で生じうること，コンフリクトのなかでアイデンティティのバランスを保ち自律を確立するためにはなんらかの補償が必要とされること，ただしコンフリクトの状況は不透明かつ複雑であるため安易に補償や承認を求めることは必ずしも人間形成的にみて適切ではないこと，が指摘される。

　学校という制度は，その構成員一人ひとりの思いとは別に，個々の生徒を機械的，匿名的に処理し選抜するシステムとしての機能をもつ。そのため，生徒の思いと制度との間にコンフリクトが生じ，それがきっかけで生徒の暴力が引き起こされることは珍しいことではない。表向きは，ヤニカの事例もまたよくあるケースの一つであると言うこともできる。では，人間形成研究において制度のコンテクストを視野に入れることの意義（レリヴァンス）とはどのようなものだろうか。

1 ── 承認論と人間形成・社会形成

　本論においてヴィガー氏は，伝記研究の一つの立脚点を承認論に求めている。もっとも，人間形成論においては主体と世界との相互作用における主体の変容の解明が課題となるのに対して，承認論において主題とされるのは主体と

主体の間での期待の相互充足である (cf. Equit 2012: 211ff.)。他者からの承認は，相互作用のなかで進行する人間形成の重要な要素であると考えられるが，他者からの承認がそのまま主体の変容をもたらすわけではない。では，承認のメカニズムと人間形成はどのように結びつくのだろうか。

　イエナ体系構想におけるヘーゲルの承認論はこの問いに対する一つの回答である。ヘーゲルの承認論は，主体間の承認関係をもとに社会形成の機制を描き出すと同時に，主体形成の過程を描き出すものとして構想されている点で，人間形成論的にも注目すべきものである。それによれば，一方で自己意識は，他者（自己ならざるもの）の否定により自律性を獲得する。他方で自己意識は，他者のなかで初めて自己を客観的に把握することができる。この相矛盾する事態は，ヘーゲルによれば次のように統合されうる。すなわち他者の否定とは，他者とかかわりをもたないことではなく，他者を否定するという形で他者とかかわりをもつことであり，自己の側からの他者の否定と同型の作用を他者のなかに見いだすことでもある。そこには，自己否定の発見と他者の発見が同時に含まれている。自己の存立には他者との相互行為が必要であり，それはホッブズ的な自己保存のための闘争というよりも，他者の否定を契機とする相互承認の運動という性格を帯びる。他者の否定を介した自己否定の発見，ないしは自己の客観的な把握こそ人間形成の過程とみなされる。さらに，相互承認の運動を第三者である一般化された他者へと拡張することで社会形成への移行も説明できる，というわけである。

　個人と他者，そして個人と社会との相互承認の運動のなかで，個々人は社会についての意識を獲得し，社会における自らの位置を理解する。もちろん，この承認の運動は常に支障なく進行するとは限らない。個人の個別意志と社会の共通意志は必ずしも最初から一致しない。むしろ，自己の側からの期待が受け入れられないことから他者性が意識される。またそこから，互いに自らの意志の妥当性を他者に承認させようとする働きかけ，いわゆる「承認をめぐる闘争」が引き起こされる。コンフリクトと闘争は，相互承認の運動の不可欠な要素であると同時に，自己の反省的意識を生み出す条件でもある。ヘーゲルによれば，「承認へといたるべき必然的な毀損を通して，両者は，自分をお互いに否定的で絶対的な個別性として，統合として定立しあうように関係しあう」(Hegel

1975: 309 = 1999: 75）。

2 —— 人間形成過程としての主体と制度の相互作用

　このようなヘーゲルの承認論について，ジープは，「諸制度を理性的な自己理解の形成にとっての条件として把握し，かつ批判することを可能にするのであり，同時に，これら諸制度のうちに沈殿している歴史的な諸規範の批判を含むもの」（Siep 1992: 181 = 1995: 268）と評価する。ただし，制度が「理性的な」主体形成の条件といえるのかどうか，さらには制度に対する主体からの批判の可能性がどのような形で含まれているのかは，さらに問われるべき問題であろう。「承認の過程は，自己や世界に対する関係を問い直すという意味での反省的な意識構造を生み出すものの，自己や世界に対する従来の見方を根本的に問い直すという意味での構造的な人間形成過程をそれが常に準備するわけではない」（Equit 2012: 213）。また，ヘーゲルの承認論においては，自己意識の確立をそもそももたらす相互作用と，自己意識を備えた主体が意識的に他者と交わす闘争という，異なる二つの次元の区別は明確でなく（もっとも，相互作用の出発点に意識を置くヘーゲルは，この二つを区別しなくてもすむのだが），さらには個人と社会との「国民精神」における予定調和的な統合といった，意識哲学的ないしは時代的な限界がみられることも確かである。

　今日では，このような承認の運動の目的論から離れ，不断の相互作用として承認の運動を捉える見方が一般的である。たとえば N. リッケンは，J. バトラーの権力論に基づきながら，承認を人間形成のメディアとして捉える見方を示している（Ricken 2009: 83ff.）。承認の運動には，ヘーゲルが指摘するとおり，支配と服従，自己と他者の肯定と否定といった契機が相互に不可分な形で含まれる。それは，最終的に自己と他者，自己と社会の統合や完成に帰着するというよりも，調停不可能なパラドクスとして存在し続けるものである。それゆえ承認はむしろ，そのパフォーマティヴな性格において把握されることが望ましい。承認の運動は完結せず，自己ないしは他者の形成も完結しない。承認の運動は，そのなかで自己や社会のあり方が模索されるメディアとして捉えることが妥当だ，という理解である。

ヴィガー氏もまた同様の立場に立つ。個人のアイデンティティ形成は、ヘーゲルが想定していたような、共同体における個別性として実現されるわけではなく、他者や社会との相互作用のなかで実現されるものである。この相互作用は、ヴィガー氏によれば次のように説明される（図8-1参照）。

・個人aと個人b（さらには個人c，個人d個）は，対等の立場から，承認をめぐる相互行為を行う。
・個々人の上位には規範があり，個々人の自己理解と相互行為を規定する。
・個々人の相互行為を通して，規範が変容する場合もある。
・個々人の相互行為と規範の総体である制度は，個々人の相互行為，ならびに個々人と規範との相互作用のなかで，時間t1，t2，t3々の流れにそって発展していく。

ある時点で妥当している社会や制度が，主体形成の理性的な性格を担保するわけではない。反対に，ある時点での主体による社会批判，制度批判が正当であるという保証も与えられない。目的論から離れ，人間形成を不断の相互作用の側面において捉える限り，こうした「宙づり」状態は避けられない。もっとも，

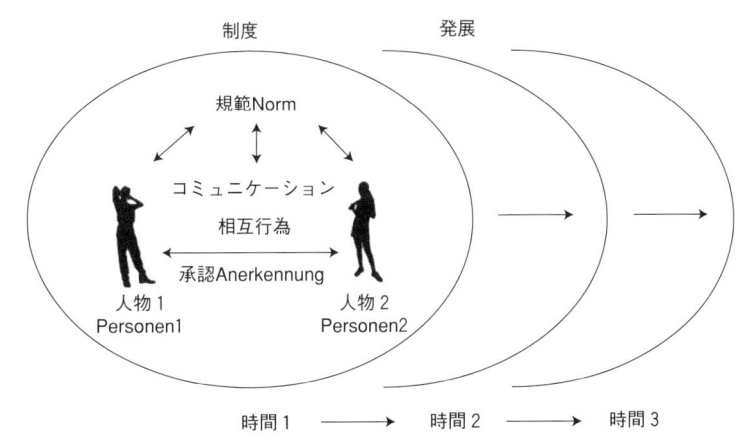

出典：教育思想史学会第21回大会におけるコロキウムでの説明より（2011年9月19日；於：日本大学）

図8-1　承認の運動と制度の発展

再びリッケンによれば，人間形成の概念は，記述的にも規範的にも確定できない「論争的な概念」(Ricken 2007: 26) として捉えられるべきものである。人間形成は，一方での世代間の文化の伝承と発展，他方での主体の能力形成と発達という二面性を備えており，そこから必然的に人間形成の多義性が生まれる。人間形成の概念については，「たとえどれほど煩わしくとも，『人間形成』を問題化する態度で臨むこと」が必要であり，「一方では常に（そして常に繰り返し新しく），『人間形成』という言葉でそのつど具体的に何が意味されているのかが精緻化されなければならないが，他方ではその概念に含まれる省察のダイナミクス——いわば対象の『内容』，構造の『方法』，そして社会的方向づけの『目的』や『目標』——が，常に繰り返し議論され……なければならない」(Ricken 2007: 26f.)，という。経験的，質的な伝記研究が資するところも，主体と主体，主体と社会や制度との相互作用の描写を通して，人間形成の概念と過程についての仮説を新たに提示し続ける点にあるといえるだろう。

3 ── 経験的，質的な人間形成研究と人間形成論

それでは，ヤニカのライフヒストリーに対する，制度のコンテクストを視野に入れた質的研究は，人間形成の概念に対して何を示唆するのだろうか。本章でも各所で触れられているが，ヤニカへのインタビューについては，H.-R. ミュラーがシンボル理論，人間形成論の観点から，Chr. ヴィーツォレクが伝記分析，青少年論の観点から，C. エークヴィトが承認論の観点から，それぞれ検討を加え，それをヴィガー氏自身が編集して刊行している。

ミュラーによれば，人間形成の過程は，「主体の透明な意識によって捉えられるものではなく，本質的には，人間の（具体的で活動的な）身体性と（抽象的で記号によって組織された）文化との間で生じるできごととして捉えられる」(Müller 2010: 19)。そのうえで，ヤニカにとって生きるうえで問題となるのは「自らが身体的にも精神的にも無傷であることを主張すること，人格に対するシンボル的な毀損から自らを守ること，社会集団や仲間関係のなかで自分の存在が自明であることを支えとすること，そして他人とのかかわりにおける個人的な行為の尊厳を守ること」(Müller 2010: 26f.) であり，暴力はそのための手

段と捉えられる。実科学校からの承認を得られなかったこと（学業についていけなかったこと，さらには悪い生徒としてのスティグマを押されてしまったこと）が，暴力をエスカレートさせた決定的な契機であった。他方，ヤニカはどんな場面でも支配者としての立場に立とうとする。ヤニカの生活空間と行動の可能性はますます狭まっていくが，常に自己を貫徹しようとする自己像を，意識的無意識的に暴力という手段によって主張し続ける。ヤニカのシンボル的世界は「内部に対しても（すなわち主体的な経験の徹底性や細分化という点でも）また外部に対しても（すなわち文化的経験の内容とその広がりのスペクトラムと多様性という点でも）きわめて閉じられており，あらゆる外面的な混乱や激動において，人間形成の運動の可能性をあらかじめ狭く限定するような硬直化の傾向を示している」（Müller 2010: 31）。

　ヴィーツォレクは，F. シュッツェの提示した「トラジェクトリー trajectory/Verlaufskurve」（cf. Schütze 2006）の概念を援用しつつ，ライフヒストリーを自己と他者，自己と社会集団との相互関係のなかで規定されるものと捉える。そのうえで，ヴィーツォレクもまたミュラーと同様，ヤニカの自己像ないしはアイデンティティ追求への固執を指摘する。「ヤニカの自己意識に従えば，彼女は自分で自分の人生をコントロールしている，すなわち自分の発達の『主人』である」（Wiezorek 2010: 50）。留年，退学，保護施設への移送などはいずれもあきらかに外部からの規定なのだが，ヤニカにとってそれらは，休止と省察の機会ではなく，そのつどの集団移動としてしか捉えられていない。また，青年期の課題である自律の追求と確立という点から見れば，「ヤニカの発言は，青年期に固有のアイデンティティ追求の表れ，（大人の）社会との統合の試みの表れとして理解でき，自らの力で『世界のなかに自分の場所を』見つけようとする努力とみなすことができる」（Wiezorek 2010: 50），という。

　ヴィーツォレクはまた，現在のヤニカにとって暴力が自己主張と自己実現の戦略であるのに対し，「少なくとも一時期，学校教育も（希望する）社会的地位に到達するための戦略とみなされていた」（Wiezorek 2010: 50）ことに注目する。もちろん，学校教育が広く一般的に認められている方略であるのに対して，暴力という手段は一般には認められていない。しかしヤニカは，人生を長期的な目で捉えることなく，当面の自分の立場や名誉，自己像に固執し，手っ

取り早い暴力という手段に訴えることでそれを守ろうとするのである。

　エークヴィットは，ヘーゲルの承認論に依拠しながらヤニカのライフヒストリーを検討する。なかでも，実科学校での学業不振の後の時期に関して，第三者としての仲間集団が暴力のエスカレートを理解するカギであることを指摘する。ヘーゲルの主人と奴隷の弁証法では，主人は奴隷からの承認に依存することで初めて主人たりうる，という逆説が指摘されている。ヤニカの場合も同様に，「勝者」ないしは「自己の意志を貫徹する人物」としての自己理解は，直接の相手（被害者）だけでなく，暴力を肯定する周囲の仲間集団からそのように承認されて初めて可能となる。「ヤニカは上下関係のなかで上位に立つ者と自己理解しているが，彼女は仲間からの承認に依存しており，トラブルの場面で自分の名声を常に新しく確証しなければならないのである」(Equit 2010: 69)。

　また，ヤニカは学校制度のもつ価値や規範に対しても独自の解釈を対置している。ヤニカは教員たちから「悪い生徒」という評価を受け，最終的には退学させられたが，彼女自身はなお「享楽的な生活を自律的に送り，学校の課す義務の妥当性を拒否する勝者」(Equit 2010: 74)として自己理解する。すなわち彼女の見方では，学校はたしかに社会的な承認や将来の成功を約束してくれるかもしれないが，そのためには学校側が示す価値や規範に従属しなければならない。学校は一方で自律的な主体を形成するための制度であるが，他方では主体が制度に従属することを要求するのである。これに対しヤニカは，そうした生徒が羨むような，何からも制約されない生活（たとえば，出かけたい時に街に繰り出し，眠りたい時に眠る生活）を自律的に送っていると理解している。このような見方は社会的，制度的な規範と相容れない自己中心的なものであるが，ヤニカはどのような環境におかれてもこうした見方を変えようとしない。「ヤニカの『勝者』としての無制限な自己主張は，重大な人生の局面（たとえば少年禁固や施設への収容など）において問題状況をエスカレートさせ，その問題に対して自己批判的に整理して取り組むことを妨げている」(Equit 2010: 77)。

　以上，三者の理論的立場はそれぞれ異なっていても，ヤニカの語りの再構成から，承認をめぐる個人と制度との関係のなかで人間形成の過程が進行する様

子が示されている。また，その関係が，ヤニカの「勝者」としての自己理解と相まって，「承認をめぐる闘争」と呼ぶにふさわしい経過をたどったと解釈されている点も共通している。「ヤニカはあきらかに暴力を，承認された立場を占めるための好都合な戦略とみなしている。この事実は……ヤニカにとって（壊れやすい）承認が自伝上の中心テーマであることを示していると読むことができる。自分自身の内面の，攻撃的な，暴力によって担われた形成と主張は，ここではまさに『承認をめぐる闘争』の表れとして示されている」（Wiezorek 2010: 51）。もっとも，その相互作用を「闘争」と理解しているのはもっぱらヤニカの側であり，ヤニカの異議申し立ては，ジープが想定しているような，制度のあり方に変更を迫る理性的かつ批判的な力を備えたものとはなっていない。また，暴力という手段へとヤニカを走らせた要因として，「勝者」としての自己理解への固執が大きかったことは容易に読み取れるが，それをたんなる個人の性格の問題として終わらせるだけでなく，そうした自己理解の形成に制度（学校に限らないが）はどのような形で関与していたのか，という視点を取ることも可能であろう。できごとは，だれの視点から，またいつの時点からふり返って筋立てて物語るのかによって，異なる相貌を示す。個人と制度との相互作用を物語り，また読み解く仕方は重層性でありうる。それは同時に人間形成の重層性を示すものであるだろう。

4 ── 質的な人間形成研究と人間形成論の相互参照 ──「おわりに」に代えて

　D. クリニンガーとミュラーによれば，ドイツ教育学において15年ほど前から続くいわゆる「経験的転換 empirische Wende」後の人間形成研究においては，その一つの典型である伝記研究を含め，当為の次元への問いは陰を潜め，もっぱら人間形成の現実を解明することに課題を限定する傾向がみられるという（Krinninger/Müller 2012: 57ff.）。どのような人間形成のあり方が望ましいのか，主体と制度の相互作用がどこに向かうべきかは第一次的な課題とされず，その相互作用において何が起きているのかを当事者の語りをもとに再構成することが，まずは目指される。とはいえ，それはたんに現状を描写するだけの役割にとどまらず，人間形成の概念の見直しを促す働きをもつものでもある。リ

ッケンが述べていたように，人間形成の概念は，人間形成研究と人間形成論の両方からその内実が構築されていく「論争的な概念」として捉えることが生産的であろう。

　第7章でヴィガー氏が試みている，制度のコンテクストを視野に入れた伝記研究もまた，主体と制度の相互作用のなかで主体の側のライフヒストリーがどのように変容したかをあきらかにするものであると同時に，制度の側のいわば問題性をも浮かび上がらせることにもなるだろう。たとえば，学校という制度に順応したライフヒストリーが必ずしも正当というわけではないこと（過剰適応の問題）や，制度の匿名性や硬直性が主体の側の将来展望を閉ざしてしまう場合もありうること，などをさらに読み取ることも可能である。制度は，機械的な匿名のシステムとしての性格だけでなく，人称性をもつコミュニケーションが可能な生活世界としての性格も備えている。仮に，実科学校の教員が多少なりともヤニカの学業志向に理解を示していたら，暴力のエスカレートは避けられたかもしれない。

　エークヴィットは，「承認関係や承認をめぐるコンフリクトが，どの程度まで，世界や自己に対するそれまでの見方への反省的な距離取りを個々人に可能にするのかは，なお理論的，経験的に解明されるべき研究上の問いである」（Equit 2012: 213）と述べている。制度のコンテクストを視野に入れた伝記研究は，人間形成の過程における主体と制度の双方のあり方に対する問い直しを提起するものといえるだろう。

第Ⅲ部

人間形成論から教育現実を読み解く

第9章

ドイツにおける教員養成改革と教育学の変容

ローター・ヴィガー／鈴木　篤（訳）

1 ── 問題の所在

　10年以上前からドイツでは教育制度や学問制度の抜本的改革が求められてきたし，実際にそのような改革が行われてきた。すでに1997年に当時の連邦大統領R.ヘルツォークは，ドイツの学校や大学を再び生産性が高く国際的に魅力あるものにすることによって，政治面でも経済面でもグローバルな競争に耐え抜くことを求める演説を行い，注目を集めた。1999年，ボローニャにおいて29の欧州諸国の文部大臣たちは[★1]，2010年までにヨーロッパの大学環境を──とりわけ，比較可能な卒業資格に関する単一の制度，大学と大学院という卒業資格に関する2段階システム，単位システム（ヨーロッパ単位互換システムEuropean Credit Transfer System）などによって──統一することで合意した。この計画の背景には，EUを「世界で最も高い競争力をもち，最もダイナミックな経済空間にする」（Europäischer Rat 2000）というヨーロッパ諸国のいわゆるリスボン戦略（Lissabon-Strategie）の目標がある。

　2000年に行われた最初のPISA調査（ならびにその後の比較調査）の結果が公表されたことで，ドイツでは教育制度改革の必要性に関する激しい議論が起きた。義務教育期間の最後にあたる15歳児の基礎的コンピテンシーについての国際比較調査からは，他のOECD諸国の生徒と比べてドイツ人生徒が中程度の位置にとどまっていることがあきらかになったのみならず，生徒の4分の1ほどが期待された最低水準に到達していないことも明確となった。生徒の成績の悪さは学校や教師の能力不足として解釈され，その結果，学校や教員養成は改革の圧力や成果の改善を求める要求にさらされることとなった。

すでに長年にわたり要求され，議論もされてきたドイツの教員養成改革は，いまや次の2点を前提とすることで実践的な方向へ変化することとなった。1点目は，いわゆるボローニャ・プロセス下での大学の改編と，PISAを通じてあきらかになった問題点を視野に入れた，教職への新しい期待の数々である（vgl. Kemnitz 2009c）。2点目は，大学での養成教育に携わる学問領域としての教育学も，この政治的・社会的な期待の数々にさらされており，さまざまなかたちで改革プロセスに巻き込まれていることである。教育学はこれらの改革のなかで変容を遂げているが，それはいまだに完了しておらず，現在は発展の傾向や危険性を視野に入れたうえでのみ評価を下しうる状況にある。教員養成の改革は教育学の変容にとってたんにひとつの視点に過ぎず，おそらくは最も重要な視点でさえない。最も重要なのは，一般的な教育政策上の期待や前提枠組み，学校・大学制度の効率化を求める要求，研究や教育改善による質保証への貢献という学問への義務づけである。

2 ── ドイツにおける教員養成の構造的特徴

ドイツの教員養成は，以下の基本的な構造的特徴を有している（vgl. Terhart 2008a）。

①ドイツは**連邦国家**である。16の連邦州は**文化高権**を有しており，教育システムの構成や組織は各州の主要任務のひとつである。教員養成も各州の責任に属する。立法上の能力を有さない各州文部大臣会議（KMK）の決議や声明，提案には根本的な共通点が確認でき，それらの共通点は，最小限の統一性を保障しつつ，各州の教育制度間に存在するあらゆる差異のもとでも比較可能性や評価可能性，流動性を保証するものである。

②教育職の養成教育はさまざまな段階や領域による**細分化された学校制度／体系**を視野に入れたうえで，すなわち多様な**教育職**［≒多様な校種の教員］のために，生み出されたものである。教育職やその養成教育には州独自の学校制度の構造が反映している。各州の学校制度がとりわけ異なるのは，前期中等教育（Sekundarstufe I）が構造上，2種類，3種類，あるいは4種類の学校から構成されており，さらに2分岐型あるいは3分岐型となっている点であ

第Ⅲ部　人間形成論から教育現実を読み解く

図9-1　各州における学校制度の多様性

凡例：
- 三分岐型（ギムナジウム，実科学校，基幹学校）
- 三分岐型＋総合制学校（Gesamtschul）
- 中等学校（Sekundarschule）＋ギムナジウム
- 中等学校（Sekundarschule）＋総合制学校（Gesamtschul）＋ギムナジウム

出典：著者提示資料（雑誌『Der Stern』第29号（2011年））に基づき訳者が作成

表9-1　各州文部大臣会議における教育職の分類

タイプ	名称
1	基礎学校（Grundschule）あるいは初等段階（Primarstufe）を担当する教育職
2	初等段階と前期中等教育（Sekundarstufe I）に属する各学校を担当する教育職
3	前期中等教育に属する各学校のいずれか，あるいはすべてを担当する教育職
4	後期中等教育（Sekundarstufe II）の一般教育教科，あるいはギムナジウムを担当する教育職
5	後期中等教育の職業教育教科，あるいは職業学校を担当する教育職
6	特別支援教育を担当する教育職

出典：著者作成

る。さらに，多くの州では前期中等教育に異なる名称が用いられている点も特徴であり，それゆえ，学校制度全体を概観することはけっして容易ではない（vgl.: http://www.kmk.org/fileadmin/pdf/Bildung/AllgBildung/Schema-Bildungsgaenge_und_Schularten-Stand_2012-12.pdf）。

　文化的連邦制のひとつの帰結として，「ドイツでは目下のところさまざまな教育職に対してそれぞれ異なった合計43の公的呼称が存在している」（Terhart 2008b : 746）。

　（就学前の）初等段階における教育者の養成教育が［一般的な初等・中等教育の］教員養成に属していないことは，ドイツの特殊性のひとつである。

　③アビトゥーアを入学の前提条件とする教員養成は，**2段階**に分かれ

第9章　ドイツにおける教員養成改革と教育学の変容

```
[基礎学校, 基幹学校の教員の場合]
第二次国家試験
試補勤務       2年間
第一次国家試験
教科A | 教科B | (教科C) | 教育学   6セメスター

[ギムナジウム, 職業学校の教員の場合]
第二次国家試験
試補勤務       2年間
第一次国家試験
教科A | 教科B | 教育学   8～9セメスター
```

出典：著者作成

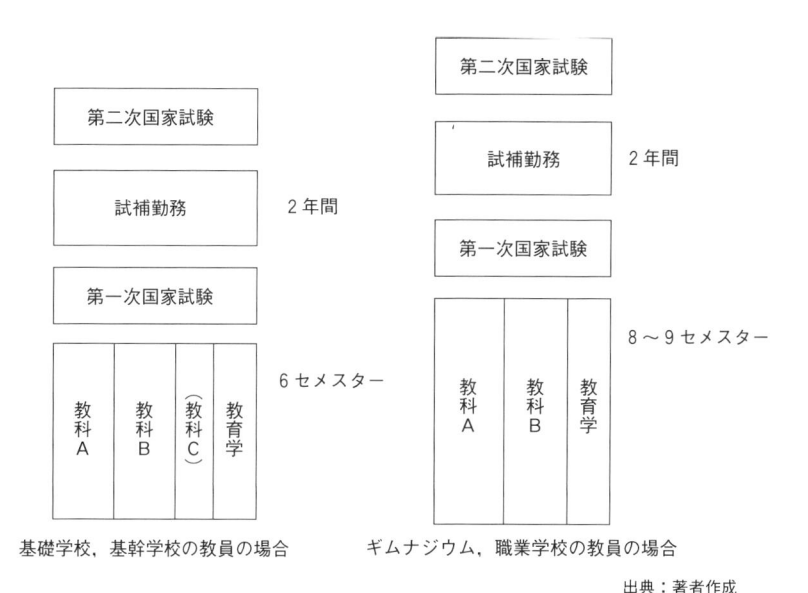

図9-2　基本的教員養成の構造（ノルトライン・ヴェストファーレン州　2003年）

ている。第一の養成段階は大学で行われ（バーデン・ヴュルテンベルク州では教育大学（ペダゴーギッシェホッホシューレ）でも行われるが，教育大学も学問大学としての地位を有している），第二段階は学修ゼミナール（シュトゥディーエンゼミナール）［＝試補勤務中に受講するゼミナール］や養成教育学校（アウスビルドゥングスシューレ）において行われる。第一段階で教員志望者が学ぶのは二つないし三つの授業科目，すなわち専門的学問とそれに対応する教科教育法の組み合わせである。さらに，大学での学修は教育学に関する部分と学校実践に関する部分を含んでいる。通常は四つの要素すべてを最初のセメスターから学び始める（これを，**基本的教員養成**と呼ぶ）。

養成の第二段階は職業実践に関するものである。この「試補勤務」の間に，教員試補はゼミナール指導者や教科専門の指導者（学修ゼミナールの養成教育担当者），養成教育教員（メンター）を通じて，授業実践やその他の教職活動への入門を果たす。教員試補はみずからの責任のもとに授業も行い，この授業は観察され，検討と評価を受けることとなる。

④養成教育の各段階はそれぞれ**第一次国家試験**および**第二次国家試験**を通過することで終了し，第二次国家試験によってはじめて教員養成は完了する。こ

れらは双方とも国家試験であり、純粋にアカデミックな試験ではないという点では、学問的側面に関する第一次国家試験も第二次国家試験と同様である。試験の形式や内容を決定するのは［各州の］文部大臣である。州の側は学校への配属・配置を決定するだけではなく、養成教育の全体を監督し、その州の基準に従って組織する。

3 ── ドイツにおける教員養成改革

教員養成は数年前から抜本的な変革にさらされている。伝統的なディプロム課程とマギスター課程がいわゆるボローニャ・プロセスの枠組みにおいて連続的な学修モデルに改編されることと関連して、教職課程もまた一連のパイロット事業というかたちで多くの州で新たに再編されている（vgl. Horn/Wigger/Züchner 2008; Kemnitz 2009b; Wigger/Ruberg 2012）。PISAの結果に対する不満は、教員養成改革に対して今後も必要な社会的関心をもたらし続けるであろうし、学校や大学の効率性向上を求める政治的意志が打ち砕かれることはない。この構造改革──それは間接的な原因であるが──には、1999年のボローニャ決議に先立つ数年間に議論された改革構想と改善提案もまた含まれている。それは、たとえば、次のような内容である。

・教員養成の第一段階における職業志向の強化
・大学の各種学問領域間や養成教育を行う機関（大学、ゼミナール、学校）の間での教育内容に関するさらなる調整
・大学内での、教員養成の重要性の向上
・教員養成の構成要素としての経験的研究［の強化］（vgl. Terhart 2000; Terhart 2007）

教員養成改革の問題のひとつが、これまでの教員養成の諸要素（各種の教育職の学修期間がさまざまな長さになっていること、三度の国家試験、学問的養成教育と職業実践的養成教育の2段階制、2教科ないし3教科の原則）は「学士および修士の各段階とたやすく両立しうるものではない」（Terhart 2008a:

768f.）ということにある。さらなる問題は，ボローニャ・プロセス下の大学改革は大学本来の目的をとらえそこなっているように思える点である。すなわち，学修期間の短縮や退学率の低下，学生の［国家間］移動の促進，そして学士課程が職業資格と結びつくことにより職業への移行が容易になることなどの点が問題となる（vgl. Brandt 2011）。改革の初期に生じた否定的な経験や失望は，社会的にはげしい批判の声が一部見られたにせよ，［改革方針の］転換や断念に結び付くことはなく，修正や再検討にとどまることとなった（vgl. KMK 2011）。

(1) 基本的教員養成と段階的教員養成との二元性

新しい課程構造がもたらされたことにより教員養成は，その当事者や関係者

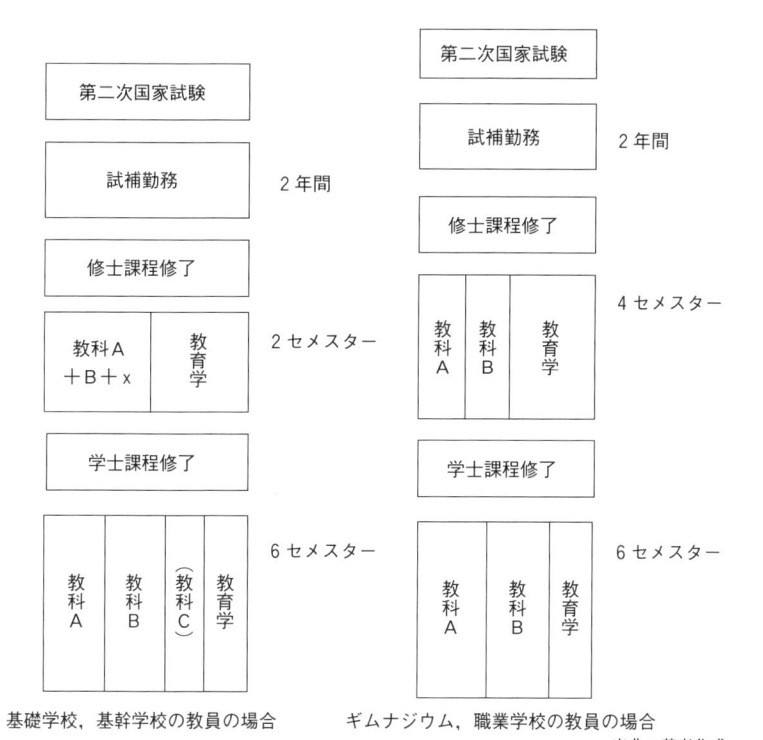

図9-3　連続的な教員養成の構造（ドルトムント工科大学のパイロット事業　2005年）

出典：著者作成

にとってだけでなく外部観察者にとっても，さらに複雑なものとなった。この状況は看過しうるものではない。というのも，それぞれの州は独自の解決策を模索しており，それらは時とともに社会的な議論に付されるようになっているからである。ドイツにおける教員養成は，ますます多種多様なものとなっている。一般的な課程構造を概観すると，**6種類のヴァリエーション**に区別することができる。都市州ベルリン，ブランデンブルク州，都市州ブレーメン，都市州ハンブルク，ニーダーザクセン州，ノルトライン・ヴェストファーレン州，シュレースヴィヒ・ホルシュタイン州では連続的な構造［＝学士・修士型］に切り替えている。

　3年間の大学での学修により学士号を取得することが，修士課程へ進む前提となり，修士課程では（2～4セメスターの後に）「教育学修士」の資格を取得して修了する。この大学卒業資格は第一次国家試験と等価値のものとみなされ，試補勤務を始めることができる。

タイプ1	タイプ2	タイプ3
ベルリン，ブランデンブルク州，ブレーメン，ハンブルク，ニーダーザクセン州，ノルトライン・ヴェストファーレン州，シュレースヴィヒ・ホルシュタイン州 →学士課程・修士課程修了に基づく連続的構造	ラインラント・プファルツ州 →国家試験による修了に基づく連続的構造	ザクセン州 →連続的構造ではあるが，2012年に国家試験型課程に戻される予定
タイプ4	タイプ5	タイプ6
テューリンゲン州 →段階的教員養成と基本的教員養成の併存	メクレンブルク・フォアポメルン州，ザールラント州 →基本的教員養成	バーデン・ヴュルテンベルク州，バイエルン州，ザクセン・アンハルト州 →基本的教員養成であるが，いくつかの教育職に関しては連続的構造を採用

出典：著者作成

図9-4　教員養成改革のバリエーション（2011年時点）

ラインラント・プファルツ州では，同様に段階的教員養成型の課程構造が導入されているが，上掲の7つの州とは異なり，国家試験に在学中の試験を組み入れることで，国家試験を第一段階の修了時期として残している。

ザクセン州も学士・修士課程の改編を行ったが，2011年12年ないし2012年13年の冬学期に国家試験課程へ戻すことを計画している。

テューリンゲン州では，同州の大学において基本的教員養成と段階的教員養成とが同程度の比重で行われている。

それに対してメクレンブルク・フォアポメルン州およびザールラント州は基本的教員養成にこだわっている。

バーデン・ヴュルテンベルク州，ヘッセン州，ザクセン・アンハルト州では従来の基本的教員養成とならんで学士・修士課程を職業教育学校にのみ限定して設けており，バイエルン州においてもそれは同様である。もっとも，バイエルン州ではその他の教育職に関して連続的な学修課程［＝学士・修士課程］をパイロット事業として設けている。これらの州では教員志望者は，国家試験によって第一の課程を修了することになる。

すなわち，それぞれの州の間には非常に多様な見解や変革があるため，整合的な共通見解や共通の戦略などを認めることはできない（vgl. Tenorth 2007: 34; Terhart 2008b: 104）。同時に，基本的教員養成と段階的教員養成という考え方が併存しており，学士・修士型構造へ向かう傾向も明確かつ歴然としたかたちでは見いだされない。2005年6月2日にクウェドリンブルクで行われた決議「学士・修士修了資格の相互承認のための頂点（Eckpunkte für die gegenseitige Anerkennung von Bachelor- und Masterabschlüssen）」により，各州文部大臣会議は教員となるためのさまざまなコースの承認に関する基準や様式の最低基準を確定し，同時に基本的教員養成と段階的教員養成の併存という状況を承認した。

国家試験課程からアカデミックな学士・修士課程への変化によってあきらかになった国家の［関与の］後退とそのことで約束された大学の大きな自律性は，その限りにおいてむしろ国家的影響力の形態が変化したことを意味するものである。第一次国家試験は試補勤務に進むための前提条件であり，大学での学修のテーマ領域や試験の様式は事前に定められており，学修課程はこの基準によ

って認証評価を受けていなくてはならない。

(2) 大学での統合的な学修の保持

各州の文部大臣たちは，クウェドリンブルクでとりわけ以下の点を確認した（vgl. KMK 2005）。

- 最低 2 教科の専門学科と「人間形成科学〔ビルドゥングスヴィッセンシャフテン〕」とから成る統合的な学習を学士・修士課程に含めること
- すでに学士課程のうちに学校での実習を行うこと
- 教育職の種類にあわせて大学での学修と卒業資格とを細分化すること

その際，パイロット事業として実践された連続的な養成教育に関する数々の改革案は不十分なものにとどまり，それゆえ教科に関する養成教育の大部分を学士課程において行うとする一方，教育学は修士課程において集中的に学ぶこととされた（たとえばドルトムント工科大学におけるパイロット事業の場合のように）。

教育実習を含んだ専門諸科学〔＝各教科〕と「教育科学」の統合的な学習に関する規定により，基本的合意として存在したはずの多元的な養成教育を目指す改革の意図は放棄されることとなった。各州文部大臣会議はその決議によって，基本的教員養成の統合的要素を，改革担当者による多元性に関する約束よりも重んじることとなった。この多元性がパイロット事業において十分に実践されたかどうか，多元性が本当に以前の（教員養成に関する）学修課程では不可能であったのかどうか，改革を約束するこの多元性が十分に考慮されたものであったのか，そして最初から幻想にとどまるものではなかったのか，たとえそれらのことを度外視したとしても，教員養成の学修課程という枠組みにおいてこの学士課程がいかなる職業に向けて資格付与を行いうるのかという点はいまだ不明である。「典型的な方法としては，教職と深く関連する専門化や特定の学校類型と深く関係する専門化がすでに学士課程において予想されており，〔学生を〕教職へと早期に拘束することになる」（Bellenberg 2009: 20）。教育職内での課程変更は，多様なカリキュラムおよびモジュールの固定化ゆえに，

第9章　ドイツにおける教員養成改革と教育学の変容

他の課程への変更や——州ごとに基準が異なるための——学修場所の変更と同程度に，摩擦を引き起こし，追加の学修を必要とすることになる。

(3) 大学における学修期間の短縮という問題

ドイツにおけるかつての教員養成の問題点として常にみなされてきたのが，

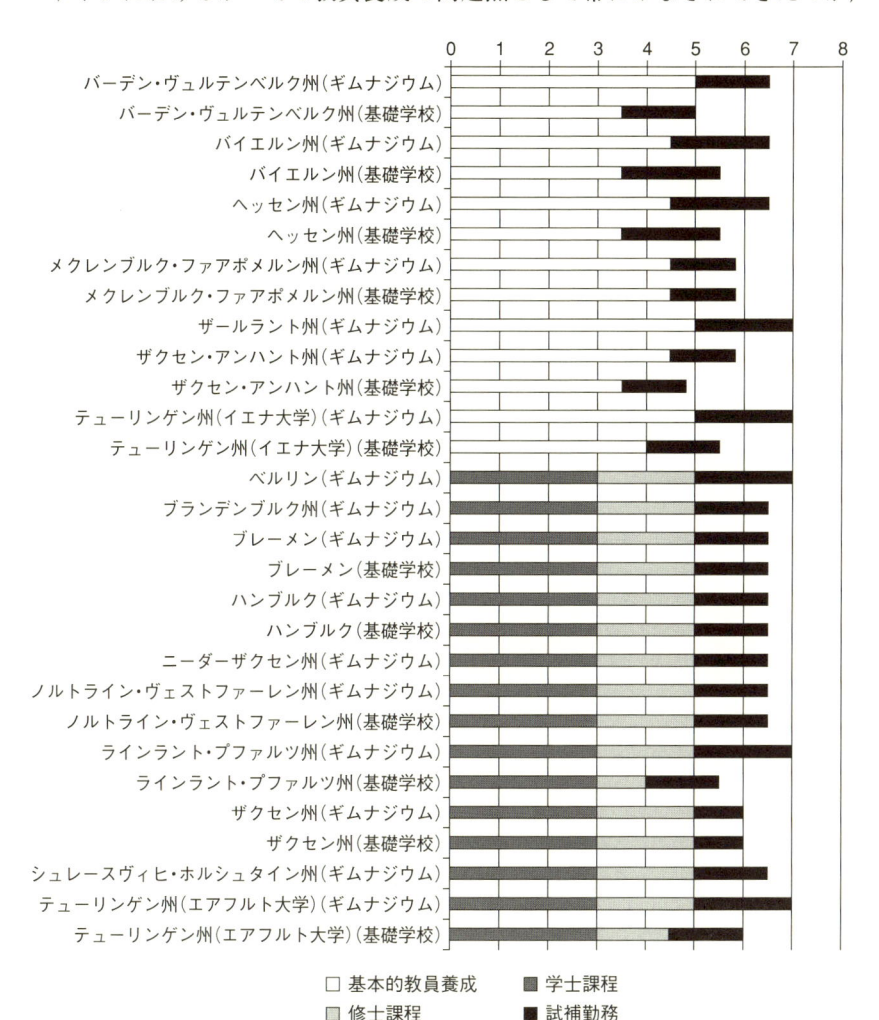

図9-5　各州における教員養成の期間（年）

出典：Wigger/Ruberg (2012)

第Ⅲ部　人間形成論から教育現実を読み解く

国際的に比較して［大学での学修が］長期にわたる点であり、職業に就くのが比較的年齢を重ねてからになる点であった（vgl. Terhart 2008b）。各州文部大臣会議は各課程を承認するにあたり、まず学士課程の卒業資格と修士課程の卒業資格との区別を行うことは定めたものの、期間については定めていない。これが現在、教職課程に1年制の修士課程と2年制の修士課程が存在している理由である。そして、基本的教員養成（教職課程）のみならず、連続的教員養成（教職課程）においても、養成教育の合計期間が州ごとにさまざまなかたちで規定されている。

このことから、第一段階と第二段階の養成教育期間をあわせて考えるならば、基礎学校（Grundschule）教員の養成教育には5年弱（ザクセン・アンハルト州）

```
        ┌─────────────┐                    ┌─────────────┐
        │第二次国家試験│                    │第二次国家試験│
        └─────────────┘                    └─────────────┘
        ┌─────────────┐                    ┌─────────────┐
        │  試補勤務   │  1年半              │  試補勤務   │  1年半
        └─────────────┘                    └─────────────┘
        ┌─────────────┐                    ┌─────────────┐
        │ 修士課程修了 │                    │ 修士課程修了 │
        └─────────────┘                    └─────────────┘
        │教│教│教 │   4セメスター        │教│教│教 │   4セメスター
        │科│科│育 │                      │科│科│育 │
        │A│B│学 │                       │A│B│学 │
        ┌─────────────┐                    ┌─────────────┐
        │ 学士課程修了 │                    │ 学士課程修了 │
        └─────────────┘                    └─────────────┘
        │教│教│(教)│教│ 6セメスター      │教│教│教 │   6セメスター
        │科│科│科 │育│                   │科│科│育 │
        │A│B│C │学│                    │A│B│学 │
```

基礎学校、基幹学校の教員の場合　　　　ギナジウム、職業学校の教員の場合

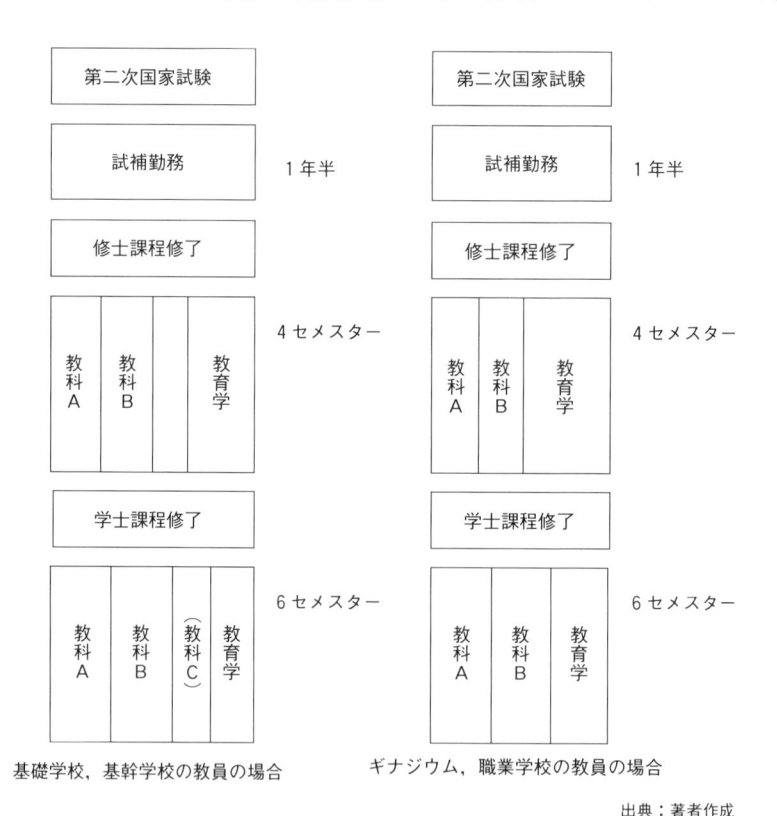

出典：著者作成

図9-6　連続的な教員養成の構造（ノルトライン・ヴェストファーレン州　2011年）

から6年半（ノルトライン・ヴェストファーレン州）までの幅があり，ギムナジウム教員の養成教育には6年弱（メクレンブルク・フォアポメルン州）から7年（ザールラント州）までの幅がある。

　このことと関連して注目すべきことに，ノルトライン・ヴェストファーレン州とラインラント・プファルツ州の規定はすべての教職課程に対し3年間の学士課程と2年間の修士課程という同期間の学修を予定しており（例外としてラインラント・プファルツ州では支援学校（Förderschule）教員は3セメスターの修士課程となっている），基礎学校の場合も同様である。

　このことは，古くからの要請や「重点は多様でも，求められる専門性の度合いはすべての教職において同様である」（Bellenberg 2009: 21f.; vgl. Terhart 2008b: 100f.; Oelkers 2007: 4）という学問的見解と合致する。現在のところ，養成教育期間の統一が給与規定に関しても影響するかどうかは不明である。しかしながら，養成教育期間の延長は期間の短縮という意図と矛盾している。

　各州文部大臣会議はこれまでの通常学修期間（実習期間を除く）が延長されるべきでないことを決議している（vgl. KMK 2005）。この決議は，修士号の取得に300ECTS（ヨーロッパ単位互換システム）ポイントと5年間の学修を義務付ける（vgl. KMK 2003）という，認証評価のための各州文部大臣会議の構造規定に矛盾する。というのは，1年制の修士課程はこの条件を満たしておらず，基礎学校・基幹学校（Hauptschule）・実科学校（Realschule）の教員養成はほとんどの州においてそれほどの長さを予定していないのに対し（Jorzik 2007: 67f.における批判を参照），この通常学修期間の延長はギムナジウム・職業学校・特別学校の教員養成に関するものだからである。各州文部大臣会議が2007年2月28日に婉曲的な表現のタイトル「クウェドリンブルク決議の運用における問題の解決（Lösung von Anwendungsproblemen beim Quedlinburger Beschluss）」で行った決議は，このような背景のもとに理解されなくてはならない。すなわち，この決議により各州は，大学において240ECTSポイントを獲得した者に修士課程修了資格を与えて試補勤務に進めさせ，合計300ECTSポイントを獲得させることができるようになる。この見るからに安易な解決は，連続的な養成課程への転換という本来の考え，すなわち，一部の学生が3年制の職業教育課程において学士課程修了資格を得たあと，さらに修士課程で学び，

より高次の学問的修了資格を獲得することを期待するという，本来の考えと緊張関係にある。しかし，これまでは大学卒業後に大学の責任外で行われてきた実践志向の養成教育という部分を計算に入れると，修士課程に関する形式的条件は満たされる。

　どうやら教員養成やその改革にとって，それ以外の観点——たとえば，教員養成の第一段階と第二段階のよりよい結びつき（vgl. KMK 2008; Bellenberg 2009: 26）など——は，ボローニャ・プロセスと関連する視点の範囲を大幅に超えているようである。それゆえ，修士課程への進学基準の問題も解決されず，この問題に対しては各大学が——2段階制の選抜機能という改革意図に反して——すべての学士課程修了者に進学を約束するなど，現在のところプラグマティックな対応を行っている。しかしながら，学生による授業科目に対する需要の拡大，教員にとっての試験を行う負担の増大，事務組織の側での管理経費の増大など，これらの問題とモジュール化された学修課程が結びつく限りにおいて，収容力の問題がより先鋭化することとなった。このことはとりわけ，数十年前より教員養成の「針穴」であり続けている教育学に当てはまる。というのも，この学問には，一方では教職志望学生の適切な教育・支援のための必要な資源が与えられておらず，他方では現在の収容力にあわせて学生を受け入れたり退けたりする権限が与えられていないためである。

(4) 教職課程における実践との結びつきの強化

　大学での学修と試補勤務とを職業志向的に結びつけることを目指して，すべての州では第一段階の教員養成という枠組みのなかでさまざまな実習段階が設けられている。実習を行う時期，場所，方法，期間は，連邦制という原則ゆえ，多様な学修モデルに基づき，部分的にはそれぞれ非常に異なっており，繰り返し批判を受けてきた教員養成の非統一性は実習段階（Praxisphase）にも反映している。たとえば前期中等段階（Sekundarstufe I）に属する校種の教職課程について，一方では都市州ベルリンおよびザクセン州において8週間の教育実習が大学での学修期間中に予定されているのに対し，他方ではテューリンゲン州において34週間（さらにセメスター中の教科教育法に関する実習も），ノルトライン・ヴェストファーレン州では36週間が予定されている。

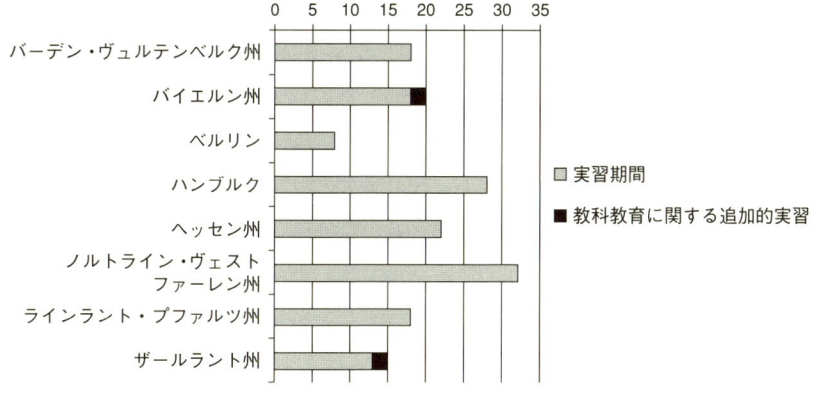

第9章　ドイツにおける教員養成改革と教育学の変容

```
                              0  5  10 15 20 25 30 35
バーデン・ヴュルテンベルク州 ├──────────────┤
          バイエルン州        ├──────────────■┤
             ベルリン          ├──────┤
           ハンブルク          ├────────────────────────┤
           ヘッセン州          ├──────────────────┤
ノルトライン・ヴェスト
      ファーレン州             ├──────────────────────────────┤
  ラインラント・プファルツ州   ├──────────────────┤
        ザールラント州          ├──────────────■┤
```

□ 実習期間
■ 教科教育に関する追加的実習

出典：Wigger/Ruberg (2012)

図9-7　中等教育教員の実習期間（週）

　改革において意図された点のひとつは，教員養成の第一段階と第二段階の結びつきを改善することである（vgl. KMK 2008; Bellenberg 2009: 26）。このように組み合わされることで，大学とゼミナールがあるべき協力関係に向かうことが求められた。このような背景のもと，さまざまな州が試補勤務の期間を短縮し，修士課程における実習の割合を高めた。その際，養成教育の期間全体を短縮することも試みられた。しかしながら，この改革は議論の余地をはらむものであった。というのも，試補勤務とは異なり，教職実習中の学生は無償で授業を行うからである。さらに，これまでは試補勤務に進むための前提が大学での学修を終えることであったのが，いまや実習段階が第一の養成教育段階へと組み入れられ，そのことにより，より早い基礎学習の時期に移されることとなった。学生にとっての問題は，広い［地理的］範囲で実習を行う際の学校と大学の間の距離である（vgl. GEW 2009）。

　ブランデンブルク州，ノルトライン・ヴェストファーレン州（2011/12 年冬学期より），テューリンゲン州，バーデン・ヴュルテンベルク州では，**実習セメスター（Praxissemester）**が導入されている。その際，実習形態の組織は個々の州において異なり，ある場所では実習セメスターが大学の関与しない学修ゼミナールとして設けられていたり（たとえばバーデン・ヴュルテンベルク州におけるように），ある場所では学校と大学とが協力し，学生が週に1日，大学

で理論に関する授業科目を受け，4日は［学校で］授業を行うようにしていたり（たとえばブランデンブルク州におけるように），ある場所では学修ゼミナール（Studienseminar）を学校実習に関する教員養成センターに改称したり，大学が責任をもつ実習セメスターと結びつけたり（たとえばノルトライン・ヴェストファーレン州におけるように）している。しかし，正式な規定は現在のところ（2011年8月時点）まだ明示されていない。

さらに2009年の教員養成に関する新たな法律により，ノルトライン・ヴェストファーレン州では初めて，最初の実習部分として20日間の**適性実習（Eignungspraktikum）**が義務付けられた。これはすべての学生が，可能な限り大学で学び始める以前に，遅くともオリエンテーション実習を始める前には，終える必要のある実習である[★2]。基本的にはドイツ全州でさまざまな教職課程の学修を始める前か始める際に**オリエンテーション実習（Orientierungspraktika）**を行うことが予定されている。オリエンテーション実習の期間は，たとえばバーデン・ヴュルテンベルク州，ザールラント州，ザクセン・アンハルト州でのように2週間から，ヘッセン州やノルトライン・ヴェストファーレン州でのように4週間までに及んでいる。時期に関しても，実習は州によって異なっており，大学での学修を始める以前の段階か，セメスター中か，あるいは休み中の集中講義において終わらせておく必要がある。

学校での実習段階とならんで，いくつかの州は一般学校（allgemeinbildende Schulen）［＝職業学校以外の学校一般］の教育職に対しても学校外での実習，すなわち，いわゆる**企業実習（Betriebspraktika）**を予定している[★3]。その際，この実習では「学校外の職業世界に対する基本的認識を伝える」（Bayern LPO 2003）ことが期待されている。ノルトライン・ヴェストファーレン州においては2011年12年の冬学期以降，学生は学校外か学校内での職業領域実習を選択することができる。

(5) 教員養成センターとスクール・オブ・エデュケーションの新たな課題

教員養成における第一段階の質を保証するため，教員養成を行っている大学は，ドイツ全州で2000年のいわゆる「テーハルト委員会（Terhart-Kommission）」の勧告に従い，独立の教員養成センターを設けている。このセンターは，一部，

別の名称やより広範な名称を有しているが，そのことによって別の機能やより広範な機能が生まれているわけではない。中心的な課題領域は，規模はそれぞれ異なるものの，調整，資源の管理と統制，採用手続きに関する相談，修学規則や試験規則についての助言，カリキュラム作成の支援，教員養成の第二段階との連携，評価，継続教育のための授業科目の提供，実習の編成と監督である。目下の教員養成改革の中心的な要素は，総合大学における教員養成センターの影響力を高めることである。それゆえ，たとえばノルトライン・ヴェストファーレン州ではサービスと研究に関する面が拡充され，決定や統制に関する権限が強化された（vgl. NRW HFG 2006: §30）。センターは学部と同様の構造で組織され，一部，独自の教授ポストを備えているような場合もあるが（たとえばドルトムントの場合のように），博士号授与権は引き続き学部自体にとどめ置かれている。このモデルに従えば，教科教育法は引き続き専門諸科学およびそれぞれの学部に属することになる。

　教員養成センターと並んで数年前よりスクール・オブ・エデュケーション（School of Education）がミュンヘン工科大学，ボッフム，ビーレフェルト，ヴッパータール，エルフルトの各大学などで設立されている[★4]。これらのスクールは，「プロフェッショナル・スクール」というアメリカのモデルに従うものであり，応用領域のコンピテンシーセンターとして理解されている。しかし，その特徴および課題領域から，これらのスクールは——ミュンヘンのスクール・オブ・エデュケーションを例外として——教員養成センターの伝統的な組織から明確に区別されるものではない。それらは——教員養成センターと同様に——独自の学問的組織であって，教員養成という中心的課題を大学内でまとめあげ，研究に重点を置いて活動し，継続教育のための授業科目を提供している。これらのスクールが今後，独自の特徴を育んでいけるかどうか，従来のセンターに対して明確な違いを示すようになっていくかどうか，これらの点については注視し続ける必要があろう。

　ミュンヘン工科大学のみが，これとは別の道を進んでいる。同大学はスクール・オブ・エデュケーションの設立により，学部長を擁する独立した学部を立ち上げた。このスクール・オブ・エデュケーションは，組織としては，スタンフォード・スクール・オブ・エデュケーションを手本にして（vgl. www.edu.

tum.de），教員養成に携わるすべての資源，そして教員養成に携わる他の諸学部の人的資源を用いることができる。このスクールは，初めて学部として，ギムナジウムおよび職業学校の数学，情報学，自然科学，技術といった諸学科の教員養成全体に取り組んでいる★5。

(6) 教員養成の学修課程における教育学部分

　教員養成の学修課程は，（最低でも）2教科の専門科学とその教科教育法，教育学ないし「人間形成科学（ビルドゥングスヴィッセンシャフテン）」を含んでおり，その割合やモジュール上の規定については州や場所ごとに非常に多様である。「教育学」や「人間形成科学」といった名称は大学によって統一されないままに用いられており，通常は「人間形成科学」のなかに教育学や教育社会学，教育心理学に関する部分が包含されており，それはかつて用いられた包括概念「諸 教 育 学（エアツィーユングスヴィッセンシャフテン）」がいわゆる「副次的学習」に関係する教育学・社会科学系諸領域を包含していたのと同様である。比較を行うことは困難である。というのも，名称のみならず，求められるものもまたそれぞれ大きく異なっているためである。基礎学校教員の養成課程における（教科教育法および実習を除く）教育学の割合は，たとえばテューリンゲン州，ラインラント・プファルツ州，都市州ブレーメンでは13％から15％の間，ノルトライン・ヴェストファーレン州では27％（vgl. Bellenberg 2009: 22）となっており，ギムナジウム教員の場合には6％（たとえばテュービンゲン大学の場合において）および15％（たとえばドルトムント工科大学の場合において）となっている。

　それぞれの場所［＝大学や州］において［扱う］内容が同質でなく恣意的なものとなっていたことが，各州文部大臣会議において「人間形成科学」に関してもカリキュラム上のスタンダードを定める契機となった（vgl. Terhart 2000; KMK 2004; Terhart 2005; Kemnitz 2009a）。各州文部大臣会議は，内容に関して11のテーマ領域を規定している。すなわち，陶冶（ビルドゥング）と教育（エアツィーユング），教師の職業と役割，教授学と方法論，学習・発達・社会化，成績と学習の動機づけ，多様性・統合・支援，評価と助言，コミュニケーション，メディア教育，学校［の組織的］開発，教 育 研 究（ビルドゥングスフォルシュング）である。その際，各州文部大臣会議はテーマ領域に関する内容を挙げてはいるものの，そのスタンダードを最小限の内容という意味においても尺

度化という意味においても定義していない。各大学所在地においてこの規定をどのように運用するかは、それぞれの地域的差異や多様性を鑑みた場合、定義することが非常に困難である。それゆえ、いかなる教育学が教えられるべきであり、いかなる教育学が適しているのかについて、確実なことは何もいえない。

それゆえ、たとえば従来の（学校）教育学や経験的教育研究がどのような割合で実際に授業科目のなかに含まれるか、そしてその授業科目が結果的にどのように学生によって活用されるかなど、これらはいまだ未解決の研究課題である（このことに関しては Bauer et al. 2010を参照）。

4 ── 教育学の変容

今日行われているドイツの教育システムと学問システムの改革によって教育学もまた変化しているが、それがどの程度であり、いかなる結果がもたらされたのかは、いまだ十分に評価することができない。この変容は、たとえば教授職の公募が出される際の名称変化に表れている。そこでは研究領域上、一部で教育学という名称を避けて人間形成科学や人間形成研究を用いる動きがあり、経験的な教育研究・学校研究・授業研究（vgl. Krüger/Kücker 2012）ないしは採用手続きなどを専門とする教授職が増加し、経験的研究の重要性がますます前面に出されるようになっている。経験的研究が高く評価されるのは、[学校の] コントロールと統制に役立つ知識の供給を求める政治的期待に対する反応であり、同時に、追加的な財政資金（いわゆる競争的資金）に対する大学執行部の期待に対する反応でもあって、この追加的資金は、教育・研究省（BMBF）やドイツ学術振興会（DFG）において経験的研究プロジェクトが人気であることから（vgl. Krüger/Kücker 2012），経験的研究のほうが獲得しやすい。このような状況の下、経験的教育学はますます高い評価を得ているが、それは必ずしもその研究成果によるものではない。研究を行い資金を獲得する教授と、教育を担い試験を行う教授との間の、名声や活動における開きはますます拡大している。この経験的知識に関する評価の高まりや研究領域の構造変化の根底には新たな政治的要請が存在し、制度面でも内容面でも影響を及ぼしている。

ドイツの教育システムと学問システムの改革は、内的には教育政策上の統制

におけるパラダイム変化と歩みを同じくしている。養成教育の教育内容を規定し，人材や資金に関し適切な資源を投入することによって設定された教育目標が達成されると考える「インプット型統制」に対し，求める成果や目標を明示し，そのうえで実際の結果を評価し，プロセスや成果を最適化する方法により教育・研究・教授の効率を高めることを目指す「アウトプット型統制」がとって代わることとなった。このような背景のもと，実際の状況を確認し，記述し，学校や大学から生まれる成果を最適化するための技術的知識を提供することができる経験的教育研究が求められ，非常に広まった。逆に従来の教育学は，あまり研究を行わず，過度に理念や構想に取り組みすぎている学問領域としてみなされている。それに対し，経験的な社会学や心理学は教育研究の構造や方法を提供するものとみなされている。これらはたんに内容面でのオルタナティブにとどまるのではなく，制度的にも教育学に対する対抗関係にある。

　従来の教員養成における不十分さの原因のひとつは，教員養成が数多くの学問領域にまたがり，大学のほぼすべての学部に及んでいる点に見ることができる。教員養成センターの決定権限や研究能力を強化すること，あるいはスクール・オブ・エデュケーションを設立することにより，教員養成に責任をもつ部門の欠如という状態を解消しなくてはならない。養成教育は活動領域である学校との関係を保つかたちで組織されるべきであり，関係諸科学ないし（下位の）学問領域はそれに合わせて組織上まとめられることになる。その際，学問領域としての教育学にとって問題となるのは，みずからを学校以外の活動領域や教育プロセスに関係し，研究・教育に取り組む学問領域とみなしながらも，教育学がこの新しいセンターに完全に統合されるのかどうか，あるいは，教育心理学や教育社会学，経営学などの学問領域によって教員養成から追い出されるかどうか，あるいは教育学が新たな人間形成科学という学校と関係する部分と一般・歴史的教育学，社会的教育学，成人教育などのその他の部分とに分割されることになるのかどうかである。この文脈のもとに，ドイツ教育学会以外に新しい学問団体を設立しようとする試みもとらえられなくてはならない。すなわち，それは人間形成科学学会であり，教育学の伝統を離れた学際的な上部団体としてさまざまな社会科学領域に属する研究者にとって魅力的なものとなっている。

この発展の結末を予見することはできない。しかし，経験的教育研究に向かう現在の動向は問題もはらんでいる。というのも，経験的教育研究はひとつの教育研究のモデルを重視することによって，調査対象のテーマ領域や使用した方法，前提とされた問題設定などに関し，**幾重もの限定**を行うからである。教授 – 学習研究への専念は，［教育］制度研究や専門性の研究ならびにカリキュラム研究などをおろそかにすることによって行われ（vgl. Tenorth 2004: 59f.），数量的な経験的研究が好まれることになる。PISA のような調査はたしかに不平等の問題に光をあてるが，しかしその原因をあきらかにすることはできず，不平等の再生産を生む制度的メカニズムを解明することもできない。それは機会の平等に関する抽象的な観念を前提としているが，公正さに関する多種多様な**理論**を駆使する能力に欠けている。最終的に，効率性を重視することによって方法に関する「どのようにして」という問題が前面に出ることになり，「何を」や「何のために」という問題，すなわち教育の**内容**や**目的**の問題が隠されることになった（vgl. Gruschka 2011; Horn 2009）。一見したところ最適化という観点に対するオルタナティブは存在しないように思われるため，**正統性の問題**は時代にあわないものとなってしまった。心理学や社会学の手法を無批判に取り入れることにより，あらゆる場面で，**教育学的なもの**とは何かという問題や「教育学的なものの独自性」を顧慮すること［の重要性］を忘れることになってしまう。おそらく，教育学の変容の核心は，理論の欠如や教育学的なものの喪失といった点に見いだすことができよう。

■注

★1 その後 2 年間に開催された一連の会議において，40 以上の欧州諸国が参加した。
★2 実習は自ら選択した学校一校において行うことができ，唯一の禁止基準は，実習生自身がかつて実習校の生徒ではなかったことである。適性の有無に関する評価や助言の基準［設定］はそれぞれの実習校で担当した教員の責任のもとで新たに行われることとなった。しかしながら，その判断によって教職課程への参加が妨げられるものではなく，適性実習はかつての選抜方法よりも教職志望学生の自己省察の可能性をもたらすものとして理解することができる。
★3 企業実習を行っているのは，バイエルン州（8 週間），ヘッセン州（8 週間），ニーダーザクセン州（不明），シュレースヴィヒ・ホルシュタイン州（実科学校およびギム

　　　　ナジウムの教員志望学生であれば4週間）である。このことは，たとえばバイエルン州の場合，学生は 8 週間を生産・加工・販売・サービス業に携わる企業で［従業員と］ともに働くことを意味する。
★4　それに加えて，2011年 7 月には評議会決議によりベルリン・フンボルト大学にプロフェッショナル・スクール・オブ・エデュケーション（Professional School of Education）が設置されることとなった。
★5　さらなる独自性として，入学を希望する者はミュンヘン工科大学での学修を始める前に，［大学側による］選抜や進路選択に関する話し合いを通過する必要がある。

第10章

変貌を遂げる教員養成と教育学
―――今日のドイツは明日の日本か―――

鈴木　篤

　今回，筆者が翻訳を担当した第9章において，ヴィガー氏はボローニャ・プロセスとPISAショックの下で急激な改革を迎えているドイツの教員養成制度の全体像を詳細に描き出している。そして，そのような改革が学問上のディシプリン，とりわけ教育学にとってどのような影響を及ぼしているかについても言及し，現在の改革の背後に潜む危険性についても警鐘をならしている。日本においても教員養成の改革が近年急速にさまざまなかたちで進められているが，ドイツにおいて現に生じているこうした変化は，同時にわれわれの明日の姿としても想像しうるものでもある。

　もっとも，教員養成についての制度的・文化的文脈を異にするわれわれがこうしたヴィガー氏の主張について十分な理解を行うためには，その前提について若干の補足的知識が必要となろう。ドイツが連邦制国家であり，外交等の例外的事項を除き，各州は独自の政策をとる権利を有していること，さらに各州は伝統のなかで育まれたさまざまな教育制度と教員養成制度を有していることなどは広く知られているにしても，各州が有する教員養成制度のあまりの多様性を前にすると，次のような疑問が生まれることが予想できる。すなわち，いったいどれほどの自由な余地が各州政府や各大学には与えられているのか，あるいはその背後何か統一的な枠組み（最低基準）が設けられているのか，等々。

　そのため，ここでは制度改革の発端となったボローニャ・プロセスについて基本的事項を再確認した後，（おそらくはヴィガー氏にとってあまりに自明のことであり，それゆえに語られなかった）教員養成に関する統一枠組み（KMKの教員養成スタンダード）について若干の解説を加えるとともに，ドイツの状況をふまえた場合に日本の教員養成制度改革がどのように進展しうるのか考え

てみたい。

1 ── 高等教育の構造変化

　1998年にドイツ，イギリス，フランス，イタリアの文部大臣らがパリに集い，ソルボンヌ宣言と呼ばれる取り決めを行い，そのなかでヨーロッパ規模での大学教育の制度的共通化（大学間移動の自由化，卒業・修了資格の共通化，学士と修士からなる二段階学位システムの構築，共通の履修単位制度の導入）が求められた。この動きは翌年，29か国間でのボローニャ宣言の締結につながり，その後参加国は46か国に増加している。ボローニャ・プロセスと呼ばれるこの動きは長らく独自の大学制度（マギスター号，あるいは国家資格を取得することで大学を修了）を維持してきたドイツに対してとりわけ大きな変化を迫るものであり，教員養成制度もまた2010年までに制度改革を求められることとなった。

　この流れを受け，ドイツの大学学長会議（Hochschul- rektorenkonferenz）は2006年1月23日から2日間，「ボローニャからクウェドリンブルクへ：ドイツにおける教職課程改革」と題する会議を開催した。シュレースヴィッヒ・ホルシュタイン州の教育大臣であったエルトジーク＝ラーフェは会議の冒頭，教職課程における学士や修士の意味を次のように説明している。

> 　学士の教職課程の目標は職業の専門性を保証する卒業資格［の獲得］である。卒業生は，学校外での職業実践に直接進むことにより自らの専門的知識・能力や伝達能力を用いるか，それとも専門的知識に関する修士号か教職にともなう卒業資格（Lehramtsabschluss）を目指してさらに学修を進めるかを，選択することができる。職業活動に携わった後にさらなる学問的専門性を獲得することも可能であり，たとえば教職の資格を得ることのできる修士課程に進むことが可能である。（Erdsiek-Rave 2007: S. 30.）

　すなわち，学士・修士制度の導入により，修士課程に進み，修士号や教員免許に向けた基礎資格を取得する者だけでなく，学士課程で学修を終え，教員免

許等を必要としない教育関係職に就く者も登場するなど、教育について学ぶ者の選択肢は広がったが、同時に教員養成制度の構造はより複雑なものとなり、多様性の度がさらに増すことになった。さらに、ティエラックが述べるように、この改革により教員養成における州と大学の関係は大きく変わることとなり、州と大学の間で教員養成制度や教職課程に関する決定権を巡る争いが起きることとなった（Thierack 2007: S. 56ff.）。同会議ではH. -E. テノルトをはじめとする教育学者らが改革にともなう問題点や可能性についてさまざまな指摘を行っているが、ボローニャ宣言後の改革の流れはすでに覆しえぬものとなっており、さらには学士・修士制度の導入にとどまらない多様な改革が各州や各大学において試みられるにいたっている。

　ドイツにおける教員養成はこれまでも日本において注目を集めており、すでに無数の著作物が記されているが、この改革の動向もまた数多くの研究者の注意を引いている。これまでは一方において同国における多様な教員養成制度を過度に一般化し「ドイツの教員養成制度一般」について論じる傾向がみられたが、急速な改革が進むなか、もはや「ドイツでは」「この州／大学では」といった言葉ではドイツの教員養成制度や教職課程を語り得ない状況になっている[★1]。

2 教員養成の質保証

　ボローニャ宣言において求められたのは、学生や教員の大学間移動の自由化、卒業・修了資格の共通化、学士と修士からなる二段階学位システムの構築、共通の履修単位制度の導入だけでなく、高等教育の質保証も同様であった。この質保証の求めは教員養成においても同様であり、さらに「PISAショック」とも呼ばれた、OECDの「生徒の学習到達度調査」におけるドイツの成績低迷による衝撃の影響もあって、教員養成における基準である「教員養成スタンダード」が策定されることになった。教員の資質能力の向上が初等中等教育の改革において鍵を握るものとみなされているためである[★2]。教員養成スタンダード、すなわち教員養成課程修了者に求められる資質能力をリスト化し、教員の質保証を行おうとする取り組みは、アメリカ（スタンダード施行：1992年）を皮切りに、イギリス（2002年）など、各国において行われている[★3]。

第Ⅲ部　人間形成論から教育現実を読み解く

　教員養成を大学中心に行うドイツでは，フンボルトモデル以来の大学のアカデミズムの伝統ゆえに，中等学校であるギムナジウムの教員養成と初等学校（かつての国民学校，今日の基礎学校，基幹学校，実科学校）の教員養成との間に学術的レベルや専門性における差が存在している。この差をいかにして解消するかがドイツの教員養成における課題の一つとされているが，これは教職の専門性を保証するものとして，教科に関する専門的知識の獲得を重視するアカデミズムと教育学的教養をいかにして結びつけるかという伝統的課題としても捉えることができよう。また，大学における養成と試補勤務の二段階で行われるドイツの教員養成の場合，大学で学ぶ教育学の理論と教職の実務や実践との関係も問われることになる。

　これらのことから，ドイツにおいて課題となっているのは以下の点である。

①学士・修士制度を教員養成にどのように取り入れるか。
②各学部で（教員養成を意識することなく）行われている各教科の専門教育を含め，各授業をどのように教職教育として組織化するか。
③大学と試補勤務の間で明確に分かれていた理論的学習と実践的学習とをどのように接続・統合するか。

　これらの課題に関する解決策を探るため，議論の土台として導入されたのが教員養成スタンダードであった。

3 ── 教員養成スタンダード

　学士課程，修士課程，そして試補勤務の間の接続の問題を考え，さらにそれらを通して教員養成の質を保証するためには，教員の質を判断するための視点や基準を設けることが必要になる。ドイツにおいては各州文部大臣会議（KMK）が2004年12月にKMK教員養成スタンダード（KMK-Standards für die Lehrerbildung）の基礎（教育学）部分（以下，KMKスタンダードと表記）を公表しており，同スタンダードが各州における基準づくりの基盤となっている。KMKスタンダードは4種類のコンピテンシー領域（「授業」「教育」「評価」

表10-1 KMK スタンダード

授業	1. 教員は専門的観点から正しく，適切に授業を計画し，それを実際的・専門的に，正確に実施する。 2. 教員は学習状況を形成することによって，生徒の学習を支援する。教員は生徒の動機づけを行い，生徒が学んだことを関連づけ，学習したことを活用できる力を与える。 3. 教員は，生徒が自己決定して学び活動する能力を促進する。
教育	4. 教員は，生徒の社会的・文化的生活条件を知り，学校の枠内において生徒の個人的発達に影響を及ぼす。 5. 教員は価値と規範を伝え，生徒の自主決定による判断と行動を支援する。 6. 教員は，学校および授業における困難や葛藤について，その解決の手がかりを発見する。
評価	7. 教員は生徒の学習の前提と学習のプロセスを診断する。教員は目的に沿って生徒を励まし，彼らと保護者に助言をする。 8. 教員は明確な評価基準に基づいて生徒の成果を把握する。
イノベーション	9. 教員は教職への特別な要求を意識する。教員は，特別な義務と責任をともなう公的な職務として自身の職業を理解する。 10. 教員は，その職業をたえず発展させる学習課題を理解する。 11. 教員は，学校プロジェクトおよび企画の計画や実施に関与する。

「刷新」）に分類される計11のコンピテンシーから構成されており，教室，学校，地域の各次元を網羅するものとなっている。

その後，2008年10月には教員養成課程における20教科のスタンダードとして「教科プロフィール」が策定・公表されている。これらは各教科におけるコンピテンシーと学習内容（教科教育法を含む）のリストから構成され，おもに中等教育の教員を対象に作成されているが，初等学校教員に関しては独自のコンピテンシーおよび各教科（ドイツ語，数学，外国語，事物学習，芸術・音楽，宗教教育）の内容（教科教育法を含む），教育学の基礎が求められている。

各州文部大臣会議はKMKスタンダードの意義を次のように述べている。「各州文部大臣会議は中心的課題が学校教育の質保証にあると考えている。学校教育を確固たるものとし，さらに発展させるための本質的な手段がスタンダードの導入とその点検である。この教員養成スタンダードによって定義される教育学コンピテンシーとは，職業教育や職業生活においてとりわけ重要なものであり，［入職後の］継続教育と結びついたものである」(Sekretariat der Ständigen Konferenz der Kultusminister der Länder in der Bundesrepublik Deutschland 2004: S.1.)。そして，このスタンダードによって「大学での養成教育［＝第一段階］と，より強く職業を意識した養成教育［＝第二段階］との関係が，全体として経験やコンピテンシーの体系的・累積的な構築を生み出す

ようなかたちで組み合わせられる」(Sekretariat der Ständigen Konferenz der Kultusminister der Länder in der Bundesrepublik Deutschland 2004: S.4.) ことが期待される。

　これらの点からあきらかなように，各州文部大臣会議においてスタンダードの構築に期待されているのは，まず初任教員（教員志望学生）に求められるコンピテンシー（能力）を定式化・可視化し，この能力に合わせて大学教育と試補勤務期間の教育とが連携することであった。そして，ヴィガー氏が第9章で示したように，このような「連携」を生み出すべく大学教育のカリキュラムにも変化が及んでいる。

　教員養成スタンダード作成の中心的人物であったE. テーハルトは，教員養成に関するこのような大学教育の改革を肯定的に評価している。テーハルトによれば，大学での「教員養成スタンダード」はたんに教員に求められるコンピテンシーを示し，測定するのみならず，その後の長期的な職能成長を念頭において構成されていなくてはならない[★4]。

　　　教員養成［という語］は，最初の養成教育（第一段階および第二段階）と，職業生活のなかでの学習（キャリアスタートおよびその後の継続・発展教育）の双方にまたがる包括的名称として理解される。教授に関するその後の職業的コンピテンシーの基礎は最初の養成教育を通じて生み出される。しかしながら，養成教育の目標とは，「完全」無欠でコンピテンシーと職業能力に満ちた教員を育成することではない。実践面での教員コンピテンシーは実際には職業活動（の最初の数年）のなかではじめて生み出されるものである。……［そうではなくて，］とりわけその後の職業活動にとって重要なのは，すでに最初の養成教育やキャリアスタートの時期に，そのような［創造的で建設的な能力を後々に身につけるために必要な］姿勢を養っておくことである。

　　　……大学における養成教育の最後には特定のコンピテンシーが身につけられなくてはならないが，その表れ方の度合いはスタンダードを手がかりに検討される。(Terhart 2005: 277f.)

　テーハルトによれば，「スタンダード」を設けることの最大の利点は，複数

の関係者間の判断や議論が共通の基盤・尺度に基づいて行われるようになる点である。このことは教員養成にとって非常に大きな意味をもつ。

> ［スタンダードによって一般的な妥当性が保証されることにより］ある対象物やプロセスの特性に関して，高度の確実性が生み出される。この確実性はさらに，「スタンダード化された」対象物やプロセスが非常に多様なコンテクストのもとで，目的に合致するかたちで問題なく適用・運用されうるための前提でもある。……
> ［これまで数々のスタンダード化が課程内容やカリキュラムや試験方法などに関して試みられてきており，それは，学生が身につける］コンピテンシーや［学生に対する］要求の種類や規模に関して一定の統一性や比較可能性を生み出すことを目的とするものであった。また，それは資格や免許の付与に対する判定における個々の［判定者の］恣意や不平等を回避することを目的とするものでもあり，さらに同時に，教育制度［＝各学校類型］の最終段階において次なる段階や学校類型に対し，前提［となる内容に対して］の確実性をもたらすことにもつながるものでもある。(Terhart 2005: 276f.)

なお，このKMKスタンダードは大学での教員養成においてそのまま運用されているわけではなく，州ごとにさらに独自のスタンダードとして再構成され，この州別スタンダードがさらに各大学のカリキュラム編成（モジュール）に反映されることで，各大学での教員養成は行われるのである。

4 ── 日本における教員養成制度改革に照らして

ドイツで課題となっている3点，すなわち，従来，学士課程の4年間で行われてきた教員養成を長期化し，場合によっては修士課程まで延長しようとする動き，そして卒業時に身につけておくべきコンピテンシーを特定し，そのコンピテンシーの有無によって大学教育の価値を評価しようとする動き，さらにそのようなコンピテンシーを身につけさせることで入職後のギャップを軽減しようとする動き，これらはいずれも日本における近年の改革動向と数多く重なる

点を有している。

　第一に,「教員養成の高度化」の名の下,免許制度を改革し,大学院での学修を一般化しようとする動きが活発になっており,教職大学院の設置・普及もこの方向での改革の一環として捉えられる。

　第二に,学士課程の卒業直前に教職実践演習の履修を義務付け,特定のコンピテンシーが身についているかどうかを確認することが求められるようになっている。(現時点は,教員採用試験の実施時期との関連から,このコンピテンシーの有無が教員採用において問われることはないが,「模擬授業」や「場面指導」など,実践的な場面を想定した試験への改革は各地で行われている。)このことと関連して,教員養成系学部で提供されている各授業科目も,そのようなコンピテンシーへの貢献を意識せざるをえなくなっており,結果的に各授業科目間の関連性を問い直す動きがみられる。

　第三に,大学での学修と入職後の職務との関連性を高めようとする動きがますます進んでいる。理論的学習と実践的学習という従前の区別は度外視され,(教職大学院において一定割合の実務家教員の採用が義務付けられているように)大学教育をいかに実践的なものにするかという,実践性重視の声が高まっている。それと同時に,各授業科目においても,基礎的な理論的訓練としての性格を薄め,より実践的な内容を扱うことが強く求められるにいたっている(最近では国立大学各学部における「ミッションの再定義」の一環として,教員養成系学部では自らも教育現場での勤務経験を持った大学教員の割合を一定以上に保つことも求められている)。

　このように考えるならば,ドイツにおける教員養成改革の現在はわれわれの未来でもありうる。長らくの間,日本の教育学者は教育実践と距離をとり,理論的・批判的な視点を教職志望学生に身につけさせることで,長期的な視点から教育実践や教育現場の改善に貢献しようと試みてきた。しかしながら,「アウトプット型統制」の進むドイツにおいては,そうした間接的なアプローチがもはや認められない状況が到来している。「効率性を重視することによって方法に関する『どのようにして』という問題が前面に出ることになり,『何を』や『何のために』という問題,すなわち教育の内容や目的の問題が隠されることに」(本書155頁)なることの問題点はあきらかである。だが,「学問領域としての教育

学」は現在，大きな危機に直面しており，「自らを学校以外の活動領域や教育プロセスに関係し，研究・教育に取り組む学問領域とみなし」，大学における教員養成の中心機関としての教員養成センターに「完全に統合されるのかどうか，あるいは，教育心理学や教育社会学，経営学などの学問領域によって教員養成から追い出されるかどうか，あるいは教育学が新たな人間形成科学という学校と関係する部分と一般・歴史的教育学，社会的教育学，成人教育などのその他の部分とに分割されることになるのかどうか」（本書154頁）を迫られているという。われわれが今日，それと知らないままに大きな岐路に立っていることに対し，ヴィガー氏は警鐘を鳴らしているのかもしれない。

■注
★1　詳しくは鈴木・杉原（2011）を参照のこと。
★2　このような潮流のなか，我が国でも「教職実践演習」の導入にともなって「教員養成スタンダード」が求められるようになり，実際にいくつかの大学ではスタンダードの検討・開発が進められている。
★3　この世界的動向およびこれらのスタンダードの詳細は別惣（2010）を参照のこと。
★4　テーハルトは「コンピテンシー」の重要性について次のように説明している。

　　コンピテンシー［という語］は，ひとりの人間の職業に関連する能力，すなわちより正確に言うならば，教員養成の第一段階および第二段階の修了生が有する，教員養成課程のなかで獲得された能力のこととして理解されよう。しかし，外部へのその［能力の］表れ方の度合いを把握するためには，尺度基準としてのスタンダードが必要となる。［…］重要なのはこの関係性において，コンピテンシー（特定領域における能力）と，尺度基準としてコンピテンシーの表れ方の度合い確定を可能とするものとしてのスタンダードとを区別することである。［…］ひとりひとりの修了生によって非常に異なるコンピテンシーの度合いを記述するためには，尺度基準であるスタンダードを「段階化」し，「尺度化」することが必要となる。すなわち，不十分な状態とはどのような状態か，必要最低限の状態とはどのような状態か，「それ以上」とはどのような状態か，定義されなくてはならないのである。（Terhart 2005: 277）

第11章

ドイツにおけるアビトゥーアと学修能力をめぐる議論

ローター・ヴィガー／山名　淳（訳）

1 ── 公共の議論における学修能力

　大学で学ぶ若者たちの学修能力〔ステュデーアフェーイッヒカイト〕が十分でないとする嘆きは，ドイツにおける公共の場において，このところ主題とされることが多くなっている。たとえば，2012年7月，バイロイト大学の古典ドイツ文献学教授であり哲学部会議の会長でもあるG. ヴォルフは，インタビューのなかで人文科学系の諸学部における大学教員を対象としたアンケート調査の結果について，次のように語っている。そのアンケート調査の結果には「狼狽」せざるをえず，公にすることを控えねばならないほどである，と。

　「問題があるのは，とりわけ正字法，正書法，文法，頭語法の習得です。全体として，自らが主体的に文章化すること，関連性を考慮してテキストを書くことに問題が認められますが，またとくに講演のノートを取る際に求められるような読解能力にも能力不足が見受けられます」[★1]。

　そのような悲惨な状況が生じた原因や責任の所在として問題視されているのは，予想されるとおり，学校であり，教師であり，教員養成の質［的不十分さ］であり，また教員志望学生に対する選抜［の不完全さ］である。今日の学生たちにはより高度のメディア操作能力があり，また柔軟性があるのであって，したがってヴォルフは「若い人たちが以前よりも愚かになったなどと主張するつもりはない」ということを強調している。「そのようなことは断じてありません。そうではなく，コンピテンシーが基本的に人文科学にとってきわめて不利となるような領域に移行していったのではないでしょうか。つまり，より高度なメディア操作能力が文学や言語に関する学問にもたらすことはわずかにすぎない

のです」[★2]。

　多くの若者たちが外国に行ったことがあり，現地で意思疎通をすることができるにもかかわらず，外国語研究の課程においても，そのような状況にかわりはない。「こうした［外国語研究の］課程においては，さらにそのうえで研究調査をなしていくために必要な外国語の習得レベルに遠く及んでいないという嘆きが聞かれるのです」[★3]。

　もっとも，学生たちの能力不足に対して大学教員が嘆くことは以前からよくあることだった。「学力が低下しつつあるという非常によく聞かれるテーゼは，一般にその正しさが証明されるものではなく，過去を賞賛してしまう危険性がある」[★4]というわけだ。その限りにおいて，そのような嘆きを完全に無視することができるかもしれない。この嘆きは，容認することができないほど個別の経験が一般化されたものであるとして相対化されるかもしれないのである。また，大学教員と学生とではハビトゥスが異なることとか，学生たちや彼らの目標・動機・関心に対して教授陣が過剰で誤った期待をしているのだということを拠り所として，こうした嘆き［の原因］についておそらくは説明できるかもしれない。社会学者であれば，大学の門戸が開かれて学生数が増加したことによって［高等教育の］対象者が大きく変化したのだと指摘するかもしれない[★5]。だが，こうした嘆きに対する実証基盤が信用性に乏しく不十分であるとしても[★6]，学生たちの予備知識が不十分であるとか，彼らの行為様式が変わってしまったというような経験を単純に否定することはできないし，この嘆きの根底には真摯に受け止めるべき問題などありはしないなどといえるかどうか，といった懐疑や不安を払拭することは不可能である。

　学修能力の不十分さに関する嘆きは，自然科学や技術工学においても聞かれるところだ。2012年9月に報告された実証的な調査によれば，［中等教育段階までの］学校段階における予備知識はとくに数学において大学における実りある円滑な勉学を行うためには十分ではないとされた。そこで示されたのは，ここ数年間で大学の新入生たちが有する数学的知識が減少していること，またアビトゥーア成績証明書における評点が大学の学修活動で成果を上げられるかどうかを予測するための信頼のおけるツールにはなっていないということであった。

アーヘン専門大学における数学専門の教授であるCh. ポラチェクは，2009/10年冬学期から同大学入学時のテストを行い，その結果を調査している。彼女は，入学時の前提がどのようなものであるかにかかわらず，数学の予備知識が大学における学修の成果にきわめて高い影響を与えること，また彼女のテストによって測られた予備知識の方が学校における［アビトゥーアの］評点よりも3倍から4倍も［将来の学修能力に関する］予測値が高いことを指摘している。彼女はまた，［新入生たちの］予備知識が減少しており，高得点のアビトゥーア合格者においてさえ「基礎が圧倒的に不足している」ということを示した[7]。その原因として考えられているのは学校である。「数式，方程式，幾何や三角法の知識に取り組むことは，ますます学校で教えられる数学から削除されていくだろう。そのような技術こそが『大学における学修を実りあるものにする非常に重要な作用を及ぼす』であろうにもかかわらず，である」[8]。

ケルン専門大学における数学の教授であるH. クノスペが中心となって行った他の研究では，ノルトライン・ヴェストファーレン州にある13の専門大学において約10年間にわたって実施した入学時テスト26,000人分の結果が分析された。「［10年間にわたって］同一の問題設定をしている箇所に関していえば，ここでもやはり「やや低下」傾向にあるということが認められる。……まだ公にされていない2011年の最新結果においては……あらためて低水準にあることが証明されている。数学の発展コースを受けているギムナジウムの生徒たちも，基礎コースに参加している生徒たちや職業高等専門学校生たちも，［成績が］さらに落ち込んでいるのである」[9]。

数学の能力が不足しているということが，中等教育段階修了者を増加させたり大学における勉学をより短期間で終えたりすることを妨げている，とみなされている[10]。そのように関連づけて推測することは納得されるのだが，その原因に関する議論については異論の余地があり，また大学における勉学をなすための前提として求められることを確立しようとしてそこから導き出されている実践的な帰結も決定的なものではない。

大学の新入生たちが十分な数学［的能力］をもちえていないということに関する統計をみてみると，理数・情報系［＝数学，情報学，諸自然科学，工学］の学科を途中で断念する学生の割合が高いということも，学修能力が不足して

第11章　ドイツにおけるアビトゥーアと学修能力をめぐる議論

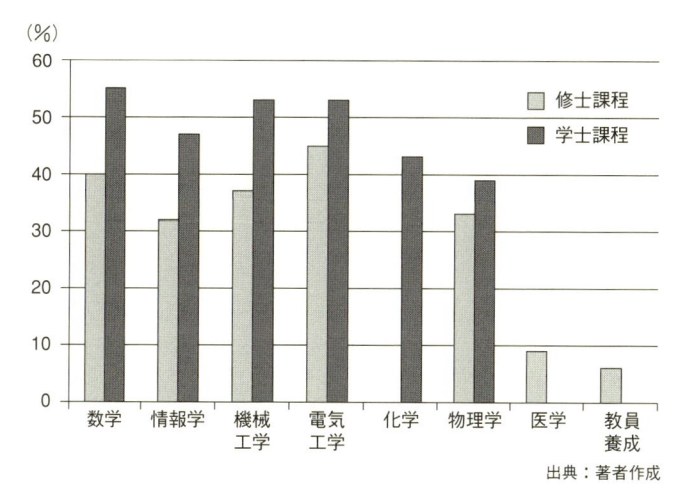

図11-1　大学中途退学率（2010年）
出典：著者作成

　いるというここでの文脈に通じると考えられる。ドイツにおける大学中途退学者の割合は，たとえば数学が40％，情報学が32％，機械工学が37％・電子工学が45％，物理学が33％と非常に高い数値を示している。学士課程が導入されたことにより，中途退学者の割合は——大学改革によって目指されていたことに反して——むしろ大きくなっている。具体的にいえば，数学と情報学でおよそ15％，機械工学で16％，法学，経済学，また諸社会科学において10％ほどその割合が増加しているのである[11]。もっとも，高等教育情報システム（HIS）が2012年に行った大学における中途退学者に関する基本調査では[12]，さまざまな学科グループごとで中途退学者の問題に相違がみられることとかかわって，中途退学に関する別の原因が議論の遡上に載せられている[13]。たとえば入学定員制限学科（Numerus clausus-Fächer）では，中途退学者の割合ははるかに小さく，医学において9％，教員養成課程において6％というような状況である[14]。総じていえば，大学在籍，転学，中途退学の状況については，信頼の置けるデータが十分に揃っているというわけではない[15]。その限りにおいて，学生の学修能力が不足しているということの有力な指標として大学における勉学の中途退学を持ち出すことが妥当であるかどうか，ということには疑問の余地が残る[16]。

第Ⅲ部　人間形成論から教育現実を読み解く

「マス・メディアが［テーマとして］好むのは，「学力低下」であり，あるいはまた「甘やかし教育(クッシェルペダゴーギク)であり，さらには能力不足という診断がなされた場合には厳格さによって対応する必要があるのではないか，といった問いである」★17。数学の知識不足がますます深刻化しているようにみえる事態や学修能力が問われている事態が生じたこと［の原因］を説明するために言及されるのは，学校および変容した授業である。原因としてあげられているのは，以下のようなことである★18。

・学習目標からコンピテンシーに基づく方向づけへとカリキュラムが組みかえられたこと
・ギムナジウム段階の期間が短縮されたこと，またアビトゥーア受験ができる正規の時期が第13学年から第12学年（"G8"）へと移行したこと
・発展コースが廃止され，それにともなって学校における授業時間が短縮されたこと

徹底した保守主義的な批判の矛先は，近年の教育政策に，OECDのいう意味におけるアカデミシャン［＝大学教育修了者］の数的向上を教育政策上の目標としてきたことに，また「G8［＝12学年制］，統一アビトゥーア，教育スタンダード，方法コンピテンシー」をキーワードとして掲げられる教育政策上の組織改革などに向けられている。こうした批判のうちに，それぞれの学科で聞かれる学生の学修能力が十分でないという苦言が濃縮されているのである。そのような［保守主義からの］批判は，批判的教育学によっても支持されている★19。ドイツ教職員組合長であるJ. クラウスは，アカデミシャンの数的増加という目標を「アビトゥーア幻想」であると批判するとともに，近年の学校改革の結果として「学習を学習すること」の名のもとに「内容的ミニマリズム」が喧伝されたことをも批判している★20。ギムナジウムをめぐる学校教育政策上の論争においては，ギムナジウムにおける人間形成(ビルドゥング)の目標であるべき学修能力が危機に陥っているということが，ギムナジウムの特権的な役割を正当化するための論証形式となっている★21。それによって，学修能力は，政策上の意見対立における常套句と化してしまっているのである。

したがって，より詳細にあきらかにされるべきは，「学修能力」とは何か，「学修能力」はどのようにして確認されるのか，いかにして「学修能力」は獲得されるべきか，ということではないだろうか。以下において，私はドイツにおけるアビトゥーアの歴史と今日における大学入学の状況について概観したうえで（第2節），「学修能力」とは何かということをより正確に定義することを試み（第3節），最後に普通教育，資格付与，学修能力と関連する根本的な問題をいくつか取り上げる（第4節）。

2── ドイツにおけるアビトゥーアの歴史と意義

アビトゥーアは大学における勉学に取り組むための準備としての価値を有しているかどうか，ということが今日問われているわけであるが，アビトゥーアが導入されたのは大学が満杯になるという不平が生じたことに原因が求められる。19世紀にいたる以前には大学への入学は自由で，そのための確たる規定はなかった。新たに入学する者が有する予備知識に関する統一的な高度の水準を確立してほしいという願望が，アビトゥーア導入のきっかけとなっていたのである。中等教育段階修了の時点で統一した試験を行うことで大学入学をコントロールするという対案や，大学での勉学を希望する者すべてに入学時の試験を課すという対案があったが，プロイセンにおいて「ギムナジウム卒業証明書（Zeugnis der Reife）」制度が導入されたことによって，ドイツの学校史に大きな影響を与える決断が下されることになった。ギムナジウム卒業試験（Reifeprüfung）は1789年1月8日に公布されたが，当初はたんに受験することが望ましいという程度の性格のもので，奨学金受給の条件としてのみ重要性を帯びていた。1812年6月25日，ギムナジウム卒業試験は，将来国家公務員として勤務する際の要件となり，1834年6月4日からはあらゆる男性が大学に入学する際の条件となった。それ以来，受験を要件とすることを通して，また一般陶冶（アルゲマイネ・ビルドゥング）を公認するような教育課程が形成されることを通して，さらに（1810年7月12日に導入された）国家試験に則した教員養成がなされることを通して，大学入学以前の教育に関する統一性と水準が確立したのである。アビトゥーアが大学入学資格となったことにともなって，アビトゥーアと官職とが結びつき

171

を強め、ギムナジウムの特権性が定着していった。ギムナジウムは、ドイツにおける「教育制度の主導的機関」となり、アビトゥーアは「教育システム内における、また学校間における主要な分水嶺」[★22]となっていったのである。その後、ギムナジウムも大学入学のあり方も発展分化した。1900年11月26日の布告により、ギムナジウムが通常の大学入学資格を独占的に付与するという状態がなくなって、他の種類の中等教育施設が［アビトゥーアを実施するための］同権を有するようになり、また最終的には1908年8月18日に高等女学校にアビトゥーアが導入されたことによって、女性に対しても大学への門戸が開かれるようになった。ドイツにおける発展を特徴づけているのは、アビトゥーアの拡大であり、アビトゥーアに到達する道程の分化であり、大学の拡充であり、そして大学における勉学へのそれまでになかった経路が開かれていったことにある。

　今日のドイツにおいて、アビトゥーアは以前と変わらずなおも大学入学の一般資格であり続けている。大学入学資格は、ギムナジウムにおける第12学年あるいは第13学年（「G8」および「G9」）の後に、また総合制学校(ゲザムトシューレ)における上級3学年、職業学校や職業ギムナジウムといった教育機関、夜間ギムナジウムにおいても獲得できるようになり、あるいは大学入学資格試験によって取得できるようになった。大学入学の一般資格、つまり大学や専門大学におけるあらゆる専科で学ぶ権利を付与する資格としてのアビトゥーアを補完するかたちで、大学に入学するためのさまざまな他の資格が存在する。たとえば、次のようなものがある。

- 専門限定的な大学入学資格（die fachgebundene Hochschulreife）。いわゆる「専門アビトゥーア（Fachabitur）」である。この資格により大学における特定の専門分野における勉学が可能となる。
- 一般の専門大学入学資格（die allgemeine Fachhochschulreife）。この資格により、専門大学における勉学、また複数の州では大学における特定の専門分野における勉学が許可される。
- 専門限定的な専門大学入学資格（die fachgebundene Fachhochschulreife）。この資格により、専門大学における特定の専門分野で学ぶことができる。

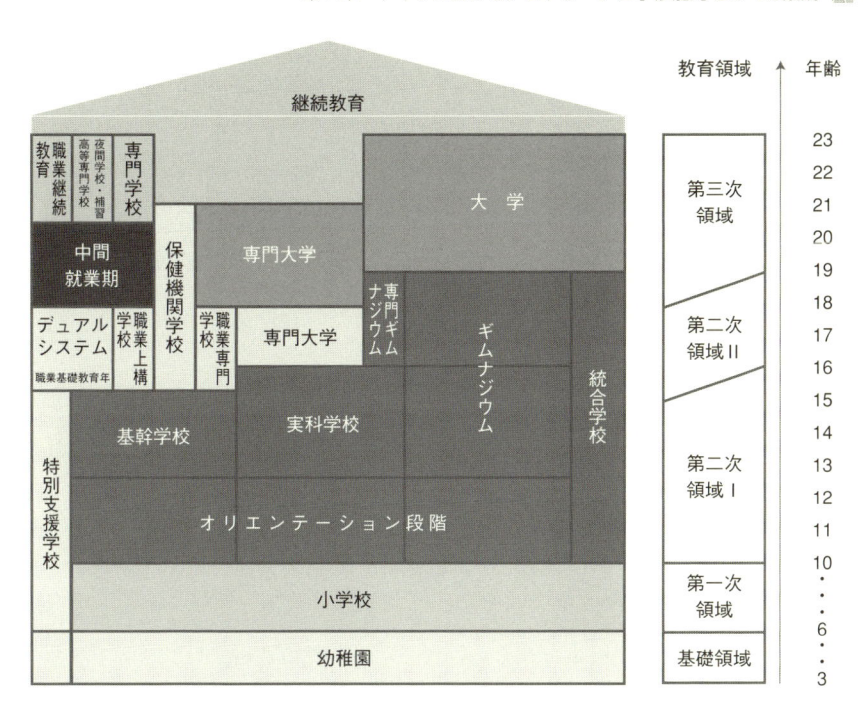

第11章　ドイツにおけるアビトゥーアと学修能力をめぐる議論

教育領域	年齢

継続教育

職業継続教育	夜間学校・補習高等専門学校	専門学校		大学		第三次領域	23 22 21 20
							19
中間就業期		専門大学				第二次領域II	18 17
	保健機関学校		専門ギムナジウム				16
デュアルシステム	学校職業上構	専門大学		ギムナジウム	統合学校		15
職業基礎教育年		職業専門					
特別支援学校	基幹学校	実科学校				第二次領域I	14 13 12
	オリエンテーション段階						11
	小学校					第一次領域	10 ⋮ 6 ⋮
	幼稚園					基礎領域	3

出典：http://www.bachelorundmaster.de/fileadmin/user_upload/images/neueZahlenbilder/neue_Oktober/bildungssystem.png
（2013年3月14日閲覧）

図11-2　大学への道程

　職匠や技師などのような職業上の熟練者たちにとっても，ドイツ全国において，学校卒業による大学入学資格がなくとも大学入学が制限されない可能性がある。2年間の職業教育に加えて3年間の職業実践を行った社会人には，各州の規則に応じるかたちで，それまでに携わった職業の分野に適合した専門と関連する大学に入学する権利が与えられる[23]。2009年3月6日の文部大臣会議協定によって[24]，かつては州ごとに異なっていたために非常に多様で見通し困難であった規則が統一され，同時にどの州においても職業上の熟練者たちにとって大学がよりいっそう開かれたものとなった[25]。こうした発展の根底にある理念は，一般陶冶（アルゲマイネ・ビルドゥング）と職業陶冶（アオスビルドゥング）とを同権化することにある。

　もっとも，通常の大学入学資格は常に大学での勉学を自由に選択する権利となるわけではなく，そこには現にある学生収容力の限界に基づいて，また全国

173

的あるいは地域ごとに設けられた資格制限（numerus clausus）に基づいて多くの専門分野で制約が設けられている。ドイツ全国における学籍配分がなされているのは，目下のところ，医学，薬学，獣医学，そして歯学である。ドイツ学籍配分機構（Stiftung für Hochschulzulassung）がそうした学科に関する学籍を配分しており，大学の委託を受けて地域で資格制限がなされる場合の学籍配分も行っている。申請者の選抜は，成績，待機時間，社会的安定性といった観点に基づいて，また大学独自の選抜基準に従って行われる。

　大学入学資格の拡大および分化，そしてアビトゥーアの意義は，数値のうちに見て取ることができる。「1960年，中等教育段階修了者のわずか6.1％が通常の大学入学資格を獲得しており，資格付与の場所はもっぱらギムナジウムであった」[26]。この割合は1991年までに26.9％に上昇し[27]，そして2006年には29.6％にいたり，2010年に至ると33.9％に達した[28]。その間に通常の大学入学資格は他の［種類の］学校においても取得できるようになったが，ギムナジウムではその大半である75.6％が付与されている[29]。通常の大学入学資格とは別に設けられた専門大学入学資格についていえば，「最初の専門大学入学資格としての修了資格は1970年に付与され，中等教育段階修了者全体の0.5％がこの修了資格を獲得した」[30]とされている。この数値は2006年までに13.4％に上昇し，2010年には15.2％となった[31]。つまり，2010年には一般大学入学資格を有する中等教育段階修了者の半数近くに迫る総勢458,856人がこの専門大学入学資格を取得したのである[32]。大学入学資格取得の割合はここ十数年間で継続的に上昇し[33]，1992年にはまだ30.7％であったが[34]，2006年には43％，そして2010年には49.1％となった。

　［大学入学］資格が拡大し，教育システムの柔軟性が増大していく傾向は，

表11-1　大学入学資格の増大および多様化

一般大学入学資格を有する 中等教育段階修了者		専門大学入学資格を有する 中等教育段階修了者	
西　暦	上記の割合（％）	西　暦	上記の割合（％）
1960	6.1	1970	0.5
1991	26.9		
2006	29.6	2006	13.4
2010	33.9	2010	15.2

出典：Oelkers (2007): 5 f., Autorengruppe (2012): 95, 274.に基づいて筆者が作成

不可逆的であるようにみえる[★35]。アビトゥーア資格もしくは大学入学資格の取得割合の上昇は，一方において政策的に望まれたことであり，国際比較においてドイツはアカデミシャンの数が少なすぎるとするOECDの勧告に従うかたちで教育政策の舵取りがなされた[★36]。そのような政策は，議論の対立が生じたことに示されているように，他方において論争の余地があるものでもある。［大学入学資格者数の］上昇が十分に促進されていないと考えて，ドイツが市場競争のなかで脱落してしまうのではないかと憂慮している者がいるかと思えば，その発展があまりにも急であるとみなしたうえで，アビトゥーアの質が保証されなくなるのではないか，またその結果として経済水準が落ち込むのではないかと警鐘を鳴らす者がいる。ある者は平等性と教育の機会均等を論証のために持ち出し，またある者は才能の格差や成果の向上を期待することが必然的であるといった論理によって議論を正当化する，といった状態がみられる。

　しかしながら，教育学的観点からみれば，こうしたディスコースにおいて用いられている概念は多義的かつ曖昧で，議論の前提には問題が多く，政策上の確約は非現実的である。J. エルカースの言葉を再度引用すれば，「生徒を『才能』によって区分できるとするのは神話であり，教育の機会均等を国家規模で打ち立てることは総合制学校をもってしても達成できるものではない」[★37]のである。また，OECDが示す数値にしても，正確な［国際］比較であるとはいえない。というのも，教育システムは国によってさまざまであり，したがって目標値を設定することの是非が問われるべきであるからだ。中等教育段階修了のどこに価値があるのか。そのような修了は必要であるか。修了［の証］はどのように使用されるのか。個人にとってそれはどのような意味があるか。個人にとって［修了証を取得することによって］失われるものと獲得されるものとはどのような関係にあるか。修了者の率が上昇したからといって，こうしたことについて回答が得られるわけではほとんどない[★38]。

3 ──「学修能力」とは何か

　アビトゥーアは，「［中等教育段階の］学校と大学とを繋ぐ主要な蝶番」[★39]としての権限が与えられており，大学における勉学を行う資格となる。学修能力

は，このアビトゥーアに基づいて，形式的には一般大学入学資格によって定義される。けれども，「学修能力」とは内容的にどのようなことをいうのだろうか。アビトゥーアが満たすべき諸条件は，文部大臣会議によって，ギムナジウムにおける上級段階の目標のうちに定められているが，最近この目標が再改訂されて修正が施された。改善を要すると診断された欠如部分──たとえば基礎コースやベーシック・コンピテンシーの領域において州ごとに質的相違がみられるという問題──を改めて，ミニマム・スタンダードおよび州間や学校間の比較可能性を確立することを目指すために，そのような協定およびそれに基づいた諸規定が試みられているである★40。そこでは，アビトゥーアが大学における勉学のための一般的な能力および資格として以下のように定められている。

①ギムナジウムの上級段階における授業は，深められた普通教育，一般的な学修能力，また学問に携わるための準備教育を提供するものである。その場合，とりわけ重要な意義を有するのは，ドイツ語，外国語，数学といった基底的な教科における知識，能力および技能である。さらには，音楽・芸術系，社会科学系，自然科学系の教科，体育，宗教もしくはそれを代替する教科［＝倫理科］の授業が，ギムナジウム上級段階の目標を実現するための寄与をなす。

②ギムナジウム上級段階における授業は，各専門教科にかかわるものでありながら，なおかつ教科横断的で，教科間を関連づけるかたちで設定される。授業では，実例を示しつつ，学術的な問題設定，カテゴリーおよび方法へと導かれ，人格の発達および強化のために，社会的責任をともなう自らの人生を営むために，また民主的な社会において協同するために，教育が施される。

③ギムナジウム上級段階の授業において重要であることは，さらに，さまざまな知の領域を関係づけることができるようになるための，また情報と素材の体系的獲得・構造化・使用をなす方法を開拓できるようになるための前提として専門的な基礎知識を習得させることであり，自立性・自己責任・チーム能力・コミュニケーション能力を支えるような学習戦略を採ることである。

④ギムナジウム上級段階における授業には，大学について，職業領域について，また大学における勉学や職業・労働世界における構造および要求について適切な情報を提供することが含まれる[41]。

　学修能力とは，以上のような理解のもとでは，(a) 内容的に深められた一般教育と結びついている。つまり，学修能力は，さまざまな地平で世界を理解するための，またさまざまな方法によって世界に接近し世界を習得するための特定の教科および学習領域における一定水準の知識・能力・技能と結びついているのである。さらにいえば，学修能力は，(b) 学問を志向するとともに学問を準備するような専門分化した授業および専門横断的な授業を基盤としている。また，学修能力は，(c) 個人的，社会的，方法的なコンピテンシーを含んでおり，さらには卒業後にさらにどのような人生を歩むかということを適切に決定するための基盤として，大学や職業においてどのような可能性が開かれており，またどのようなことが要求されるのかということについての情報を獲得できるということを含んでいる。

　もっともそのように述べるだけでは学修能力は非常に一般的なままにとどまっている。学修能力はギムナジウム上級段階における唯一の目標ではなく，以上のような特徴づけにおいては同時にあげられている「深められた普通教育」や「学問に携わるための準備教育」といった目標設定からまったくといってよいほど区別されておらず，定義上の区分が不明確なままなのである。それら［＝他の目標設定］によって学修能力のさらなる説明が行われている状態である[42]。問われるべきは，どのようにすれば学修概念が操作可能なものになるかということであり，さらには学修能力が何をなし，また何をなしうるかということであろう。

　公の議論において大学中途退学が学修能力不足の指標とみなされる場合，学修能力は学修修了能力もしくは学修成果と同義と考えられている。けれども，学修の成果は大学進学前に予知されるべきものなのだろうか。そのような成果はいかにして保証されるべきなのだろうか。高い（と想定される）大学中途退学率——その理由はあきらかではない——とかかわって大学システムが払う損失が懸念されることによって，大学卒業時に成果が上げられることを大学入学

表11-2　人間形成の場としての（中等教育段階までの）学校と大学

学　　校	大　　学
・学習形式としての人間形成，よく秩序づけられたなかでの自由 ・教授者と学習者の非対称性 ・体系化された知識，生の形式の習得，明瞭に規格化された態度・思考	・学問による人間形成，生の形式としての理論 ・教授者と学習者の対称性 ・学問的ディシプリン，理論的な問題

出典：Tenorth (2006): 31に基づいて著者が作成

時に保証することが理想とみなされるのだが、そのような理想には現実味がない。こうした理想が見落としているのは、中等教育段階の学校と大学という相互に異なる学習様式を有する教育の場において求められることが変容してしまったということであり、大学におけるコンピテンシーの構成や連続的な知識習得との関連で克服すべき現実の問題があるということであり、教育の過程が危機に陥りやすいことであり、個人の関心・動機・目標が変わりうるものであるという可能性であり、また学生時代には多様な影響を受けるということであり、ライフヒストリー上の変化が生じうるということだ。大学で学ぶということは、成功と失敗の双方の可能性を有する長期間にわたる複雑な活動を行うということである。けれども、もし大学における学びの活動を行ってみてはじめて能力が立証されるのであるとすれば、いかにして「学修能力」は操作化できるのだろうか。

　私は、学修能力概念を次のように理解している。学修概念とは、普通教育の学校制度から職業資格に通じる大学制度への架橋を成功させるための知識・能力・技能に関する課題を定式化しているのだと。そうした架橋には摩擦がつきものである。それというのも、普通教育を目標とする学術志向で学問の準備をなすような授業は、専門志向で学術的な大学での勉学と同一ではないからである。H.-E. テノルトは、「［中等教育段階の］学校」と「大学」という二つの人間形成の場を、「学習形式としての人間形成，よく秩序づけられた自由」と「学問による人間形成，生の形式としての理論」との相違に基づいて区分している[★43]。エルカースは、［中等教育段階の］学校と大学が相互に連結されることなく双方の「接面」が克服されるべきであるということを語っている。そのような条件下においては、卒業時の成果があらかじめ保証されることはなく、大学での勉学はリスクをともなう過程でありつづけるだろう。アビトゥーアは大

学で勉学を行うための前提をなすであろうが，アビトゥーアを［勉学の成果を］予測するものとして評価することはほとんどできない[★44]。学修能力は，一般大学資格および資格付与全般によって証明されることになるが，「［中等教育段階の学校と大学の］架橋そのものは常に新たに第一セメスターとともに始まる」[★45]のである。

4 ── 一般陶冶，大学入学資格，学修能力

先ほど言及した学校と大学との接面において，アビトゥーアを代替するような他の構造的な解決策を考案することが可能であろう[★46]。

- 大学入学試験の導入および［中等教育段階の学校における］卒業試験の放棄
- （統一アビトゥーアをモデルとして）ギムナジウムの卒業試験を外部機関に委譲すること
- 中等教育段階の学校と大学が協同して（多様でかつランク付けされた配分の要求に従って）卒業試験と大学入学試験の混合形式を導入すること
- 卒業試験をすべて放棄し，中等教育段階における（進学したい専門分野におけるコンピテンシーおよび評点に応じて設定されるような）モジュールの継続的な成績評価を行うこと

このような多様な解決策を想定することは可能であるが，既存の前提をふまえていえば現実的ではない。現実的でもあり，また実際にそうであると認められるのは，中等教育段階の学校と大学とを漸次的に改革することである。中等教育段階の学校（およびそこで上げられる成果）と大学（およびそこで期待される学問［志向］）との間にある接面の問題は，解消されるものではなく，継続的に改良されるもので，議論と改革の絶えざる契機となるものである。改革や改革構想とは別に，上述の接面問題と折り合いをつけるためのさまざまな方法が存在する。一方において，各学問はそれぞれの専門に則した要求や進学条件を定義しており，いくつかの学問では──一般的な学修能力を超えて──大

学における充実した学修活動を行うために必要な専門に関する諸条件を試験している。他方において，大学は情報や助言・支援の提供によって大学における勉学への架橋の負担を軽減し，勉学に関する問題に際して援助しようと試みている。大学への架橋に関する要求や実際に提供されていることは見通しがたいほど多様であるために，ここでは私が所属しているドルトムント工科大学におけるいくつかの事例を提示するに止めたいと思う[★47]。

- 芸術，スポーツ，音楽に関する複数の学科では，大学への受け入れに際して入学試験を行っている。
- 英語学科では，アビトゥーアにおける当該の成績や語学テストによって，外国語の知識が一定の水準に達していることを証明することになっている。
- 教員養成課程における哲学，歴史学あるいは宗教論などについては，特定の外国語知識（ラテン語あるいはギリシャ語）を習得していることが前提とされる。
- 職業コレークで教職資格を取得するためには，12か月間の専門実習が課される。
- 教職を志す学生たちはみな，ノルトライン・ヴェストファーレン州の新たな教職試験規則（2009年教員養成法）に基づき，20日間の「適性実習」を原則として大学における勉学が開始される前に行わなければならない。ただし，この「適性実習」への参加は強制ではなく，また大学における学籍登録に影響を与えるものではない[★48]。数学，自然科学および機械工学のような学科では，「準備コース」が提供されている。このコースにより，中等教育段階までに習得した知識を思い起こし，さらに発展させることで，［新入生が］大学における勉学を受け入れやすくなっている[★49]。
- 入門の催し物やオリエンテーション段階がすべての学部でしかも専門性に応じて提供されている[★50]。
- いくつかの主要な授業については，自由に活用できる補足的な学習機会として，授業内容の深化とトレーニングを目的とした学生補修授業が行

- それ以外にも，大学における勉学一般について助言を行うために広く情報提供や相談の機会が設けられ，各学科の学習相談員が配置され，また学生代表も決められている（学部学生自治会 AstA）。
- 大学に関する情報は，オンラインにおいて，また大学説明会や大学における情報提供の催し物によって，さらには生徒たちが大学について試験的にあらかじめ親しめるようないわゆる「お試しイベント（Schnupper-Veranstaltungen）」によっても，また生徒が［大学に入学してから換算される］単位を取得するために大学の授業に参加すること（「生徒大学 Schüler-Uni」）★51を通して得られる。

　中等教育段階の学校と大学におけるカリキュラム上の調整をめぐる立場については意見が分かれるところだ。「ギムナジウムの教育課程が大学の専門カリキュラムと接続されたことはまだ一度もない」★52のである。大学においてさまざまな課程が存在することやアビトゥーア取得者が有するべきと大学教員が期待する予備知識の多さに鑑みれば，ルートヴィヒ・フーバーの言葉を借りれば，学校は「達成できないほど大きな要求」★53の前に立たされている。大学の勉学に連続的に切り替えていくという文脈で大学改革を行う際に必要な前提条件とテノルトがみなしているのは，「学問ディシプリンに即して組織された学修に関する大学独自の学習条件をまずは大学自らが理論的に確立していなければならない」ということである。なぜなら「選抜の手続きだけでは大学の教授活動をめぐるジレンマは解消されないからである，大学改革は必要不可欠であり続けるだろう」★54。再びエルカースに注目してみると，彼が発展の好機とみなしたのは，［中等教育段階の学校と大学という双方の］機関の間で協同がなされることであり，期待と要求がより綿密に定式化されることであり，また中等教育段階の学校における科目と［大学における］学問とのカリキュラム上の調整が改善されることであった。そして，彼はチューリッヒ州におけるギムナジウムと大学の共同改革の試みを行った経験を提示したのである★55。けれども，［学校と大学］双方の接近をもってしても，また［学校と大学相互の］情報提供や調整の改善をもってしても，教育の場における［学校と大

学との]段差をなくすことはできない。

　以上で述べたような方策は，議論が込み入ってしまったり，政策上の対立が生じてしまったり，視点や改革活動が一致をみなかったりする原因であるような，教育システムの一般的な構造問題を解消することもないであろう。中等教育段階の学校と大学は，相互に調和しえないほどの多様な機能を有しており，相互に対立し合うような立地点にある。その中心をなしているのは，学校と大学が有する人間形成課題，資格付与課題，そして選抜機能の間にある緊張関係である。政治と経済は，教育システムのことを取得希望の資格を準備するといった機能の観点のもとで眺めつつ教育システムを組織する。費用削減，時間節約，効率性・実効性の向上が，現代における原則なのだ。保護者，生徒，学生が期待することはといえば第一に卒業することであり，どのような人間形成がなされるかということに関する期待は二義的なものにすぎない。社会的分化の進んだゲゼルシャフトにおいて異質な職業経路と収入見込みが入り交じっているような条件のもとでは，また教育システムが資格と進学機会を付与する条件のもとでは，卒業の証は人生と生活の質を左右する一般条件として決定的に重要であり，中等教育段階の学校と大学における職業へといたる過程が有する魅力は減じることがない。資格が拡大し，傾向として資格の価値が減少していることに鑑みて，エリートたちは社会的差別化の新しい他の形態を見いだそうとしているが，以上のことに変わりはないだろう★56。中等教育段階の学校と大学は，知識とコンピテンシーの媒介および習得に基づいて資格を付与している★57。そこで焦点があてられているのは，授業と教授活動の内容である。中等教育段階の学校と大学において求められていることおよび課題とされていることは，伝統的に人間形成(ビルドゥング)という概念によって把握されてきたが，社会の諸条件が変容した今日においても「人間形成論(ビルドゥングステオリー)に関するディスクルスを媒介として」★58理解することができるであろう。つまり，[中等教育段階の学校は]一般陶冶(アルゲマイネ・ビルドゥング)の場であり，その一方で，[大学は]学問による人間形成の場であると理解されるのである。人間形成論を媒体とすることによって，職業資格付与や[大学入学などの]資格とは別のこと，またそれ以上のことが学校や大学の課題として念頭に置かれることになる。そのような磁場において，学修能力は，相対立し合うような複数の回答と教育学的に常に新たに克服されるべき課

題をともなうテーマであり続けるように思われる。

■注
- ★1　Timm 2012.
  (http://www.dradio.de/dkultur/sendungen/thema/1818985/)
- ★2　Ebd.
- ★3　Ebd.
- ★4　Oelkers 2012: 1.
- ★5　シマンクは，社会学の立場から，ボローニャ・プロセスおよび大学の自己理解に関する論争を，自らの優位性を喪失しているようにみえる教養市民層と躍進しつつあるより下位もしくは中位に位置している中間層との闘争として解釈している（vgl. Schimank 2010）。もっとも，その際，実証的資料は提示されておらず，また十分に検討されていない二項図式的な形態が用いられている。
- ★6　Vgl. Huber 2007: 11.
- ★7　「工学部の学生全員を対象とした入学時テストは3年前に導入された。前期中等教育段階の，つまり第10学年までに学習する数学の内容が試される」。テストの結果はといえば，56点満点のうち，総合制学校［＝ゲザムトシューレ］出身者は平均で20.3点，数学発展コースを受けたことのあるギムナジウム出身者は36.8点，数学基礎コースを受けたことのあるギムナジウム出身者は30.5点となっている。この調査を担当した数学の教授クリスタ・ポラチェクは，「23点が基本的に下限であり，それを下回るとまれにしか大学を無事卒業できない」と述べている。「ギムナジウム出身者は本来45点は獲得すべきであろう。……［大学入学時に学生が有している］予備知識が全体としてますます少なくなっていることは大きな問題である。2004/05年冬学期にはまだ3人のうち1人は分数の方程式を解くことができていたが，その3年後には10人に1人になってしまった」vom Lehn 2012b.
  (http://www.fr-online.de/wissenschaft/studium-beim-wurzelziehen-versagt,1472788,17574924.html)
- ★8　vom Lehn 2012a.
  (http://www.faz.net/aktuell/beruf-chance/hochschulreife-abi-na-und-11930726.html)
- ★9　vom Lehn 2012b.
  (http://www.fr-online.de/wissenschaft/studium-beim-wurzelziehen-versagt,1472788,17574924.html)
- ★10　Vgl. Knospe（o.J.）.
  (http://www.nt.fh-koeln.de/fachgebiete/mathe/knospe/aktuelles.html)
- ★11　Vgl. Autorengruppe Bildungsberichterstattung 2012: 301.
- ★12　ドイツでは23％（ディプローム課程）および28％（学士課程）で，国際比較においてドイツはOECD加盟国の中位よりもやや下に位置している。大学中途退学者の割合についていえば，たとえば日本は11％でドイツよりも小さい。
  Vgl. Heublein et al. 2012: 1.
  (http://www.his.de/pdf/pub_fh/fh-201203.pdf)

- ★13 Vgl. ebd. ザクセン州で行われた大学卒業時の成果，大学における学修活動の質，学修能力に関する調査の結果も参照。
  Vgl. Krempkow 2008.
  (http://www.hof.uni-alle.de/journal/texte/08_1/Krempkow_Studienerfolg.pdf)
- ★14 Vgl. Autorengruppe Bildungsberichterstattung 2012: 301.
- ★15 すでに25年以上も前にインゲカンプ（Ingenkamp 1986）は，学術的調査が欠如していたために大学の新入生たちの成績が低下しているという想定に対する世間の嘆きには信頼に足る基盤がない，という問題を示唆していた。
- ★16 Vgl. Köller/Baumert 2002; Köster 2002: 9.
- ★17 Oelkers 2012: 1f.
- ★18 アーヘンにおける数学の教授ゼバスティアン・ヴァルハーは，数年前から教育課程が「内容なき一般コンピテンシーの構想」へと置き換えられたことにその原因を求めている。アビトゥーア受験が第13学年から第12学年へと早められた後に新たに導入されたG8カリキュラムによって，状況はさらに悪化した。発展コース──「あらゆる生徒たちに対応する一つのモデル」──の廃止およびそれと関連してなされた授業時間の短縮は，数学に関心をいだいている生徒たちにとって「破滅的」なものであったとされている。
  vom Lehn 2012a.
  (http://www.faz.net/aktuell/beruf-chance/hochschulreife-abi-na-und-11930726.html)
  フランクフルトにおける教科教育法（生物学）の教授で「教育・知識学会」事務局長であるハンス＝ペーター・クラインもまた，「学修能力の喪失をコンピテンシー志向の帰結」とみなしている（vgl. Klein 2012）。クラインは，2012年3月24日にフランクフルト大学において「教育・知識学会」（www.bildung-wissen.eu）が開催した「誤った道を行く授業改革」（vgl. Klein/Kissling 2012）という研究会議において，そのようなテーゼを支持する実証的資料を提示した。
  (http://bildung-wissen.eu/wp-content/uploads/2012/09/irrwege.pdf)
  会議でなされた報告は，『季刊 教育科学（Vierteljahrsschrift für wissenschaftliche Pädagogik）』2012年第3号に掲載されている。
- ★19 Vgl. z.B. Euler 2011.
- ★20 vom Lehn 2012a.
  (http://www.faz.net/aktuell/beruf-chance/hochschulreife-abi-na-und-11930726.html)
- ★21 Vgl. Schmoll 2012.
- ★22 Vgl. Tenorth 2000: 146f.
  アビトゥーアの歴史についてはvgl. Bölling 2010がある。また，大学卒業資格に関する議論の歴史についてはvgl. Herrlitz 1968/2001, 1997を参照。
- ★23 Vgl. KMK 2011.
  (http://www.kmk.org/fileadmin/veroeffentlichungen_beschluesse/2011/2011_07_00-Synopse-Hochschulzugang-berufl-Qualifizierter.pdf)
- ★24 ドイツの各州がかかわる常設の文部大臣会議は，人間形成，教育，高等教育，研究，文化事業を担当する16州の大臣もしくは評議委員の連合である。基本的に教育制度と文化に関する責務は各州が負うが，この会議では，全州が関与する独自の調整を通してドイツ全土に関する責務を認識し，各州の境界を超えた連携を通じて，人間形成，

学問および文化にに関する連帯にとって必要なきじゅんについて検討を行う。文部相会議の基本的な課題は，児童・生徒，学生，教師，研究者にかかわる全国規模のコンセンサスを通して，可能な限り最大限に州間の連動性を保障し，生活環境の同等性を確立し，文化領域における全州共通の関心を代理しかつ促進することにある。
Vgl.（http://www.kmk.org/wir-ueber-uns/faq.html）

★25 Vgl. KMK 2009.
（http://www.kmk.org/fileadmin/veroeffentlichungen_beschluesse/2009/2009_03_06-Hochschulzugang-erful-qualifizierte-Bewerber.pdf）
★26 Oelkers 2007: 5.
★27 Vgl. ebd.
★28 Vgl. Autorengruppe Bildungsberichterstattung 2012: 95.
★29 Vgl. ebd. 274.
★30 Oelkers 2007: 5.
★31 Vgl. Autorengruppe Bildungsberichterstattung 2012: 95.
★32 Vgl. ebd. 274.
★33 「このことは専門大学の制度が導入されたことによるものであるが，ギムナジウムに大学進学の上昇が求められたことにも基づいている」（Oelkers 2007: 6）。
★34 Vgl. Oelkers 2007: 6.
★35 Vgl. Oelkers 1998.
★36 Vgl. OECD 2012: 34.
★37 Oelkers 2007: 2.
★38 「補足しなければならないことは，他の学校卒業証が大学入学資格と結びついていないからという理由だけで価値がないと単純にいうわけにはいかないということだ。アビトゥーアと結びつかなくとも高度な職業教育を行うことは可能であり，そのような教育が労働市場における成功へと導くということはくり返し議論の遡上に載せられては消滅してきた」（Oelkers 2007: 6）。Turner 2012も参照。
★39 Tenorth 2006: 5.
★40 Vgl. Baumert 2009.
文部大臣会議は，ドイツ語，数学，外国語（英語／フランス語）および明確に示された諸課題に関する教育スタンダードに基づいてアビトゥーア試験を構成するための基準を改訂し，2012年10月18日に「一般大学入学資格のための教育スタンダード」という表題のもとにそれを採択している。
Vgl. KMK 2009a.
（http://www.kmk.org/fileadmin/veroeffentlichungen_beschluesse/2012/2012_10_18-Bildungsstandards-Deutsch-Abi.pdf）
KMK 2009b.
（http://www.kmk.org/fileadmin/veroeffentlichungen_beschluesse/2012/2012_10_18-Bildungsstandards-Mathe-Abi.pdf）
KMK 2009c.
（http://www.kmk.org/fileadmin/veroeffentlichungen_beschluesse/2012/2012_10_18-Bildungsstandards-Fortgef-FS-Abi.pdf）
★41 KMK 2012: 5.

(http://www.kmk.org/fileadmin/veroeffentlichungen_beschluesse/1972/1972_07_07-Vereinbarung-Gestaltung-Sek2.pdf)
- ★42 Vgl. Baumert 2009.
それに対してテノルトは，両概念の相違と差異とを強調している。「大学においてのみならず，アビトゥーア取得後の職業教育——アビトゥーア取得者の約40％が第一選択肢としているのが職業教育である——においても，そのような学問準備のコンピテンシーなくしては成功を収めることはできない，という想定は正しい。そのような想定の特徴といえるのは，学問準備の教育と学修能力とが……区別されるということである。ギムナジウム［全体］に関することについては，学問準備のコンピテンシーを大学の方面から考えるだけでは，まったく十分ではない」（Tenorth 2006: 14）。
- ★43 Ebd. 31.
- ★44 Vgl. Oelkers 2012; Köller/Baumert 2002.
- ★45 Ebd. 7.
またビーレフェルト大学（Universität Bielefeld）における研究プロジェクト「教育コースの危機と連続性——中等教育段階の学校と大学との架橋」を参照。同プロジェクトは，両者の架橋を生徒と大学生の視点から調査を行った。(http://www.uni-bielefeld.de/OSK/NEOS_WissEinrichtung/Projekte/proj13.html)
- ★46 以下の論述については，vgl. Oelkers 2012: 9ff.に基づいている。
- ★47 バイエルン州における改革の試みについてはGensch/Kliegl 2011 を参照。
- ★48 Vgl. NRW（2009）.
(http://www.schulministerium.nrw.de/docs/LehrkraftNRW/Lehramtsstudium/Reform-der-Lehrerausbildung/Reform/LABG.pdf)
- ★49 Vgl. Technische Universität Dortmund: *Vorkurse*.
(http://www.tu-dortmund.de/uni/studierende/start_ins_Studium/Vorkurse/index.html)
- ★50 Vgl. Technische Universität Dortmund: *Einführungsveranstaltungen*.
(http://www.tu-dortmund.de/uni/studierende/start_ins_Studium/einfuehrungsveranstaltungen/index.html)
- ★51 Vgl. Technische Universität Dortmund: *Schnupperveranstaltungen*.
(http://www.tu-dortmund.de/uni/Einstieg/schnupperveranstaltungen/index.html)
- ★52 Oelkers 2012: 7.
- ★53 Huber 2007: 12.
- ★54 Tenorth 2006: 22.
- ★55 Vgl. ETH Zürich: *Projekt"HSGYM"*.
(http://www.educ.ethz.ch/hsgym/index)
HSGYM（2008）.
(http://www.educ.ethz.ch/hsgym/HSGYM_langfassung_kl.pdf)
- ★56 教育による選抜とエリートのリクルートとの間に生じるジレンマについては，Oelkers 1998を参照。
- ★57 知識とコンピテンシーとの相違については，Koch 2012を参照。.
- ★58 Tenorth 2006: 12, vgl. Tenorth 2010.

第12章

試験・学校・人間形成
―― ヴィガー氏のアビトゥーア論に寄せて ――

山名　淳・石本沙織

1 ── 人間形成・選抜・資格付与という三位一体のイメージ

　アビトゥーアをめぐるヴィガー氏の論考（本書第11章）で最も印象的であり，かつ重要と考えられるのは，結論部における選抜，資格付与，人間形成の三位一体的なイメージの理念化である。ヴィガー氏によれば，今やそのうちの選抜と資格付与に重要性が傾斜しがちな状況が見受けられるという。今日においては，「政治と経済は，教育システムのことを取得希望の資格を準備するといった機能の観点のもとで眺めつつ教育システムを組織」し，保護者や児童・生徒・学生の関心も卒業や進学機会の獲得や資格取得，さらにはそのことを通してよりよき条件の職業世界へ参入することに向けられており，「どのような人間形成がなされるかということに関する期待は二義的なものにすぎない」（本書182頁），というわけだ。

　以上のような現状診断に基づいて，ヴィガー氏が提唱しているのは，人間形成論理の復権であり，またそれによって**学校／試験／大学**関係を再調整することであるように思われる。「人間形成論を媒体とすることによって，職業資格付与や［大学入学などの］資格とは別のこと，またそれ以上のことが学校や大学の課題として念頭に置かれることになる」（本書182頁）とヴィガー氏はいう。こうした見解は，ドイツのみならず，日本においてもおそらく賛同を得られやすいだろう。「新自由主義」的傾向が強まるなかでサービス業的な側面が色濃い教育活動のイメージが前面に押し出され，「格差社会」の問題が浮上する状況下において学校や試験を通じてよりよい条件の社会的立場を確保することに敏感にならざるをえないとき，何かもっと重要なことが教育に関して忘れ去ら

れていないかと人びとは自問する。この「もっと重要なこと」として位置づけられるのが，ヴィガー氏の場合，人間形成である。

　ほんとうだろうか。選抜や資格付与を教育システムにおける問題ある要素とみなしたうえでそれに対するいわば解毒剤のようなものとして人間形成の論理を想定することは，現代社会においてどれほどのリアリティーをもつだろうか。かりにこうした構図を思い描くことが有効だと認めるとして，人間形成の論理とはいったいどのようなものだろうか。選抜，資格付与，人間形成の三要素はそもそも歴史過程のなかで教育との関係においてどのように意味づけられてきたのだろうか。こうした問いに対して，ヴィガー氏の論考は直接には答えてくれていない。問いに対する回答はむしろ読者である私たちに委ねられている。

　人間形成の論理に関する歴史的変遷を概観するとき，少なくとも次のことはいえるのではないか。かつて尊重されていた人間形成の論理が近代化の進行とともにしだいになおざりにされ，それに代わって選抜や資格付与の論理が台頭してきた，と私たちは考えてはならない。後でふれるように，選抜および資格付与は，人間形成に対抗する論理であるというよりも，ドイツ語圏における意味世界においては，新人文主義の時代以降はとくに人間形成の論理と密接に関連づけられていた。したがって，注目すべきは三要素の関係変化ではなく，むしろ人間形成の論理自体の変遷ではないか。そのような考察を行うことなくして，現代における**学校／試験／大学**関係の状況を診断することはできないのではないか。ヴィガー氏に対する挑発をいくらか含んでいるようなこうした問いをここでは投げかけてみよう。

　以下では，まずドイツにおける**学校／試験／大学**に関する把握の独自性について，そのような把握を定式化した重要人物の一人であるヴィルヘルム・フォン・フンボルト（Wilhelm von Humboldt, 1767-1835）について言及する。次に，それ以降の歴史を俯瞰したときに人間形成概念そのものがどのように変遷していったのかということについて，ハイナー・バルツ（Heiner Barz, 1957-）の議論を参照しつつ一つの整理を試み，そこから翻ってヴィガー氏の考察を批判的に検討する。人間形成にはこれまで規範概念としての地位が多くの論者によって与えられてきたが，この概念はそれとは別に日常の言語使用のなかで意味変化を経験してもいるようなものでもある。人間形成ということで今日の人び

第12章　試験・学校・人間形成——ヴィガー氏のアビトゥーア論に寄せて

とが思い描くイメージと規範としての人間形成との差異を際立たせることによって，現代社会においてヴィガー氏がなぜひときわこの規範としての人間形成の重要性を強調しているのかが理解されるようになるはずだ。最終的に，いわば文化の副作用との交渉とでもいうべきことが，教育システムにとっても，またこのシステムに関与する人びとにとっても決定的に重要であるという結論に辿り着くことになるだろう★1。

2 〈学校／試験／大学〉の構図を支える人間形成論

　アビトゥーアは，ドイツの中等教育段階における修了試験（資格）であると同時に大学入学試験（資格）としての側面を有している。このアビトゥーアに関する昨今の議論にふれるなかであらためて強く感じるのは，中等教育段階と高等教育段階との一種の埋めがたい隔たりがドイツ語圏においては基本的に自明のものとみなされているということである。大学（ウニヴェルジテート）と学校（シューレ）との，また学修（ステュディウム）と学習（レルネン）との間には大きな隔たりがあるという認識は，今もなおドイツにおいて根強く残っているといわざるをえない★2。そのような意味で，ドイツ語圏における意味世界のうちにあっては，少なくとも日本におけるそれとの比較において，大学と学校との分断は際立っているように思われる。

　ヴィガー氏は強調していないが，ドイツ語圏におけるそのような教育制度の基本的な構図が定式化されていく際，Bildungの，つまりここでいう人間形成の思想家が重要な役割を果たしていた，ということにここで注目しておくべきだろう。ヴィルヘルム・フォン・フンボルトは，プロイセンの公教育庁の責任者という立場にあって，中等教育と高等教育の改革に関与した。彼は，「ベルリン高等学術施設の内的ならびに外的組織について」（1810年）のなかで，大学と（中等教育段階までの）学校との間には「青少年の人生における一つの区切れ」（Humboldt 1964b（1810）：260）があるという。大学は「学校におけるたんなる上位の学年段階といったような，学校と同種の補足的機関などではない」（Humboldt 1964b（1810）：260）。かたや学校は「大学における授業を先取りしてはならない」（Humboldt 1964（1810b）：260）と彼は主張している。ドイツ語圏の教育学的な意味世界における**学校／大学**の分断がここに明確なか

たちで表明されている。

　フンボルトにとって、大学とは、自由と孤独の原理に基づきつつ、学問を通して人間形成される場であった。学校とは、そこに到達するための準備をなすべく、「生徒たちのあらゆる能力を調和的に涵養」(Humboldt 1964b (1810): 261) し、その「力をできるだけ少ない対象物をもって可能な限り豊かにかつ多面的に訓練する」(Humboldt 1964b (1810): 261) 場として位置づけられた。一般陶冶（アルゲマイネ・ビルドゥング）と呼ばれるそのような教育的な働きかけおよびその作用によって、生徒たちが「いまや学問に自ら取り組むようになる」(Humboldt 1964b (1810): 261) ということを、フンボルトは期待したのである。

　フンボルトが峻別した大学と学校とを、また学修と学習とを制度の次元において区分けしているような位置にあるもの。それがアビトゥーアである。アビトゥーアの制度は、学校のなかで大学への進学準備を与えることのできる現在のギムナジウムに相当するような進学課程中等学校（ゲレーアテンシューレ）（古典語学校）と、そうでない学校である市民学校（ビュルガーシューレ）および中間学校（ミッテルシューレ）との区別を明確にし、中等教育制度の複線的組織化への道を拓くことになった（長尾 1960: 119）。試験による選抜が下敷きとなって体系化される教育制度の基盤がここにできあがっていったのである。さらにいえば、そうした試験は学校世界の向こうに待ち受けている職業世界における資格付与へと接続していくものであった。

　アビトゥーアも含む試験一般について、フンボルトはどのような見解を示していたのだろうか。人間形成の論理と選抜・資格付与の論理とを対立させて議論を構成しがちな今日の傾向とは対照的に、フンボルトは試験を忌避すべきものとはみなしていなかった。むしろ、試験は人間の諸力を調和的に発展させるという彼の人間形成論的な目的と合致した手法と位置づけられている。「より高度な教科の試験について」(Humboldt 1964a (1810)) を読む限り、フンボルトにとって、試験とは、何か果たしえたこと（ライストゥング）の証明であり、学校であれ職業社会であれ、受け入れる側の恣意性を遮断するための有力な防御の策とみなされた。このビルドゥングの思想家は、試験による選抜を、またそれによる資格付与の制度を擁護することにためらいをみせることはない。ある段階に到達するための準備がまだ十分になされていない状態にある者がすでにその準備をした者よりも優遇されるような事態を回避することは、彼にとって疑いもなく重

第12章　試験・学校・人間形成——ヴィガー氏のアビトゥーア論に寄せて

要なことであった。

　フンボルトは，個人の自由な在り方やそのための人間形成について思索した人物としての側面と，ドイツ近代教育制度の論理を構築しつつ実際に制度の確立に関与した人物としての側面を有している。思想と現実の間を往還するなかで，彼の人間形成論は選抜や資格付与と対立するものとしてではなく，むしろ共存するものとして思い描かれていた。だが，フンボルトの人間形成に関する思索と教育制度の現実にかかわる構想を比較考量してみると，両者の間に理想と現実との緊張関係と呼ぶべきものを見て取るべきなのかもしれない。ハイナー・バルツが指摘するように，人間のうちに内在する諸力の調和的発展として人間形成を捉えるフンボルトによる普遍志向の思索においては，職業，経済，技術，政治に関する要素が二義的なものとして位置づけられているという印象が生じることは否めない（Barz 2003: 3）。さらにいえば，彼の人間形成論が既定の階層関係を捨象し，個人の自由への道を切り拓く手立てとしての意味を有していた一方で（川瀬 1971），そのような原理に基づいた教育制度がそれ自体を通して階層関係を生み出していくというジレンマについて，彼は言及していない（川瀬 1971）。

　以上のことをふまえていえば，フンボルトが整合的に意味づけた人間形成・選抜・資格付与は，教育をめぐる理想と現実との緊張関係のなかにあって，人間形成と選抜・資格付与とに分断される危機の可能性を含み込んでいるといえる。ヴィガー氏が今日におけるアビトゥーアの問題を論じるなかで最終的に強調した人間形成・選抜・資格付与の調和は——はたして彼自身が意識していたかどうかということとは無関係に，少なくとも教育思想史的には——フンボルトの思想に対する批判と継承の双方を内在させている。それが批判であるというのは，ヴィガー氏がフンボルトほどには上述した三要素の調和に対して楽観的でなく，むしろそこに緊張関係を看取しているからである。同時にそれがフンボルト思想の継承であるというのは，それでも人間形成を規範概念として用いつつ，他の二つの要素との関係性を点検することに期待を寄せているからである。

3 ── 変化する人間形成観

　人間形成，選抜，資格付与の三要素が緊張関係にあることを自覚しつつその調和を目指す，というヴィガー氏の呼びかけが成立するためには，人間形成がある種の規範として，すなわち，いかなる文脈においても妥当するような普遍性をいくらかともなった点検概念としてみなされる必要がある。こうした見解は，ヴィガー氏が肯定的に受け止めているH. -Ch. コラーの論考によってより鮮明に打ち出されているといえるだろう。彼は，フンボルトの人間形成論を今日においても有効な教育学的思考の起点と考えている。彼によれば，フンボルトを代表者とする18・19世紀の転換期の人間形成をめぐる思想は，今日の徹底的に複数主義的でポストモダン的な社会においても，というよりもまさにそのような状況であるからこそ人間の変容に関する議論を方向づけるカテゴリーとして有用である，というわけだ（Koller 2004）。

　フンボルトの時代以降，とりわけ哲学の領域において，あるべき人間形成について語られ続けられてきた（cf. Gadamer 1997）。フリードリッヒ・ニーチェやテオドール・W・アドルノなどによる人間形成に対する批判もまた，その規範概念としての側面をいわばその裏側から承認しているといえる。人間形成はさまざまな立場から恣意的に規定されているというディーター・レンツェンの嘆きにもかかわらず（Lenzen 1997），今日にいたるまで人間形成概念を規範とみなす問題構成は存続している。ヴィガー氏はそうした伝統の延長線上に位置しているといえるだろう。

　ただし，見逃してならないと思われるのは，人間形成にはそのような規範的概念としての位置づけとは別に，歴史的文脈のもとでその含意が変化していくような日常語としての側面があるということだ。この点を視野に入れることによって，なぜ今日において規範概念としての人間形成があらためて注目されているのかがより明瞭に理解されることになるだろう。

　人間形成概念の「日常における含意」の変遷がこれまで十分に検討されてこなかったことを批判しているバルツ（Barz 2003）は，数少ない貴重な先行研究として二つのアンケート調査結果（Strzelewicz/Raapke/Schulenberg 1966; Schulenberg u.a. 1979）に注目し，人間形成に関する人びとの捉え方がいかに

第12章　試験・学校・人間形成——ヴィガー氏のアビトゥーア論に寄せて

表12-1　人間形成（ビルドゥング）のイメージ（1958年と1973年の比較）

	カテゴリー	1958年 (n=1345) %	1973年 (n=3267) %
1	学校教育，大学での学修，職業教育，職業	7	23
2	他者との交際・交流の在り方が秀でている	7	11
3	社会的地位が高い	2	3
4	技量と力量の点ですばらしい	8	3
5	豊富な知識，技量，経験，有能性（のみ）を備えている	17	30
6	豊富な知識・技量に加えてよい振る舞いを兼ね備えている	7	8
7	よい性格に加えて知識と技量を兼ね備えている	22	4
8	支援や助言を行う準備と能力	7	2
9	他者との交流において寛容でバランスがよい	9	5
10	善意，親切，心情の涵養	11	3
	その他	2	4
	無回答	1	4
	総計	100	100

（「人間形成されているといえるような人物を知っているか」という問いに対して「はい」と答えた調査対象者に「それではなぜその人物を人間形成されていると思うのか」という問いを投げかけたときの回答。）
出典：Strzelewicz/Raapke/Schulenberg 1966, Schulenberg u.a. 1979に基づいて作成されたBarz 2003: 11の一覧表

時の経過とともに変化しているかということを示している。1958年と1973年に実施されたアンケート調査に基づいて「人間形成（ビルドゥング）」という語のイメージの変化を提示した表12-1によれば、知識量などにかかわらない人格や性格あるいは力量の領域（カテゴリー4, 7, 10）に人間形成の特徴を認める回答が著しく減少したのに対して、制度的に施される教育を受けていることや知識の獲得に重きを置くような回答（カテゴリー1, 5）は増加していることがわかる。

バルツは、そのような人間形成の日常的理解に関する調査結果に示唆を得つつ、自らも関連する調査を実施したうえで（Barz/Tippelt 2003）、人間形成の意味論的な変遷を、「人文主義的」、「道具的」、「ポストモダン的」段階に区分している（図12-1）。図式的に過ぎる観はあるものの当該の問題領域に関するさしあたりの見通しを与えるものとして、この区分は有効であろう。「人文主義的」な段階とは、すでに述べたようなフンボルトにおける諸力の調和的発展というイメージによって人間形成が捉えられるような段階である。それに続くのが、特定の目的（たとえば社会における「成功」）を達成するための道具のようなものとして自らのうちに蓄えられた知識を用いることが人間形成という

語によって思い起こされるような「道具的」な段階である[★3]。さらに，現代世界における「ポストモダン的」な段階では，時代の変化が加速し多様性が増大するような状況下において，特定の内容や知識を習得していること以上に，たとえば交渉や交流に長けていることや状況に応じて物事を識別する能力を有することが往々にして人間形成されていることの証とみなされるようになる。

　この図式に基づく限り，次のようなことがいえるのではないだろうか。人間形成は，時代の進行とともにその前の段階において有していた要素のいくらかを（「人文主義的」段階から「道具的」段階の移行では倫理性や人格性を，また「道具的」段階から「ポストモダン的」段階への移行では共同体の形成を支える共通の内容や知識を）その概念の背景に退かせていく。そのような過程に観察されるのは，人間形成と選抜と資格付与の間にあった問題構成上の緊張関係が弛緩し，それらが癒着していく状況ではないだろうか。私たちは，ようやくヴィガー氏による主張の意義がどのようなものであるかを，より正確に言い表すことができる地点にまで辿り着いたように思われる。日常語における人間形成の意味変遷をヴィガー氏の論考に重ね合わせてみたときに浮上するのは，アビトゥーアをめぐる三要素の癒着状態から再び人間形成を規範概念として引き離し，

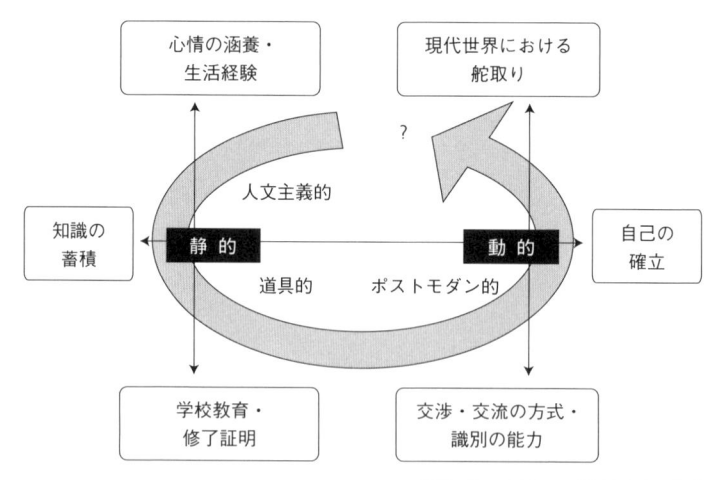

図12-1　人間形成（ビルドゥング）――その日常的理解における主要な諸次元

出典：Barz 2003: 16の図をもとに作成

第12章 試験・学校・人間形成——ヴィガー氏のアビトゥーア論に寄せて

歴史過程のなかで弾き出されていった規範性を再度視野に捉えたうえで教育の内部へと持ち込むということを彼の主張が含意しうる，ということである。

4 ── 経歴──試験がつくり出す個人の物語とは何か

　試験をめぐる三要素の緊張関係を認めつつそれらの調和を目指すというヴィガー氏のもくろみは，はたして上述のように人間形成の哲学・思想領域における規範的な側面と日常領域における事象的な側面とを重ね合わせて意義づけられた通りに功を奏するのだろうか。このことを判定する準備は残念ながら私たちにはまだできていない。目下のところ，**学校／試験／大学**をめぐる構図の編成替えが国際的な規模で進行しつつある。そのような改革の荒波のなかに人間形成（ビルドゥング）の支柱が立てられるのかどうか，また立てられるとすればそれはどのような支柱であるべきか，ということを見極めるためには，現状に関するより詳細な検討が必要である。この点については，今後の課題として残さざるをえない。

　ここでは，ヴィガー氏が取り組もうとしたもう一つの問題，つまり試験によって測られるものについても言及しておきたい。ヴィガー氏が具体的に焦点化しているのは，アビトゥーアによって試されるべき「学修能力」である。彼はドイツの文部大臣会議における定義について批判的に論じた後で，最終的に「学修能力」を「普通教育の学校制度から職業資格に通じる大学制度への架橋を成功させるための知識・能力・技能に関する課題」を定式化したものであるとしている。この定式化に基づいて現行のアビトゥーア制度とその改革が妥当なものであるかどうかということについてヴィガー氏は引き続き論じていくのだが，私たちはそれとは別に，そもそも「学修能力」も含めて「能力」として試験を通して切り出されるものとはいったい何か，という問いに対する一つの回答を求めてみたい。この問いはヴィガー氏の論考の埒外に置かれている。

　この問題に取り組む手がかりを与えてくれる理論的手立ての一つは，現代における人間形成論のヴァリエーションでもあるニクラス・ルーマンのシステム理論である。彼が用いる諸概念のうちでもこの問題とかかわりが深いと考えられるのは，「媒質（メディウム）」と「形式（フォルム）」という概念である。この二つの概念に対する基

本的な発想を，彼はギリシャ哲学に求めている。ルーマンが注目したのは，まずは蠟がさまざまにかたちを変える様子に記憶の隠喩を見いだしたアリストテレスである。またプラトンは，それを補足して，蠟において保存されるのは形式であり，蠟はそのような形式を可能にする媒質と考えた（Luhmann 2002 = 2004: 106f.）。

　それでは教育にとって媒質とみなしうるものは何か。ルーマンが思索の末に辿り着いたのは，「経歴(レーベンスラウフ)」を媒質とみなすという回答であった。彼のいう経歴とは，「不確定なさまざまなできごとが個人について数珠つなぎに生じたもの」（Luhmann 2002 = 2004: 121f.）である。そして「だれもが，経歴という**媒質**が得たそれぞれの形式」（Luhmann 2002 = 2004: 122）であるというのである。「経歴に寄与するできごとはすべて，それ以後の可能性を制約する一方，それを広げることもある」（Luhmann 2002 = 2004: 122f.）とされる。

　経歴という媒質を再生産するものとして位置づけられるのは，ルーマンによれば知識である。知識は経歴にチャンスを与え，またその不足は経歴のチャンスを閉ざす可能性をもつ（Luhmann 2002 = 2004: 125f.）。ただし，知識はひとたび蓄積されれば保存され続けるようなものではなく，絶えず忘却と記憶の継続のなかで維持され，入れ替えられ，ときには失われるような性質を有している。したがって，経歴（学歴も含む）という「媒質の使用は，金銭支払いの場合などとは違って，自動的に媒質の再生を保障するものではない」（Luhmann 2002 = 2004: 130）。知識を時代の文脈に応じて絶えず入れ替えること，つまり継続教育が必要とされるのはそのためである。

　知識の不安定さは，記憶と忘却の狭間でのみ生じるわけではない。通常，学術システムが有効な知識を判定すると考えられがちであるが，学術システムそのものが社会的是認を必要としている。そのような意味では，知識は偶有的な側面を有している。つまり，社会の文脈に応じて，有効とされる知識が変わりうるのである。このことは，「ポストモダン」的な今日の状況において，学術システムにおいても，また教育システムにおいても，現代社会に求められる知識について絶えず議論され，その強調点が変化していく様子を知る私たちにとっては，よく理解されるところであろう。このような知識の不安定さに鑑みれば，経歴とは，つまり他でもありえたかもしれない人生の物語の一つである。

第12章　試験・学校・人間形成──ヴィガー氏のアビトゥーア論に寄せて

　このことは，何も経歴だけにあてはまるわけではおそらくない。私たちはしばしば自らの人生について語る。自分自身の身の上に生じたことのいくつかを意味あるできごととして抽出し，そうしたできごとを紡いで物語を構成する。だが，その連続性を保障するものがあるかどうかは，実は相当に怪しい。人の一生は，その深淵を覗き見ることがためらわれるほどに，恐ろしく曖昧である。人生の物語は他でもあり得たかもしれぬ無数の可能性のうちのあくまでも一つの構成が選択されたものにほかならない。

　曖昧さを抱えるあらゆる人生の物語のなかで，けれども経歴は，人生という「数珠つなぎ」の物語に信憑性を与える媒質となり，これを通じて，本来は質的な相違ゆえに容易に比べることなどできない複数の人びとの生を比較可能にする側面を有している。試験はこの経歴を左右する。より厳密にいえば，試験によって評価されるその人の「能力」が経歴を左右する。経歴とは，あくまでも一つの走行路線を人間が歩んでいくかのような連続的な過程として人生を言い表すための比喩であり，その限りにおいてフィクションである。だが，このフィクションは現実生活において──常に安定してそうだというわけではないにしても──機能する。学歴を通して，学閥を通して，資格を通して，自信・自負の源として，あるいは人間関係や役割に反映するかたちで。

　人間形成における「道具化」の危機の時代において，ミシェル・フーコーらの議論に依拠しつつ試験という仕組みそのものを批判する議論が登場したが[★4]，今日においてはこの点についてより慎重な議論が必要だろう。ハインツ＝エルマー・テノルトは，試験なき教育世界を思い描かなかったフンボルトの伝統を想起して，社会の側のみならず，学習者自身が試験を必要としている側面があるということを強調している。「なぜなら，そのことを通してのみ，差異の経験や自らのコンピテンシー如何に対する自己認識が可能となるからであり，したがって自らの能力を認知することを学ぶからである」(Tenorth 2006: 35)。試験を通して，成功と失敗の理由について因果的な説明がより明確なかたちで与えられ，そのことによって自らを相対化できる，というわけだ。試験の挫折がもたらしうる自己否定感覚の危うさについて，また試験が結果的に生じさせるさまざまな「格差」の問題について，さらに視野に収めるべき論点がなお残されている。

5 ── 文化の副作用──試験の自己目的化を超えて

　ところで，以上のような考察の副産物的な成果として，次の点が決定的に重要であることは付言しておいてよいだろう。試験が生み出す世界にはその外部があるということを熟知していること。試験が大きく関与する経歴が社会的に機能するということを認めつつ，ただしそうした経歴は試験によって切り出されうる「能力」と密接に結びついた構成物の一つにすぎないということ。また社会の文脈が変われば別様でもありえたかもしれないという経歴の頼りなさを心得ていること。試験に依拠することと試験を過信しないことの間を生きるアイロニカルな態度がときには必要とされること。

　上述のことは，受験生に対する心得や慰めとして述べられているのではもちろんない。これは，よりよき試験制度の確立に向けた努力を肯定しつつ，そのような努力に対してなおかつなされるべき但し書きである。現代社会においては，試験や評価のシステムを改善することによって，これまで分断されてきたものが接続され，流動性が高められ，より精密な比較考量が可能となり，また個々人に再チャレンジの機会がより多く与えられるように改善が試みられている。それと同時に，社会全体がこの仕組みに包み込まれていく動向のなかで，その外部に立つことは容易ではなくなりつつあるようにみえる[★5]。試験が全体を網羅し，すべてを「正当」に評価し，あらゆることがこの改善された評価のシステムを通じて繋がれるとき，そこに立ち現れるのは合理性が細部にまで浸透したユートピア的世界だろうか，それとも外部を失った閉じたアンチ・ユートピアの世界だろうか。

　人間が生み出す文化は完全ではありえない。文化の副作用をも省察することは私たちにとって不可欠である。教育に関する考察についてもこのことはいえるだろう。いや，むしろ教育こそがそうした省察を必要とする最たる実践領域なのではないだろうか。本書の序章を思い起こしておこう。人間形成とは，人間の変容を意味すると同時に，その結果として生み出される文化をも意味しているのであり，総じて自らが創り出す環境としての文化と自身との相互作用のなかで生じる自己内外のダイナミズムを表している。教育がこうしたダイナミズムに意図的に介入する営みであるとすれば，試験や学校の自己目的化を超え

第12章　試験・学校・人間形成——ヴィガー氏のアビトゥーア論に寄せて

た大局の観察がこの営みには求められる。

　試験およびこの仕掛けがしっかりと組み込まれた学校という機関は，人間を形成していくための仕組みとして人間自身が生み出した文化のうちの一部でありながら，その作用は人間を鼓舞し歓喜させることもあれば憤りや悲嘆を引き起こすこともある。試験や学校のような明確に教育的な働きかけを行うことを意図して設えられた制度に関する考察を超えて，人間が変化・変容していくという現象をさまざまな角度から省察するような構えによってこうした文化の問題をあらためて俯瞰するようなジャンルがあるとすれば，やはりそれは人間形成論と呼ぶべきものではないだろうか。ヴィガー氏が現代社会における人間形成の規範性に希望を託すとき，彼が思い描く人間形成論とはまさにそのようなものとして捉えられねばならないだろう。人間形成論はたんに観念的で抽象的な次元においてのみならず，試験や学校などのような具体のうちにこそ立ち現れるのだ。

■注

★1　本章は，第2節を主として石本が，また第4節および第5節を山名が担当執筆し，第1節および第3節を共同執筆した。そのうえで全体の内容を共同で検討した。なお，アビトゥーアに関する日本語文献としては，たとえば望田1998，桂2007，木戸2008, 2009を参照。

★2　「学校教育は，カノン化された知識［＝基礎知識］と獲得されたコンピテンシーを基盤とし，とりわけさまざまなテーマと問題に取り組む認知作業という方式をとりつつ世界と折り合いをつける経験を習慣化させることを可能にする。だが，大学における学修という観点からすれば，たしかにそれらは必要ではあっても，［学修にとっての］十分な知見とコンピテンシーというわけではない。大学の学修において専門ごとに期待され要請される知見と能力を確かなものにすることについては，［中等教育段階の］学校は責務を有しないだけでなく，適切でもない。それを行わねばならないのは，大学自体なのである」（Tenorth 2006: 18）。

★3　なるほど言語を中心として知識を獲得することは「人文主義的」な人間形成観にも含まれていたという意味においては，この二つの段階を峻別することはできない。だが，人格や性格に関する要素，また学校のような教育に特化した機関の外部における生活を通して涵養される力量などに置かれる価値の比重が異なるという点で，両者は同一でもない。

★4　例としてGstettner 1981などを挙げることができる。また，日本においてそれに対応する議論の傾向を端的に示している著作として，たとえば桜井1984などがある。

★5　このことと関連して言及しておきたいのは，一見したところ体系的でなおかつ確固とした論証を装備しているかにみえるドイツの試験制度が，同時に試験の厳密性に対す

るある種のおおらかさをも宿しているように思われる、ということだ。日本において同日同時刻に全国一斉に実施されるセンター入試制度に慣れきってしまった私たちの感覚からすれば、ドイツではときとして不公平と感じられるほどに各州によって、あるいは各学校によって、アビトゥーア試験の難易度に差が生じうる。むろん、こうした問題はすでに議論の俎上に載せられており、全国統一アビトゥーア実施に向けた議論がドイツにおいてすでに開始されている（桂 2007）。だが、連邦主義（フェデラリスムス）の伝統との兼ね合いもあって、たとえ全国統一アビトゥーアが導入されたとしても日本におけるのと同等の徹底した厳密さが実現するようには思われない。少なくとも現時点においては、そうした試験制度の厳密さへの要求が一方にあり、学校側の授業活動と生徒側の学習との循環の重視が他方にある。双方の綱引き状態が続く限り、試験制度には徹底した統一性が備わらない可能性がある。このことは、流動性や他のシステムとの接続性という点において欠点になりうる一方で、試験制度がいわば自己目的化して外部をもたない閉じたシステムとなることを結果的に回避する手立てともなっているのではないか。しかも、ドイツにおいてはこうした学校教育のシステムにさらに職業教育のデュアルシステムが重ね合わされることによって、試験制度が重層化している。流動性や接続性を顧慮しつつ、けれどもこの合理的なシステムに穿たれた穴のようにみえる部分が伝統に備わっていることの意味についても、より慎重に考察する必要があるのではないだろうか。

文　献

■序章

Adorno, Th. W.（2005）: *Critical Models: Interventions and Catchwords*, trans. Pickford, H. W., Columbia: Columbia University Press. = 大久保健治訳（1971）『批判的モデル集Ⅰ——介入』法政大学出版局（ただしドイツ語版（1963年）からの翻訳）
江島正子（1996）『フンボルトの人間形成論』ドン・ボスコ社
エッセル, W. m. = 藤木顕久訳（1935）「人間形成——言語に依る民族形成」『教育学研究』第4巻第9号，55-60頁
濱田真（1999）「近代ドイツにおけるBildung概念の変容——啓蒙主義から新人文主義への移行期を中心にして」『言語文化論集』第51巻，69-94頁
平野智美・菅野和俊編（1979）『人間形成の思想　教育学講座2』学習研究社
堀尾輝久（1991）『人間形成と教育——発達教育学への道』岩波書店
堀内守（1979）「人間形成の文化論的地平——人間形成空間の構想」平野智美・菅野和俊編『人間形成の思想　教育学講座2』学習研究社
細谷恒夫編（1955）「人間形成——課題と展望」『道徳における人間形成——道徳教育　現代道徳講座6』河出書房　1-22頁
Humboldt, W.v.（1967（Original 1792））: Ideen zu einem Versuch, die Grenzen der Wirksamkeit des Staats zu bestimmen. In: Humboldt, W. v.（Hrsg.）: *Gesammelte Schriften*. Hrsg. v. Der Königlich Preußischen Akademie der Wissenschaften. Bd.1 Berlin. 1903（Nachdruck 1967）.
勝田守一（1972）『人間形成と教育』（『勝田守一著作集』第4巻）国土社
城戸幡太郎（1935）「形象と技術——教育学の方法についての試論」『教育』第3巻第6号，1-8頁
木村素衛（1941）『形成的自覚』弘文堂
小池孝範（2008）『道元の禅思想における人間形成の研究』（博士論文）http://ir.library.tohoku.ac.jp/re/bitstream/10097/34789/1/Koike-Takanori-02-08-0060.pdf（2013年11月1日閲覧）
Lenzen, D.（1997）: Lösen die Begriffe Selbstorganisation, Autopoiesis und Emergenz den Bildungsbegriff ab? In: *Zeitschrift für Pädagogik*. 43, S. 949-968.
Lenzen, D.（2000）: Bildung im Kontext. In: Dietrich, C./ Müller, H.-R.（Hrsg.）: *Bildung und Emanzipation*. Weinheim, S. 73-86.
Lichtenstein, E.（1971）: Bildung. In: Ritter, J.（Hrsg.）: *Historisches Wörterbuch der Philosophie*. Bd.1, Stuttgart, S. 921-937.
Luhmann, N./ Schorr, K.-E.（1979）: *Reflexionsprobleme im Erziehungssystem*. Stuttgart.
真壁宏幹（2012）「訳語解説［Bildung］について」パーモンティエ，M.『ミュージアム・エデュケーション』慶應義塾大学出版会　v-vii頁
松浦良充（2003）「『教育』できるものとしての『教養』の語り方——教養論の歴史から」『教育哲学研究』第87号，35-39頁
Mattig, R.（2012）: Bildung aus kulturanthropologischer Perspektive. In: Miethe, I./ Müller, H.-R.（Hrsg.）: *Handbuch pädagogischer Grundbegriffe*. Vol.1, München, S. 77-91.
Mattig, R.（2012）: Cultural Translation and Bildung: A Cross-National Perspective on Anthropology in the Humboldtian Tradition. In: Naoko, S./ Mattig, R./ Ono, F.（ed）: *Culture and Subjectivity in Translation. Proceedings of the 5th International Symposium between the Graduate School of*

文献

Education, Kyoto University, and the Institute of Education, University of London. Kyoto, S. 59-68.
Menze, C.（1970）: Bildung. In: Speck, J./ Wehle, G.（Hrsg.）: *Handbuch pädagogischer Grundbegriffe.* Vol.1, München, S. 134-184.
Menze, C.（1983）: Bildung. In: Lenzen, D./ Mollenhauer, K.（Hrsg.）: *Enzyklopädie Erziehungswissenschaft.* Bd1. Stuttgart, S. 350-356.
三輪貴美枝（1994）「Bildung概念の成立と展開について」『教育学研究』第61巻第4号，11-20頁
宮原誠一（1976）「教育の本質」『宮原誠一教育論集』第1巻　厚徳社
宮野安治（2006）「西田幾多郎と教育学──『教育学について』を読む」上田閑照編『人間であること』燈影舎　238-260頁
森昭（1961）『教育人間学──人間生成としての教育』黎明書房
森昭（1977）『人間形成原論──遺稿』黎明書房
森田孝編（1992）『人間形成の哲学』大阪書籍
中内敏夫（1988）『教育学第一歩』岩波書店
西田幾多郎（1966（1933））「教育学について」『西田幾多郎全集』第12巻　岩波書店　85-101頁（原題「哲学と教育」岩波茂雄編輯『岩波講座教育科学』第18冊　3-18頁）
岡田渥美編（1996）『人間形成論──教育学の再構築のために』玉川大学出版部
大浦猛（1950）「社会的人間形成としての教育──教育の本質に関する基礎的研究」東京教育大学教育学研究室編『教育原理』教育大学講座第1巻　金子書房　189-229頁
Paulsen, Fr.（1903）: Bildung. In: Rein, W.（Hrsg.）: *Encyklopädisches Handbuch der Pädagogik.* Langensalza, S. 658-670.
櫻井佳樹（1991）「教授学におけるBildungの機能──クラフキー教授学の連続・非連続の問題を介して」『広島大学教育学部紀要（教育学）』第1部第40号，123-130頁
櫻井佳樹（1994）「日独にみる人間形成の論理と構造──『Bildung』概念と『陶冶』概念の差異を中心に」『平成5年度香川大学教育研究特別経費研究報告書』1-12頁
櫻井佳樹（1998）「新人文主義的Bildung理論の『近代性』について──ルソー的モチーフの継承をめぐって」『香川大学教育学部研究報告』第Ⅰ部第103号，77-93頁
進藤咲子（1973）「『教養』の語史」『言語生活』No.265　筑摩書房　66-74頁
篠原助市（1975（初版1949））『改訂　理論的教育学』協同出版
鈴木秀一（1988）「陶冶と訓育」青木一他編『現代教育学辞典』労働旬報社　574-575頁
高橋勝（1992）『子どもの自己形成空間──教育哲学的アプローチ』川島書店
竹内洋（2003）『教養主義の没落──変わりゆくエリート学生文化』中央公論新社
田中毎実（2003）『臨床的人間形成論へ──ライフサイクルと相互形成』勁草書房
田中毎実（2009）「臨床的人間形成論の現在」平野正久編『教育人間学の展開』北樹出版　307-329頁
田中毎実（2012）「人間学と臨床性──教育人間学から臨床的人間形成論へ」田中毎実編『教育人間学──臨床と超越』東京大学出版会　1-24頁
テノルト，H.-E.　今井康雄訳（1998）「パラドックス，矛盾，そして啓蒙主義・教育学」小笠原道雄・坂越正樹監訳『教育学における「近代」問題』玉川大学出版部　16-41頁
筒井清忠（1995）『日本型「教養」の運命──歴史社会学的考察』岩波書店
上田薫（1966）『人間形成の論理』黎明書房
渡辺かよ子（1997）『近現代日本の教養論──一九三〇年代を中心に』行路社
渡辺かよ子（1999）「『修養』と『教養』の分離と連関に関する考察──一九三〇年代の教養論の分析を中心に」日本教育学会編『教育学研究』第66巻第3号，278-286頁
湯原元一（1893）「訳例七則」リンドネル，G. A. 湯原元一訳（1893）『倫氏教育学』金港堂書籍　1-7頁
湯原元一（1922）「ヘルバルト派教育学説の全盛時代」国民教育奨励会編『教育五十年史』民友社

文 献

179-188頁

■第1章

Baumert, J./ Artelt, C./ Klieme, E./ Neubrand, M./ Prenzel, M./ Schiefele, U./ Schneider, W./ Tillmann, K.-J./ Weiß, M.（Hrsg.）（2001a）：*PISA 2000. Basiskompetenzen von Schülerinnen und Schülern im internationalen Vergleich*. Opladen.

Baumert, J./ Artelt, C./ Klieme, E./ Neubrand, M./ Prenzel, M./ Schiefele, U./ Schneider, W./ Tillmann, K.-J./ Weiß, M.（Hrsg.）（2002）：*PISA 2000. Die Länder der Bundesrepublik Deutschland im Vergleich*. Opladen.

Baumert, J./ Artelt, C./ Klieme, E./ Neubrand, M./ Prenzel, M./ Schiefele, U./ Schneider, W./ Tillmann, K.-J./ Weiß, M.（Hrsg.）（2003）：*PISA 2000. Ein differenzierter Blick auf die Länder der Bundesrepublik Deutschland*. Opladen.

Baumert, J./ Stanat, P./ Demmrich, A.（2001b）：PISA 2000: Untersuchungsgegenstand, theoretische Grundlagen und Durchführung der Studie. In: Baumert, J./ Artelt, C./ Klieme, E./ Neubrand, M./ Prenzel, M./ Schiefele, U./ Schneider, W./ Tillmann, K.-J./ Weiß, M.（Hrsg.）：*PISA 2000. Basiskompetenzen von Schülerinnen und Schülern im internationalen Vergleich*. Opladen, S. 15-68.

Benner, D.（2002）：Die Struktur der Allgemeinbildung im Kerncurriculum moderner Bildungssysteme. Ein Vorschlag zur bildungstheoretischen Rahmung von Pisa. In: *Zeitschrift für Pädagogik* 48, S. 68-90.

Eckert, T.（2002）：Bildungsstatistik. In: Tippelt, R.（Hrsg.）：*Handbuch Bildungsforschung*. Opladen, S. 459-476.

Ehrenspeck, Y.（2002）：Philosophische Bildungsforschung: Bildungstheorie. In: Tippelt, R.（Hrsg.）：*Handbuch Bildungsforschung*. Opladen, S. 141-154.

Fuchs, H.-W.（2003）：Auf dem Weg zu einem neuen Weltcurriculum? Zum Grundbildungskonzept von PISA und der Aufgabenzuweisung an die Schule. In: *Zeitschrift für Pädagogik* 49, S. 161-179.

Garz, D./ Blömer, U.（2002）：Qualitative Bildungsforschung. In: Tippelt, R.（Hrsg.）：*Handbuch Bildungsforschung*. Opladen, S. 441-458.

Gerstenmaier, J.（2002）：Philosophische Bildungsforschung: Handlungstheorien. In: Tippelt, R.（Hrsg.）：*Handbuch Bildungsforschung*. Opladen, S. 155- 168.

Koch, L.（2004）：Allgemeinbildung und Grundbildung, Identität oder Alternative? In: *Zeitschrift für Erziehungswissenschaft* 7, S. 183-191.

Koller, H.-Ch.（1999）：*Bildung und Widerstreit. Zur Struktur biographischer Bildungsprozesse in der (Post-) Moderne*. München.

Koller, H.-Ch.（2002）：Bildung und kulturelle Differenz. Zur Erforschung biographischer Bildungsprozesse von MigrantInnen. In: Krau,l M./ Marotzki, W.（Hrsg.）：*Biographische Arbeit. Perspektiven erziehungswissenschaftlicher Biographieforschung*. Opladen, S. 92-116.

Koller, H.-Ch.（2004）：Der klassische Bildungsbegriff und seine Bedeutung für die Bildungsforschung. In: Wigger, L.（Hrsg.）：*Wie ist Bildung möglich?* Bad Heilbrunn.

Krüger, H.-H.（1999）：Entwicklungslinien, Forschungsfelder und Perspektiven der erziehungswissenschaftlichen Biographieforschung. In: Krüger, H.-H./Marotzki, W.（Hrsg.）：*Handbuch erziehungswissenschaftliche Biographieforschung*. Opladen, S. 13-32.

Krüger, H.-H./ Marotzki, W.（1999a）：Biographieforschung und Erziehungswissenschaft: Einleitende Anmerkungen. In: Krüger, H.-H./ Marotzki, W.（Hrsg.）：*Handbuch erziehungswissenschaftliche Biographieforschung*. Opladen, S. 8-10.

文 献

Krüger, H.-H./ Marotzki, W. (Hrsg.) (1999b): *Handbuch erziehungswissenschaftliche Biographieforschung*. Opladen.
Kruse, A./ Maier, G. (2002): Höheres Erwachsenenalter und Bildung. In: Tippelt, R. (Hrsg.): *Handbuch Bildungsforschung*. Opladen, S. 529-544.
Lenzen, D. (1997): Lösen die Begriffe Selbstorganisation, Autopoiesis und Emergenz den Bildungsbegriff ab? In: *Zeitschrift für Pädagogik* 43, S. 949-968.
Lyotard, J.-F. (1986): *Das postmoderne Wissen. Ein Bericht*. Graz und Wien.
Lyotard, J.-F. (1989): *Der Widerstreit*. München.=陸井四郎・外山和子・小野康男・森田亜紀訳 (1989)『文の抗争』法政大学出版局
Marotzki, W. (1990): *Entwurf einer strukturalen Bildungstheorie. Biographietheoretische Auslegung von Bildungsprozessen in hochkomplexen Gesellschaften*. Weinheim.
Marotzki, W. (1991a): Bildungsprozesse in lebensgeschichtlichen Horizonten. In: Hoerning, E. u.a. (Hrsg.): *Biographieforschung und Erwachsenenbildung*. Bad Heilbrunn, S. 182-205.
Marotzki, W. (1991b): Ideengeschichtliche und programmatische Dimensionen pädagogischer Biographieforschung. In: Hoffmann, D. (Hrsg.): *Bilanz der Paradigmendiskussion in der Erziehungswissenschaft. Leistungen, Defizite, Grenzen*. Weinheim, S. 81-110.
Marotzki, W. (1996): Neue Konturen Allgemeiner Pädagogik: Biographie als vermittelnde Kategorie. In: Borrelli, M./ Ruhloff, J. (Hrsg.): *Deutsche Gegenwartspädagogik. Bd. 2*, Baltmannsweiler, S. 67-84.
Marotzki, W. (1997): Morphologie eines Bildungsprozesses. Eine mikrologische Studie. In: Nittel, D./ Marotzki, W. (Hrsg.): *Berufslaufbahn und biographische Lernstrategien. Eine Fallstudie über Pädagogen in der Privatwirtschaft. Bd. 6*, Baltmannsweiler, S. 83-117.
Marotzki, W. (1999): Bildungstheorie und Allgemeine Biographieforschung. In: Krüger, H.-H./ Marotzki, W. (Hrsg.): *Handbuch erziehungswissenschaftliche Biographieforschung*. Opladen, S 57-68.
Marotzki, W. (2002): Allgemeine Erziehungswissenschaft und Biographieforschung. In: Kraul, M./ Marotzki, W. (Hrsg.): *Biographische Arbeit. Perspektiven erziehungswissenschaftlicher Biographieforschung*. Opladen, S. 49-64.
Messner, R. (2003): PISA und die Allgemeinbildung. In: *Zeitschrift für Pädagogik* 48, S. 400-412.
Pekrun, R. (2002): Vergleichende Evaluationsstudien zu Schülerleistungen: Konsequenzen für die Bildungsforschung. In: *Zeitschrift für Pädagogik* 48, 111-128.
Prondczynsky, A. v. (2009): Bildungstheorie-Bildungskritik-Bildungsforschung. Zum Wandel der Bildungssemantik. In: Wigger, L. (Hrsg.): *Wie ist Bildung möglich?* Bad Heilbrunn, S. 15-33.
Strobel-Eisele, G./ Prange, K. (2003): Vom Kanon zum Kerncurriculum. Anmerkungen zu einer Neufassung des Begriffs der Grundbildung. In: *Pädagogische Rundschau* 57, S. 631-641.
Tenorth, H.-E. (1988): Das Allgemeine der Bildung. Überlegungen aus der Perspektive der Erziehungswissenschaft. In: Hansmann, O./ Marotzki, W. (Hrsg.): *Diskurs Bildungstheorie I: Systematische Markierungen. Rekonstruktion der Bildungstheorie unter Bedingungen der gegenwärtigen Gesellschaft*. Weinheim, S. 241-267.
Tenorth, H.-E. (1994): *"Alle Alles zu lehren."Möglichkeiten und Perspektiven allgemeiner Bildung*. Darmstadt.
Tenorth, H.-E. (1997): "Bildung"-Thematisierungsformen und Bedeutung in der Erziehungswissenschaft. In: *Zeitschrift für Pädagogik* 43, S. 969-984.
Tenorth, H.-E. (2003): "Wie ist Bildung möglich?" Einige Antworten und die Perspektive der Erziehungswissenschaft. In: *Zeitschrift für Pädagogik* 48, S. 422-430.

Tenorth, H.-E.（2004）: Stichwort: "Grundbildung"und "Basiskompetenzen". Herkunft, Bedeutung und Probleme im Kontext allgemeiner Bildung. In: *Zeitschrift für Erziehungswissenschaft* 7, S. 169-182.
Tippelt, R.（2002）: Einleitung des Herausgebers. In: Tippelt, R.（Hrsg.）: *Handbuch Bildungsforschung*. Opladen, S. 9-20.
Wigger, L.（2000）: Konturen einer modernen Erziehungswissenschaft. Überlegungen im Anschluss an die Diskussion um die Allgemeine Erziehungswissenschaft. In: Adick, C./ Kraul, M./ Wigger, L.（Hrsg.）: *Was ist Erziehungswissenschaft?* Donauwörth, S. 35-56.
Wiggcr, L./ Kiuchi, Y./ Kaiji, K.（2006）: Bildungstheorie und Bildungsforschung in Deutschland im 20. Jahrhundert. In: *Bulletin of Center for Collaboration in Community, Naruto University of Education* 2006, No. 21, S. 1-11（in japan. Übersetzung）.＝木内陽一・ヴィガー，L.・梶井一暁（2006）「20世紀ドイツの人間形成論と人間形成研究」『鳴門教育大学学校教育研究紀要』第21巻，1-11頁
Zedler, P.（2000）: Wandlungen des Reformdiskurses. Konfliktlinien leitender Orientierungs- und Bewertungsmaßstäbe in der Schulentwicklung. In: Krüger, H.-H./ Wenzel, H.（Hrsg.）: *Schule zwischen Effektivität und sozialer Verantwortung*. Opladen, S. 15-41.
Zedler, P.（2002）: Erziehungswissenschaftliche Bildungsforschung. In: Tippelt, R.（Hrsg.）: *Handbuch Bildungsforschung*. Opladen, S. 21-40.

■第2章
Adorno. Th. W.（1968）: *Negative Dialektik*. Frankfurt a.M.＝木田元他訳（1996）『否定弁証法』作品社
Benjamin. W.（1932）: *Berliner Chronik*.＝浅井健次郎訳（2012）「ベルリン年代記」浅井健次郎他編訳・久保哲司・岡本和子・安德真貴子訳『ベンヤミン・コレクション6――断片の力』筑摩書房
Benjamin. W.（1935-1938）: *Berliner Kindheit um Neunzehnhundert*.＝浅井健次郎訳（1997）「1900年頃のベルリンの幼年時代」浅井健次郎編訳・久保哲司訳『ベンヤミン・コレクション3――記憶への旅』筑摩書房
Elsässer. M.（1994）: *Friedrich Schlegels Kritik am Ding*. Hamburg.
Hegel. G. W. F.（1807）: *Phänomonologie des Geistes*.＝金子武蔵訳（1971）『精神の現象学』上巻（『ヘーゲル全集』第4巻）岩波書店
今井康雄（1998）『ヴァルター・ベンヤミンの教育思想――メディアのなかの教育』世織書房
加藤尚武編（1996）『ヘーゲル「精神現象学」入門　新版』有斐閣
道籏泰三（1997）『ベンヤミン解読』白水社
宮田眞治（1994）「『創造する精神の構成論』としての『実験術』――ノヴァーリスにおける『諸科学のポエジー化』の問題」伊坂青司・長嶋隆・松山寿一編著『ドイツ観念論と自然哲学』創風社
仲正昌樹（2001）『モデルネの葛藤――ドイツ・ロマン派の〈花粉〉からデリダの〈散種〉へ』御茶ノ水書房
Novalis.（1798-1799）: *Die Allgemeine Brouillon*.＝今泉文子訳（2007）『一般草稿――百科全書学のための資料集』（『ノヴァーリス作品集』第3巻）筑摩書房
Schlegel, F.（1958）: *Kritische-Friedrich-Schlegel-Ausgabe*. Paderborn.
Strohschneider-Kohrs. I.（1958）: *Die romantische Ironie in Theorie und Gestaltung*. Tübingen.
田中均（2010）『ドイツ・ロマン主義美学』御茶ノ水書房
寄川条路（2004）『ヘーゲル「精神現象学」を読む』世界思想社

■第3章
Felden, H. von（2003）: *Bildung und Geschlecht zwischen Moderne und Postmoderne. Zur Verknüpfung von Bildungs-, Biographie-und Gedenkenforschung*. Opladen.
Gruschka, A.（2009）: *Erkenntnis in und durch Unterricht*. Wetzlar.

文 献

Hegel, G. W. F.（1970）: Enzyklopädie der philosophischen Wissenschaften im Grundrisse（1830）. In: Hegel, G. W. F.: *Werke*. Bd. 8-10（hrsg. von E. Moldenhauer und K. M. Michel）. Frankfurt a.M.

Hegel, G. W. F.（1970）: Phänomenologie des Geistes（1807）. In: Hegel, G. W. F.: *Werke*. Bd. 3（hrsg. von E. Moldenhauer und K. M. Michel）. Frankfurt a.M.

Hegel, G. W. F.（1970）: Grundlinien der Philosophie des Rechts（1821）. In: Hegel, G. W. F.: *Werke*. Bd. 7（hrsg. von E. Moldenhauer und K. M. Michel）. Frankfurt a.M.

Hegel, G. W. F.（1970）: Vorlesungen über die Philosophie der Geschichte. In:Hegel, G. W. F.: *Werke*. Bd. 12（hrsg. von E. Moldenhauer und K. M. Michel）. Frankfurt a.M.

Kokemohr, R.（2007）: Bildung als Selbstentwurf im Fremden. Eine theoretisch-empirische Annäherung an eine Bildungsprozesstheorie. In: Koller, H.-Ch./ Marotzki, W./ Sanders, O.（Hrsg.）: *Bildungsprozesse und Fremdheitserfahrung. Beiträge zu einer Theorie transformatorischer Bildungsprozesse*. Bielefeld, S. 13-68.

Koller, H.-Ch.（1999）: *Bildung und Widerstreit. Zur Struktur biographischer Bildungsprozesse in der (Post-) Moderne*. München.

Koller, H.-Ch.（2002）: Bildung und kulturelle Differenz. Zur Erforschung biographischer Bildungsprozesse von MigrantInnen. In: Kraul, M./ Marotzki, W.（Hrsg.）: *Biographische Arbeit. Perspektiven erziehungswissenschaftlicher Biographieforschung*. Opladen, S. 92-116.

Koller, H.-Ch.（2009）: Der klassische Bildungsbegriff und seine Bedeutung für die Bildungsforschung. In: Wigger, L.（Hrsg.）: *Wie ist Bildung möglich?* Bad Heilbrunn/Obb., S. 34-51.

Marotzki, W.（1989）: Strukturen moderner Bildungsprozesse. Über einige systematische Voraussetzungen der Bildungstheorie G. W. F. Hegels. In: *Diskurs Bildungstheorie*. Band 2. Weinheim, S. 147-180.

Marotzki, W.（1990）: *Entwurf einer strukturalen Bildungstheorie. Biographietheoretische Auslegung von Bildungsprozessen in hochkomplexen Gesellschaften*. Weinheim.

Nohl, A.-M.（2006）: *Bildung und Spontaneität-Phasen von Wandlungsprozessen in drei Lebensaltern*. Opladen.

Schäfer, A.（2011）: *Irritierende Fremdheit. Bildungsforschung als Diskursanalyse*. Paderborn.

Wigger, L.（1994）: Pädagogik und Religion in Hegels System. In: Heitger, M. V./ Wegner, A.（Hrsg.）: *Kanzel und Katheder. Zum Verhältnis von Religion und Pädagogik seit der Aufklärung*. Paderborn/ München/ Wien/ Zürich. S. 249–282.

Wigger, L.（2004）: Bildungstheorie und Bildungsforschung in der Gegenwart. Versuch einer Lagebeschreibung. In: *Vierteljahrsschrift für wissenschaftliche Pädagogik* 80. Jg., H. 4, S. 478-493.

■第4章

Chamberlayne, P. et. al.（2000）: *The Turn to Biographical Methods in Social Science*, Routledge.

Fucks, T.（2011）: *Bildung und Biographie. Eine Reformulierung der bildungstheoretisch orientierten Biographieforschung*, Bielefeld.

Gadamer, H.-G.（1960）: *Hermeneutik: Wahrheit und Methode*. Tübingen. ＝轡田収訳（1986）『真理と方法』法政大学出版局

Krüger, H.-H./ Marotzki, W.（Hrsg.）（1999）: *Handbuch erzieungswisenschaftliche Biographieforschung*. Opladen.

■第5章

Basaure, M./ Reemtsma, J. Ph./ Willig, R.（Hrsg.）（2009）: *Erneuerung der Kritik. Axel Honneth im Gespräch*. Frankfurt a.M.

Claassen, R.（2008）: The status struggle. A recognition-based interpretation of the positional economy. In: *Philosophy Social Criticism* 34/ 9, 1021-1049.

Equit, C.（2010）: Gewalthandeln als Kampf um Anerkennung. In: Wigger, L./ Equit, C.（Hrsg.）: *Biografie, Bildung, Anerkennung. Interpretationen eines Interviews mit einem gewaltbereiten Mädchen*. Opladen & Farmington Hill, S. 55-82.

Equit, C.（2011）: *Gewaltkarrieren von Mädchen. Der"Kampf um Anerkennung"in biografischen Lebensverläufen*. Wiesbaden.

Fichte, J. G.（1979）: *Grundlage des Naturrechts nach den Prinzipien der Wissenschaftslehre (1796)*. Hamburg, 3. Aufl.

Fraser, N.（2003a）: Soziale Gerechtigkeit im Zeitalter der Identitätspolitik. Umverteilung, Anerkennung und Beteiligung. In: Fraser, N./ Honneth, A.（Hrsg.）: *Umverteilung oder Anerkennung? Eine politisch-philosophische Kontroverse*. Frankfurt a.M., S. 13-128.

Fraser, N.（2003b）: Anerkennung bis zur Unkenntlichkeit verzerrt. Eine Erwiderung auf Axel Honneth. In: Fraser, N./ Honneth, A.（Hrsg.）: *Umverteilung oder Anerkennung? Eine politisch-philosophische Kontroverse*. Frankfurt a.M., S. 225-270.

Göhler, G.（1981）: Anerkennung als Prinzip der praktischen Philosophie? In: Nicolin, F./ Pöggeler, O.（Hrsg.）: *Hegel-Studien*. Bd. 16, S. 217-230.

Gruschka, A.（1998）: Krise, Kritik und Vision? Ein Forschungsprogramm aus dem Frankfurter Institut für Sozialforschung. In: *Zeitschrift für kritische Theorie* 6, S. 5-27.

Halbig, Ch.（2006）: Anerkennung. In: Düwell, M./ Hübenthal, C. H./ Werner, M. H.（Hrsg.）: *Handbuch Ethik*, Stuttgart/Weimar, 2. Aufl., S. 303-307.

Halbig, Ch./ Quante, M.（Hrsg.）（2004）: *Axel Honneth: Sozialphilosophie zwischen Kritik und Anerkennung*. Münster.

Hegel, G. W. F.（1970）: Phänomenologie des Geistes（1807）. In: Hegel, G. W. F.（Hrsg.）: *Werke in zwanzig Bänden*（Theorie Werkausgabe; hrsg. von Moldenhauer, E und Michel, K. M.）. Band 3. Frankfurt a.M.＝樫山鉄四郎訳（1997）『精神現象学（上・下）』平凡社

Helsper W./ Sandring S./ Wiezorek C.（2005）: Anerkennung in pädagogischen Beziehungen-Ein Problemaufriss. In: Heitmeyer, W./ Imbusch, P.（Hrsg.）: *Integrationspotenziale einer modernen Gesellschaft*. Wiesbaden, S. 179-206.

Honneth, A.（1994）: *Kampf um Anerkennung. Zur moralischen Grammatik sozialer Konflikte*. Frankfurt a.M.＝山本啓・直江清隆訳（2003）『承認をめぐる闘争──社会的コンフリクトの道徳的文法』法政大学出版局

Honneth, A.（2002）: *Befreiung aus der Mündigkeit. Paradoxien des gegenwärtigen Kapitalismus*: Frankfurt a.M./ New York.

Honneth, A.（2004）: Anerkennung als Ideologie. Zum Zusammenhang von Moral und Macht. In: *Westend. Neue Zeitschrift für Sozialforschung* 1/1, S. 51-70.

Honneth, A.（2010）: *Das Ich im Wir. Studien zur Anerkennungstheorie*. Frankfurt a.M.

Honneth, A.（2011）: *Das Recht der Freiheit. Grundriss einer demokratischen Sittlichkeit*. Frankfurt a.M.

Menke, Ch./ Rebentisch, J.（Hrsg.）（2008）: *Axel Honneth. Gerechtigkeit und Gesellschaft. Potsdamer Seminar*. Bd. 31. Berlin.

Mesch, W.（2005）: Sittlichkeit und Anerkennung in Hegels Rechtsphilosophie. Kritische Überlegungen zu Theunissen und Honneth. In: *Deutsche Zeitschrift für Philosophie* 53/3, S. 349-364.

Prengel, A.（2008）: Anerkennung als Kategorie pädagogischen Handelns. Theorie und Vision einer anderen Schulkultur. In: *Pädagogik* 60/2, S. 32-35.

Prengel, A./ Heinzel, F.（2004）: Anerkennungs- und Missachtungsrituale in schulischen

Geschlechterverhältnissen. In: Wulf, Ch.（Hrsg.）: *Innovation und Ritual*. Wiesbaden, S. 115-128.

Reichenbach, R.（2001）: *Demokratisches Selbst und dilettantisches Subjekt. Demokratische Bildung und Erziehung in der Spätmoderne.* Münster.

Ricken, N.（2006）: Erziehung und Anerkennung. Anmerkungen zur Konstitution des pädagogischen Problems. In: *Vierteljahrsschrift für wissenschaftliche Pädagogik* 82/2, S. 215-230.

Ricken, N.（2009）: Über Anerkennung-Spuren einer anderen Subjektivität. In: Ricken, N./ Röhr, H./ Ruhloff, J./ Schaller, K.（Hrsg.）: *Umlernen. Festschrift für Käte Meyer-Drawe.* München, S. 75-92.

Rosenbusch, H. S.（2009）: Anerkennung-normative Orientierung schulischer Arbeit. In: Moschner, B./ Hinz, R. / Wemdt, V.（Hrsg.）: *Unterrichten professionalisieren. Schulentwicklung in der Praxis.* Berlin, S. 119-124.

Röhr, H.（2009）: Anerkennung-Zur Hypertheorie eines Begriffs. In: Ricken, N./ Röhr, H./ Ruhloff, J./ Schaller, K.（Hrsg.）: *Umlernen. Festschrift für Käte Meyer-Drawe.* München, S. 93-108.

Schmidt am Busch, H.-Ch.（2009）: Lassen sich die Ziele der Frankfurter Schule anerkennungstheoretisch erreichen? Überlegungen im Ausgang von Nancy Frasers und Axel Honneths politisch-philosophischer Kontroverse. In: Schmidt am Busch, H.-Ch./ Zurn, Ch. F.（Hrsg.）: *Anerkennung.* Berlin, S. 243-268.

Siep, L.（1979）: *Anerkennung als Prinzip der praktischen Philosophie. Untersuchungen zu Hegels Jenaer Philosophie des Geistes.* Freiburg/ München.

Siep, L.（1992）: Zur Dialektik der Anerkennung bei Hegel. In: Siep, L.（Hrsg.）: *Praktische Philosophie im Deutschen Idealismus.* Frankfurt a.M., S. 172-181.＝上妻精監訳（1995）『ドイツ観念論における実践哲学』晢書房

Siep, L.（1998）: Die Bewegung des Anerkennens in Hegels Phänomenologie des Geistes. In: Hegel, G. W. F.（Hrsg.）: *Phänomenologie des Geistes.*（von Köhler, D. und Pöggeler, O.）. Berlin, S. 107-128.

Siep, L.（2007）: Die Aktualität der praktischen Philosophie Hegels. In: Welsch, W./ Vieweg, K.（Hrsg.）: *Das Interesse des Denkens. Hegel aus heutiger Sicht.* München, S. 191-204.

Siep, L.（2009a）: Kampf um Anerkennung bei Hegel und Honneth. In: Forst, R./ Hartmann, M./ Jaeggi, R./ Saar, M.（Hrsg.）: *Sozialphilosophie und Kritik.* Frankfurt a.M., S. 179-201.

Siep, L.（2009b）: Anerkennung in der Phänomenologie des Geistes und in der heutigen praktischen Philosophie. In: Schmidt am Busch, H.-Ch./ Zurn, Ch. F.（Hrsg.）: *Anerkennung.* Berlin, S. 107-124.

Sitzer, P./ Wiezorek C.（2005）: Anerkennung. In: Heitmeyer, W./ Imbusch, P.（Hrsg.）: *Integrationspotenziale einer modernen Gesellschaft.* Wiesbaden, S. 101-132.

Wiezorek, Ch.（2003）: *Schule, Biographie und Anerkennung. Eine fallbezogene Diskussion der Schule als Sozialisationsinstanz.* Wiesbaden.

Wigger, L.（2009）: Über den schulischen Unterricht. Kritische Überlegungen zu seiner Reflexion, seinen Zielsetzungen und einigen seiner Effekte. In: *Vierteljahrsschrift für wissenschaftliche Pädagogik* 85/4, S. 456-475.

Wigger, L./ Equit, C.（Hrsg.）（2010）: *Biografie, Bildung, Anerkennung. Interpretationen eines Interviews mit einem gewaltbereiten Mädchen.* Opladen & Farmington Hills.

■第6章

Honneth, A.（1994）: *Kampf um Anerkennung. Zur moralischen Grammatik sozialer Konflikte.* Frankfurt a.M.＝山本啓・直江清隆訳（2003）『承認をめぐる闘争——社会的コンフリクトの道徳的文法』法政大学出版局

Honneth, A.（2000）: *Das Andere der Gerechtigkeit.* Frankfurt a.M.＝加藤泰史他訳（2005）『正義の他者』法政大学出版局

Honneth, A.(2010):*Das Ich im Wir*. Frankfurt a.M.
Huttunen, R.(2009):*Habermas, Honneth and Education*. Saarbrücken.
Kittay, E. F.(1999):*Lover's Lobor*. New York.＝岡野千代・牟田和恵監訳(2010)『愛の労働あるいは依存とケアの正義論』白澤社
永井彰・日暮雅夫編著(2003)『批判的社会理論の現在』晃洋書房
重松博之(1999)「ヘーゲル承認論の現在──A・ホネットの承認闘争論を中心として」『法哲学年報』有斐閣
Voswinkel, S./ Wagner, G(2013):Vermessung der Anerkennung. Die Bearbeitung unsicherer Anerkennung in Organisationen. In: Honneth, A./ Lindemann, O./ Voswinkel, S.(Hrsg.): *Strukturwandel der Anerkennung*. Frankfurt a.M.

■第7章

Alheit, P. /Haack, H. /Hofschen, H. G. /Heyer-Braun, R.(1999):*Gebrochene Modernisierung-Der langsame Wandel proletarischer Milieus. Eine empirische Vergleichsstudie ost- und westdeutscher Arbeitermilieus in den 1950er Jahren*. 2 Bde. Bremen
Avenarius, H./ Heckel, H.(2000):*Schulrechtskunde*. Neuwied.
Classen, R.(2008):The status struggle. A recognition-based Interpretation of the positional economy. In: *Philosophy Social Criticism* 9/2008. London, S. 1021-1049.
Engler, St.(2001):*"In Einsamkeit und Freiheit"? Zur Konstruktion der wissenschaftlichen Persönlichkeit auf dem Weg zur Professur*. Konstanz.
Equit, C.(2010):Gewalthandeln als Kampf um Anerkennung. In: Wigger, L./ Equit, C.(Hrsg.): *Bildung, Biografie und Anerkennung. Interpretationen eines Interviews mit einem gewaltbereiten Mädchen*. Opladen/ Farmington Hills, Ml., S.55-82.
Equit, C.(2011):*Gewaltkarrieren von Mädchen. Der"Kampf um Anerkennung"in biografischen Lebensverläufen*. Wiesbaden.
Fraser, N.(2003a):Soziale Gerechtigkeit im Zeitalter der Identitätspolitik. Umverteilung, Anerkennung und Beteiligung. In: Fraser, N./ Honneth, A.(Hrsg.): *Umverteilung oder Anerkennung? Eine politisch-philosophische Kontroverse*. Frankfurt a.M., S. 13-128.＝高畑祐人・菊池夏野訳「アイデンティティ・ポリティクスの時代の社会正義──再配分・承認・参加」加藤泰史監訳(2012)『再配分か承認か？──政治・哲学論争』法政大学出版局
Fraser, N.(2003b):Anerkennung bis zur Unkenntlichkeit verzerrt. Eine Erwiderung auf Axel Honneth. In: Fraser, N./ Honneth, A.(Hrsg.): *Umverteilung oder Anerkennung? Eine politisch-philosophische Kontroverse*. Frankfurt a.M., S. 225-270.＝遠藤寿一訳「承認できぬほどゆがめられた承認──アクセル・ホネットへの応答」加藤泰史監訳(2012)『再配分か承認か？──政治・哲学論争』法政大学出版局
Hegel, G. W. F.(1970):Phänomenologie des Geistes［1807］. In: Hegel, G. W. F.(Hrsg.):*Werke in zwanzig Bänden. Theorie-Werkausgabe*. von E. Moldenhauer und K. M. Michel. Bd 3. Frankfurt a.M.＝長谷川宏訳(1998)『精神現象学』作品社
Helsper, W.(2008a):Schülerbiographien und Schulkarriere. In: *Handbuch der Schulforschung*. Wiesbaden, S. 927-944.
Helsper, W.(2008b):Der Bedeutungswandel der Schule für Jugendlichen und Jugendbiographie. In: Grunert, C./ von Wensierski, H.-J.(Hrsg.): *Jugend und Bildung. Modernisierungsprozesse und Strukturwandel von Erziehung und Bildung am Beginn des 21. Jahrhunderts*. Opladen/ Farmington Hills, S. 135-164.
Helsper, W./ Sandring, S./ Wiezorek, Ch.(2005):Anerkennung in pädagogischen Beziehungen-Ein

文献

Problemaufriss. In: Heltmeyer, W./ Imbusch, P.（Hrsg.）: *Integrationspotenziale einer modernen Gesellschaft*. Wiesbaden, S. 179-206.

Honneth, A.（1994）: *Kampf um Anerkennung. Zur moralischen Grammatik sozialer Konflikte*. Frankfurt a.M.＝山本啓・直江清隆訳（2003）『承認をめぐる闘争——社会的コンフリクトの道徳的文法』法政大学出版局

Jülich, Ch.（2005）: *Das neue Schulgesetz Nordrhein-Westfalen. Bearbeitete Textausgabe mit Einführung, Anmerkungen und ausführlichem Stichwortverzeichnis*. München.

Koller, H.-Ch.（1999）: *Bildung und Widerstreit. Zur Struktur biographischer Bildungsprozesse in der (Post-) Moderne*. München.

Krüger, H.-H.（1999）: Entwicklungslinien, Forschungsfelder und Perspektiven der erziehungswissenschaftlichen Biographieforschung. In: Krüger, H.-H./ Marotzki, W.（Hrsg.）: *Handbuch erziehungswissenschaftliche Biographieforschung*. Opladen, S. 13-32.

Krüger, H.-H./ Marotzki, W.（1999）: Biographieforschung und Erziehungswissenschaft-Einleitende Anmerkungen. In: Krüger, H.-H./ Marotzki, W.（Hrsg.）: *Handbuch erziehungswissenschaftliche Biographieforschung*. Opladen, S. 7-9.

Marotzki, W.（1990）: *Entwurf einer strukturalen Bildungstheorie. Biographietheoretische Auslegung von Bildungsprozessen in hochkomplexen Gesellschaften*. Weinheim.

Müller, H.-R.（2010）: Mit den Fäusten reden? Symboltheoretische Deutung des Interviews mit Jannika. In: Wigger, L./ Equit, C.（Hrsg.）: *Bildung, Biographie und Anerkennung. Interpretationen eines Interviews mit einem gewaltbereiten Mädchen*. Opladen/ Farmington Hills, Ml., S.19-35.

NRW SchulG（2010）: *Schulgesetz für das Land Nordrhein-Westfalen*.（Schulgesetz NRW-SchulG）. http://www.schulministerium.nrw.de/BP/Schulrecht/Gesetze/SchulG_Info/Schulgesetz.pdf（Datum des letzten Abrufs: 07. Juli 2010）

Nüberlin, G.（2002）: *Selbstkonzepte Jugendlicher und schulische Notenkonkurrenz. Zur Entstehung von Selbstbildern Jugendlicher als kreative Anpassungsreaktionen auf schulische Anomien*. Herbolzheim.

Pfaff, N.（2008）: Zum Verhältnis von Schule und Jugendkultur: Entfaltungskontext und Gegenwelt. In: Grunert, C./ von Wensierski, H.-J.（Hrsg.）: *Jugend und Bildung. Modernisierungsprozesse und Strukturwandel von Erziehung und Bildung am Beginn des 21. Jahrhunderts*. Opladen/ Farmington Hills, S. 165-182.

Prengel, A.（2008）: Anerkennung als Kategorie pädagogischen Handelns. Theorie und Vision einer anderen Schulkultur. In: *Pädagogik 2/2008*. Weinheim, S. 32-35.

Prengel, A./ Heinzel, F.（2004）: Anerkennungs-und Missachtungsrituale in schulischen Geschlechterverhältnissen. In: Ch. Wulf（Hrsg.）: *Innovation und Ritual*. Wiesbaden, S. 115-128.

Reichenbach, R.（2001）: *Demokratisches Selbst und dilettantisches Subjekt. Demokratische Bildung und Erziehung in der Spätmoderne*. Münster.

Ricken, N.（2006）: Erziehung und Anerkennung. Anmerkungen zur Konstitution des pädagogischen Problems. In: *Vierteljahrsschrift für wissenschaftliche Pädagogik 2/2006*. Paderborn, S. 215-230.

Ricken, N.（2009）: Über Anerkennung-Spuren einer anderen Subjektivität. In: Ricken, N./ Röhr, H./ Ruhloff, J./ Schaller, K.（Hrsg.）: *Umlernen. Festschrift für Käte Meyer-Drawe*. München, S. 75-92.

Rieger-Ladich, M.（2005）: Weder Determinismus, noch Fatalismus. Pierre Bourdieus Habitus-theorie im Licht neuerer Arbeiten. In: *Zeitschrift für Soziologie der Erziehung und Sozialisation 3/2005*. Weinheim, S. 281-296.

Rieger-Ladich, M.（2010）: Bedrohte Selbstachtung und Verlust der Zukunft. Habitustheoretische Analyse eines leitfadengestützten Interviews. In: Wigger, L./ Equit, C.（Hrsg.）（2010）: *Bildung, Biografie und Anerkennung. Interpretationen eines Interviews mit einem gewaltbereiten Mädchen*.

Opladen/ Farmington Hills, Ml., S.93-108.
Röhr, H.（2009）: Anerkennung-Zur Hypertheorie eines Begriffs. In: Ricken, N./ Röhr, H./ Ruhloff, J./ Schaller, K.（Hrsg.）*Umlernen. Festschrift für Käte Meyer-Drawe*. München, S. 93-108.
Rosenbusch, H. S.（2009）: Anerkennung-normative Orientierung schulischer Arbeit. In: Moschner, B./ Hinz, R./ Wendt, V.（Hrsg.）: *Unterrichten professionalisieren. Schulentwicklung in der Praxis*. Berlin, S. 119-124.
Schäfer, A.（2009）: Bildende Fremdheit. In: Wigger, L.（Hrsg.）: *Wie ist Bildung möglich?* Bad Heilbrunn, S.185-200.
Schütze, F.（1981）: Prozeßstrukturen des Lebenslaufs. In: Matthes, J./ Pfeifenberger, A./ Stosberg, M.（Hrsg.）: *Biographie in handlungswissenschaftlicher Perspektive*. Nürnberg, S. 67-156.
Schütze, F.（1983）: Biographieforschung und narratives Interview. In: *Neue Praxis* 3/1983, S. 283-293.
Siep, L.（1992）: Zur Dialektik der Anerkennung bei Hegel. In: Siep, L.（Hrsg.）: *Praktische Philosophie im Deutschen Idealismus*. Frankfurt a.M., S. 172-181.＝馬渕浩二訳「ヘーゲルにおける承認の弁証法について」上妻精監訳（1995）『ドイツ観念論における実践哲学』哲書房
Siep, L.（2009a）: Kampf um Anerkennung bei Hegel und Honneth. In: Forst, R./ Hartmann, M./ Jaeggl, R./ Saar, M.（Hrsg.）: *Sozialphilosophie und Kritik*. Frankfurt a.M., S. 179-201.
Siep, L.（2009b）: Anerkennung in der Phänomenologie des Geistes und in der heutigen praktischen Philosophie. In: Schmidt am Busch, H.-C./ Zurn, C. F.（Hrsg.）: *Anerkennung*. Berlin, S. 107-124.
Sitzer, P./ Wiezorek, Ch.（2005）: Anerkennung. In: Heitmeyer, W./ Imbusch, P.（Hrsg.）: *Integrationspotenziale einer modernen Gesellschaft*. Wiesbaden, S.101-132.
Sutterlüty, F.（2002）: *Gewaltkarrieren. Jugendliche im Kreislauf von Gewalt und Missachtung*. Frankfurt a.M.
Wiezorek, Ch.（2003）: *Schule, Biographie und Anerkennung. Eine fallbezogene Diskussion der Schule als Sozialisationsinstanz*. Wiesbaden.
Wiezorek, Ch.（2010）: Jannika-Offensive Selbstbehauptung bei einer verlaufskurvenförmigen Entwicklung. Ein Werkstattbericht. In: Wigger, L./ Equit, C.（Hrsg.）: *Bildung, Biografie und Anerkennung. Interpretationen eines Interviews mit einem gewaltbereiten Mädchen*. Opladen/ Farmington Hills, Ml., S.37-53.
Wigger, L.（2004）: Bildungstheorie und Bildungsforschung in der Gegenwart. Versuch einer Lagebeschreibung. In: *Vierteljahrsschrift für wissenschaftliche Pädagogik* 4/2004. Paderborn, S. 478-493.
Wigger, L.（2009a）: Habitus und Bildung. Einige Überlegungen zum Zusammenhang von Habitusformationen und Bildungsprozessen. In: Friebertshäuser, B./ Riege-Ladich, M./ Wigger, L.（Hrsg.）: *Reflexive Erziehungswissenschaft. Forschungsperspektiven im Anschluss an Pierre Bourdieu*. Wiesbaden, S. 101-118.
Wigger, L.（2009b）: Über den schulischen Unterricht. Kritische Überlegungen zu seiner Reflexion, seinen Zielsetzungen und einigen seiner Effekte. In: *Vierteljahrsschrift für wissenschaftliche Pädagogik* 4/2009. Paderborn, S. 456-475.
Wigger, L./ Equit, C.（Hrsg.）（2010）: *Bildung, Biografie und Anerkennung. Interpretationen eines Interviews mit einem gewaltbereiten Mädchen*. Opladen/ Farmington Hills, Ml.
Zinnecker, J.（2001）: *Stadtkids. Kinderleben zwischen Straße und Schule*. Weinheim/ München.

■第8章
Equit, C.（2010）: Gewalthandeln als Kampf um Anerkennung. In: Wigger, L./ Equit, C.（Hrsg.）: *Bildung, Biografie und Anerkennung. Interpretationen eines Interviews mit einem gewaltbereiten*

Mädchen. Opladen/ Farmington Hills, Ml., S. 55-82.
Equit, C.（2012）: Zum Verhältnis von Bildungs-und Anerkennensprozessen am Beispiel des Falls "Simone". In: Miethe, I./ Müller, H.-R.（Hrsg.）: *Qualitative Bildungsforschung und Bildungstheorie*. Opladen/ Berlin/ Toronto, S. 209-226.
Hegel, G. W. F.（1975）: *Jenaer Systementwürfel*.（Gesammelte Werke, Bd.6, hrsg. von Düsing, K./ Kimmerle, H.）Hamburg.＝加藤尚武監訳（1999）『イェーナ体系構想』法政大学出版局
Krinninger, D./ Müller, H.-R.（2012）: Hide and Seek. Zur Sensibilisierung für den normativen Gehalt empirisch gestützter Bildungstheorie. In: Miethe, I./ Müller, H.-R.（Hrsg.）: *Qualitative Bildungsforschung und Bildungstheorie*. Opladen/ Berlin/ Toronto, S. 57-75.
Miethe, I./ Müller, H.-R.（Hrsg.）（2012）: *Qualitative Bildungsforschung und Bildungstheorie*. Opladen/ Berlin/ Toronto.
Müller, H.-R.（2010）: Mit den Fäusten reden? Symboltheoretische Deutung des Interviews mit Jannika. In: Wigger, L./ Equit, C.（Hrsg.）: *Bildung, Biografie und Anerkennung. Interpretationen eines Interviews mit einem gewaltbereiten Mädchen*. Opladen/ Farmington Hills, Ml., S. 19-35.
Ricken, N.（2007）: Das Ende der Bildung als Anfang. Anmerkungen zum Streit um Bildung. In: Harring, M./ Rohlfs, C./ Palentien, Chr.（Hrsg.）: *Perspektiven der Bildung. Kinder und Jugendliche in formellen, nicht-formellen und informellen Bildungsprozessen*. Wiesbaden, S. 15-40.
Ricken, N.（2009）: Über Anerkennung. Spuren einer anderen Subjektivität. In: Ricken, N./ Röhr, H./ Ruhloff, J./ Schaller, K.（Hrsg.）: Umlernen. Festschrift für Käthe Meyer-Drawe. München, S. 75-92.
Schütze, F.（2006）: Verlaufskurven des Erleidens als Forschungsgegenstand der interpretativen Soziologie. In: Krüger, H.-H./ Marotzki, W.（Hrsg.）: *Handbuch erziehungswissenschaftliche Biographieforschung*. 2.Auflage. Wiesbaden, S. 205-237.
Siep, L.(1992): Praktische Philosophie im deutschen Idealismus. Frankfurt a.M.＝上妻精監訳（1995）『ドイツ観念論における実践哲学』哲書房
Wiezorek, Chr.（2010）: Jannika-Offensive Selbstbehauptung bei einer verlaufskurvenförmigen Entwicklung. In: Wigger, L./ Equit, C.（Hrsg.）: *Bildung, Biografie und Anerkennung. Interpretationen eines Interviews mit einem gewaltbereiten Mädchen*. Opladen/ Farmington Hills, Ml, S. 37-53.
Wigger, L./ Equit, C.（Hrsg.）（2010）: *Bildung, Biografie und Anerkennung. Interpretationen eines Interviews mit einem gewaltbereiten Mädchen*. Opladen/ Farmington Hills, Ml.

■第9章
Bauer, J. et al.（2010）: Panel zum Lehramtsstudium-PaLea: Entwicklungsverläufe zukünftiger Lehrkräfte im Kontext der Reform der Lehrerbildung. In: *Beiträge zur Hochschulforschung* 32/2, S. 34-55.
Bayern LPO（2003）: *Lehramtsprüfungsordnung I. Bekanntmachung des Bayerischen Staatsministeriums für Unterricht und Kultus vom 28. Februar 2003 Nr. III*.8-5 S 4020-PRA. 9720.
Bellenberg, G.（2009）: Bachelor- und Masterstudiengänge in der LehrerInnenbildung im Jahr 2008. Ein Vergleich der Ausbildungskonzepte in den Bundesländern. In: GEW（Hrsg.）: *Endstation Bologna? Die Reformdebatte zur LehrerInnenbildung in den Ländern, im Bund und in Europa*, Frankfurt a.M., S. 15-30.
http://www.gew.de/Binaries/Binary44314/090327_GEW-Bologna_FINALexport.pdf（2011年8月24日閲覧）
Brandt, R.（2011）: *Wozu noch Universitäten? Ein Essay*. Hamburg.

文　献

Europäischer Rat（2000）: *23. und 24. März 2000. Lissabon. Schlussfolgerungen des Vorsitzes/ Europäisches Parlament.*
　　http://www.europarl.europa.eu/summits/lis1_de.htm（2011年8月24日閲覧）
GEW（Hrsg.）（2009）: *Endstation Bologna? Die Reformdebatte zur LehrerInnenbildung in den Ländern, im Bund und in Europa*, Frankfurt a.M., S. 15-30.
　　http://www.gew.de/Binaries/Binary44314/090327_GEW-Bologna_FINALexport.pdf（2011年8月24日閲覧）
Gruschka, A.（2011）: *Verstehen lehren. Ein Plädoyer für guten Unterricht.* Stuttgart.
Horn, K.-P.（2009）: Lehrerausbildung und Allgemeine Erziehungswissenschaft in Deutschland. In: *Studies in the Philosophy of Education* No.100, p.1-15.＝藤岡綾子・山名淳訳（2009）「教員養成と一般教育科学」『教育哲学研究』第100号，1-14頁
Horn, K.-P./ Wigger, L./ Züchner, I.（2008）: Standorte und Studiengänge. In: Tillmann, K.-J./ Rauschenbach, T./ Tippelt, R./ Weishaupt, H.（Hrsg.）: *Datenreport Erziehungswissenschaft 2008.* Opladen/ Farmington Hills, S. 19-40.
Jorzik, B.（2007）: *Wie der Bachelor zum Lehramt kam. In: Von Bologna nach Quedlinburg. Die Reform des Lehramtsstudiums in Deutschland.*（hrsg. von der Hochschulrektorenkonferenz）Bonn, S. 62-75.
Kemnitz, H.（2009a）: Standards für die Lehrerbildung und Professionalität im Lehrerberuf. In: *Reform der deutschen Lehrerbildung in einer sich globalisierenden Welt.* Tokyo（Curriculum Center for Teachers, Tokyo Gakugei University）S. 9-32.＝山名淳訳（2009）「教師教育のスタンダードと教職の専門性」東京学芸大学教員養成カリキュラム開発研究センター編『グローバル世界におけるドイツの教師教育改革』東京学芸大学教員養成カリキュラム開発研究センター　9-32頁
Kemnitz, H.（2009b）: Lehrerbildung in Deutschland im Bachelor-Master-System. Das Beispiel Braunschweig. In: *Reform der deutschen Lehrerbildung in einer sich globalisierenden Welt.* Tokyo（Curriculum Center for Teachers, Tokyo Gakugei University）, S. 33-50.＝辻内けんま訳（2009）「ドイツの学士−修士制度における教師教育――ブラウンシュヴァイク工科大学を例に」東京学芸大学教員養成カリキュラム開発研究センター編『グローバル世界におけるドイツの教師教育改革』東京学芸大学教員養成カリキュラム開発研究センター　33-49頁
Kemnitz, H.（2009c）: Zum Einfluss von TIMSS und PISA auf die Lehrerbildung in Deutschland. In: *Reform der deutschen Lehrerbildung in einer sich globalisierenden Welt.* Tokyo（Curriculum Center for Teachers, Tokyo Gakugei University）S. 51-65.＝山名淳訳（2009）「TIMSSとPISAはドイツの教師教育にどのような影響を与えているか」東京学芸大学教員養成カリキュラム開発研究センター編『グローバル世界におけるドイツの教師教育改革』東京学芸大学教員養成カリキュラム開発研究センター　51-63頁
KMK（2003）: *Ländergemeinsame Strukturvorgaben für die Akkreditierung von Bachelor und Masterstudiengängen vom 10.10.2003 i.d.F. vom 04.02.2010.*
　　http://www.akkreditierungsrat.de/fileadmin/Seiteninhalte/Dokumente/kmk/KMK_LaendergemeinsameStrukturvorgaben.pdf（2011年8月24日閲覧）
KMK（2004）: *Standards für die Lehrerbildung: Bildungswissenschaften. Beschluss der Kultusministerkonferenz vom 16.12.2004.*
　　http://www.kmk.org/fileadmin/veroeffentlichungen_beschluesse/2004/2004_12_16-Standards-Lehrerbildung.pdf（2011年8月24日閲覧）
KMK（2005）: *Eckpunkte für die gegenseitige Anerkennung von Bachelor- und Masterabschlüssen in Studiengängen, mit denen die Bildungsvoraussetzungen für ein Lehramt vermittelt werden. Beschluss der Kultusministerkonferenz vom 02.06.2005.*

文献

http://www.kmk.org/fileadmin/veroeffentlichungen_beschluesse/2005/2005_06_02-Bachelor-Master-Lehramt.pdf（2011年8月24日閲覧）

KMK（2008）: *Empfehlung zur Vergabe eines Masterabschlusses in der Lehrerbildung bei vorgesehener Einbeziehung von Leistungen des Vorbereitungsdienstes. Beschluss der Kultusministerkonferenz vom 12.06.2008/ Beschluss der Hochschulrektorenkonferenz vom 08.07.2008.*
http://www.kmk.org/fileadmin/veroeffentlichungen_beschluesse/2008/2008_06_12-Empfehlung-Master-Lehrer-Vorbereitung.pdf（2011年8月24日閲覧）

KMK（2011）: *Bestandsaufnahme und Perspektiven der Umsetzung des Bologna-Prozesses. Beschluss der Kultusministerkonferenz vom 10.03.2011.*
http://www.kmk.org/fileadmin/veroeffentlichungen_beschluesse/2011/2011_03_10-Bestandsaufnahme-Bologna-Prozess.pdf（2011年8月24日閲覧）

Krüger, H.-H./ Kücker, C.（2012）: Personalentwicklung im Fach Erziehungswissenschaft im Spiegel ihrer Stellenausschreibungen. In: *Datenreport Erziehungswissenschaft 2012*（hrsg. v. W. Thole u.a.）, Opladen/ Farmington Hills , S.149-158.

NRW HFG（2006）: *Hochschulfreiheitsgesetz (HFG) Vom 31. Oktober 2006.*
http://www.wissenschaft.nrw.de/objekt-pool/download_dateien/hochschulen_und_forschung/HFG.pdf（2011年8月24日閲覧）

Oelkers, J.（2007）: *Wie kann die Lehrerausbildung reformiert werden? Statement in der Anhörung zur Lehrerausbildung, veranstaltet von der SPD-Fraktion im Landtag von Nordrhein-Westfalen am 12. Juni 2007.*
http://paed-services.uzh.ch/user_downloads/601/271_DuesseldorfLAB.pdf（2011年8月25日閲覧）

Tenorth, H.-E.（2004）: Reform der Lehrerbildung als Element der universitären Studienreform. In: Grimm, A.（Hrsg.）: *Die Zukunft der Lehrerbildung*. Rehburg-Loccum, S. 51-62.

Tenorth, H.-E.（2007）: Inhaltliche Reformziele in der Lehrerbildung. In: *Von Bologna nach Quedlinburg. Die Reform des Lehramtsstudiums in Deutschland*（hrsg. von der Hochschulrektorenkonferenz）Bonn, S. 34-46.

Terhart, E.（Hrsg.）（2000）: *Perspektiven in der Lehrerbildung in Deutschland. Abschlussbericht der von der Kultusministerkonferenz eingesetzten Kommission*. Weinheim.

Terhart, E.（2005）: Standards in der Lehrerbildung- ein Kommentar. In: *Zeitschrift für Pädagogik* 51, 2, S. 275-279.

Terhart, E.（2007）: Universität und Lehrerbildung. Perspektiven einer Partnerschaft. In: Casale, R.（Hrsg.）: *Bildung und Öffentlichkeit*. Weinheim u.a., S. 203-219.

Terhart, E.（2008a）: Die Lehrerbildung. In: Cortina, K./ Baumert, J./ Leschinsky A./ Mayer, K.-U./ Trommer, L.（Hrsg.）: Das Bildungswesen in der Bundesrepublik Deutschland. Strukturen und Entwicklung im Überblick. Hamburg, S. 745-832.

Terhart, E.（2008b）: Erstes Staatsexamen oder Master of Education-welcher Abschluss für angehende Lehrer? In: *Recht der Jugend und des Bildungswesens* 56, S. 94-104.

Wigger, L./ Ruberg, Ch.（2012）: Lehramtsstudiengänge. In: Thole, von W./ Faulstich-Wieland, H./ Horn, K.-P./ Weishaupt, H./ Züchner, I.（Hrsg.）*Datenreport Erziehungswissenschaft 2012*. Opladen/ Berlin/ Toronto, S. 54-66.

■第10章

別惣淳二（2010）「教員養成スタンダードの国際的動向」渡邉満・ノイマン，K. 編『日本とドイツの教師教育改革——未来のための教師をどう育てるか』東信堂，215-244頁

別惣淳二・渡邊隆信編著（2012）『教員養成スタンダードに基づく教員の質保証——学生の自己成長

を促す全学的学習支援体制の構築』ジアース教育新社

Erdsiek-Rave, U.（2007）: Bildungspolitisches Statement. In: *Hochschulrektorenkonferenz Service-Stelle Bologna*, S.22-33.

Sekretariat der Ständigen Konferenz der Kultusminister der Länder in der Bundesrepublik Deutschland（2004）: *Standards für die Lehrerbildung: Bildungswissenschaften*.
http://www.kmk.org/fileadmin/veroeffentlichungen_beschluesse/2004/2004_12_16-Standards-Lehrerbildung.pdf（2014年4月11日閲覧）

鈴木篤・杉原薫（2011）「ボローニャ・プロセス下におけるドイツ教員養成制度の改革と現状——教職課程の構成と取得可能免許，学士・修士制度の導入状況」『兵庫教育大学研究紀要』第39巻，241-252頁

Terhart, E.（2005）: Standards für die Lehrerbildung-ein Kommentar. In: *Zeitschrift für Pädagogik* 51, S. 275-279.

Thierack, A.（2007）: Bachelor- und Master konzepte im deutschen Lehramtsstudium. In: Hochschulrektoren Konferenz Service-Stelle Bologna（Hrsg.）: *Von Bologna nach Quedlinburg -Die Reform des Lehramtsstudiums in Deutschland*.
http://www.hrk-bologna.de/bologna/de/download/dateien/Quedlinburg__INTERNET_FINAL__15-05-07.pdf（2011年4月21日閲覧）

■第11章

Autorengruppe, B.（2012）: *Bildung in Deutschland 2012. Ein indikatorengestützter Bericht mit einer Analyse zur kulturellen Bildung im Lebenslauf*. Bielefeld.

Bölling, R.（2010）: *Kleine Geschichte des Abiturs*. Paderborn/ München/ Wien/ Zürich.

Gensch, K./ Kliegl, C.（2011）: *Studienabbruch -was können Hochschulen dagegen tun? Bewertung der Maßnahmen aus der Initiative „Wege zu mehr MINT-Absolventen"*（Bayerisches Staatsinstitut für Hochschulforschung und Hochschulplanung, Studien zur Hochschulforschung 80）München.

Herrlitz, H-G.（1968）: Der Begriff der Hochschulreife. In: Ders.: *Auf dem Weg zur Historischen Bildungsforschung. Studien über Schule und Erziehungswissenschaft aus siebenunddreißig Jahren*. Weinheim/ München, S. 75-91.

Herrlitz, H-G.（1997）: Bildung und Berechtigung. Zur Sozialgeschichte des Gymnasiums. In: Eckart, L. u.a.（Hrsg.）: *Das Gymnasium. Alltag, Reform, Geschichte, Theorie*. Weinheim/ München, S. 175-187.

Ingenkamp, K.（1986）: Zur Diskussion über die Leistungen unserer Berufs-und Studienanfänger. Eine kritische Bestandsaufnahme der Untersuchungen und Stellungnahmen. In: *Zeitschrift für Pädagogik* 32. Jg. H. 1, S. 1-29.

Koch, L.（2012）: Wissen und Kompetenz. In: *Vierteljahrsschrift für wissenschaftliche Pädagogik*, 88/3, S. 454-463.

Köster, F.（2002）: *Studienabbruch. Perspektiven und Chancen*. Frankfurt a.M.

Oelkers, J.（1998）: Bildungsselektion und Elitenbildung. In: Rusterholz, P./ Liechti, A.（Hrsg.）: *Universität am Scheideweg. Herausforderung-Probleme-Strategien*. Zürich, S. 141-157.

Schimank, U.（2010）: Humboldt und Bologna-falscher Mann am falschen Ort? In: *Perspektive Studienqualität. Themen und Forschungsergebnisse der HIS-Fachtagung*. Bielefeld, S. 44-61.

Schmoll, H.（2012）: Auf dem Weg zur Einheitsschule. Studierfähigkeit werden die Gymnasien in Baden-Württemberg nicht mehr garantieren können. In: *Frankfurter Allgemeine Zeitung* vom 25.10.2012, Nr. 249, S. 10.

Tenorth, H-E.（2000）: *Geschichte der Erziehung*. Weinheim/ München, 3. Aufl.

文 献

Tenorth, H-E.（2006）: *Schule und Universität. Bildungswelten im Konflikt*（Konstanzer Universitätsreden 221）. Konstanz.

Tenorth, H-E.（2010）: Was heißt Bildung an der Universität? Oder: Transzendierung der Fachlichkeit als Aufgabe universitärer Studien. In: *Die Hochschule*, 1, S. 119-134.

〈参照したインターネット・サイト〉

Baumert, J.（2009）: *Bildungsstandards, Studierfähigkeit und Anforderungen an die gymnasiale Oberstufe.*,
　　http://bildungsserver.berlin-brandenburg.de/fileadmin/bbb/schule/schulformenundschularten/schulformenbr andenburg/gymnasium/pdf/Baumert-Vortrag-28-3-09.pdf（2014年 4 月 4 日閲覧）

Deutschlandradio（2012）: *Medienkompetenz sehr gut, deutsche Sprache mangelhaft. Studie fördert bestürzende Lücken bei Studienanfängern zutage.*,
　　http://www.dradio.de/dkultur/sendungen/thema/1818985/（2014年 4 月 4 日閲覧）

ETH Zürich: *Projekt "HSGYM"*.
　　http://www.educ.ethz.ch/hsgym/index（2014年 4 月 4 日閲覧）

Euler, P.（2011）: 10 Thesen zur Debatte um kompetenzorientierte Bildungsstandards. In: *GEW-Nachrichten* im November/ Dezember 2011, 6-8.
　　http://www.abpaed.tu-darmstadt.de/media/abpaed___anu/documents_1/GEW_newsletter_111211_pdf_2.pdf（2014年 4 月 4 日閲覧）

Gesellschaft für Bildung und Wissen e.V.
　　http://bildung-wissen.eu/（2014年 4 月 4 日閲覧）

Heublein, U./ Richter, J./ Schmelzer, R./ Sommer, D.（2012）: *Die Entwicklung der Schwundund Studienabbruchquoten an den deutschen Hochschulen. Statistische Berechnungen auf der Basis des Absolventenjahrgangs 2010.*
　　http://www.his.de/pdf/pub_fh/fh-201203.pdf（2014年 4 月 4 日閲覧）

HSGYM（2008）: *Hochschulreife und Studierfähigkeit. Zürcher Analysen und Empfehlungen zur Schnittstelle,*
　　http://www.educ.ethz.ch/hsgym/HSGYM_langfassung_kl.pdf（2014年 4 月 4 日閲覧）

Huber, L.（2007）: Hochschule und gymnasiale Oberstufe-ein delikates Verhältnis. In: *HSW* 1, S. 8-14.
　　http://www.hochschulwesen.info/inhalte/hsw-1-2007.pdf（2014年 4 月 4 日閲覧）

Klein, H. P.（2012）: *Das Abitur reicht nicht mehr. Der Verlust der Studierfähigkeit als Folge der Kompetenzorientierung.*
　　http://bildung-wissen.eu/wp-content/uploads/2012/10/klein_abitur.pdf（2014年 4 月 4 日閲覧）

Klein, H. P./ Kissling, B.（2012）: *Irrwege der Unterrichtsreform. Die ernüchternde Bilanz eines utilitaristischen Imports: Entpersonalisierung und Banalisierung der Bildung.*
　　http://bildung-wissen.eu/wp-content/uploads/2012/09/irrwege.pdf（2014年 4 月 4 日閲覧）

KMK: *Hochschulzugang für beruflich qualifizierte Bewerber ohne schulische Hochschulzugangsberechtigung*（Beschluss der Kultusministerkonferenz vom 06.03.2009）
　　http://www.kmk.org/fileadmin/veroeffentlichungen_beschluesse/2009/2009_03_06-Hochschulzugang-erful-qualifizierte-Bewerber.pdf（2014年 4 月 4 日閲覧）

KMK: *Synoptische Darstellung der in den Ländern bestehenden Möglichkeiten des Hochschulzugangs für beruflich qualifizierte Bewerber ohne schulische Hochschulzugangsberechtigung auf der Grundlage hochschulrechtlicher Regelungen (Stand 2011).*
　　http://www.kmk.org/fileadmin/veroeffentlichungen_beschluesse/2011/2011_07_00-Synopse-Hochschulzugang-beruf: l-Qualifizierter.pdf（2014年 4 月 4 日閲覧）

KMK (2012): *Vereinbarung zur Gestaltung der gymnasialen Oberstufe in der Sekundarstufe II. (Beschluss der Kultusministerkonferenz vom 07.07.1972 i.d.F. vom 09.02.2012)*
　　http://www.kmk.org/fileadmin/veroeffentlichungen_beschluesse/1972/1972_07_07-Vereinbarung-Gestaltung-Sek2.pdf（2014年4月4日閲覧）
KMK: *Bildungsstandards im Fach Deutsch für die Allgemeine Hochschulreife* (Beschluss der Kultusministerkonferenz vom 18.10.2012).
　　http://www.kmk.org/fileadmin/veroeffentlichungen_beschluesse/2012/2012_10_18-Bildungsstandards-Deutsch-Abi.pdf（2014年4月4日閲覧）
KMK: *Bildungsstandards im Fach Mathematik für die Allgemeine Hochschulreife* (Beschluss der Kultusministerkonferenz vom 18.10.2012).
　　http://www.kmk.org/fileadmin/veroeffentlichungen_beschluesse/2012/2012_10_18-Bildungsstandards-Mathe-Abi.pdf（2014年4月4日閲覧）
KMK: *Bildungsstandards für die fortgeführte Fremdsprache (Englisch / Französisch) für die Allgemeine Hochschulreife* (Beschluss der Kultusministerkonferenz vom 18.10.2012).
　　http://www.kmk.org/fileadmin/veroeffentlichungen_beschluesse/2012/2012_10_18-Bildungsstandards-Fortgef-FS-Abi.pdf（2014年4月4日閲覧）
Knospe, Heiko: *Schwache Mathematik-Vorkenntnisse bei Studienanfängern. 10-Jahres Studie an Fachhochschulen in NRW.*
　　http://www.nt.fh-koeln.de/fachgebiete/mathe/knospe/aktuelles.html（2014年4月4日閲覧）
Köller, O./ Baumert, J. (2002): *Das Abitur-Immer noch eingültiger Indikator für die Studierfähigkeit?*
　　http://www.bpb.de/apuz/26840/das-abitur-immer-noch-eingueltiger-indikator-fuer-die-studierfaehigkeit?p=all（2014年4月4日閲覧）
Krempkow, René: Studienerfolg, Studienqualität und Studierfähigkeit. Eine Analyse zu Determinanten des Studienerfolgs in 150 sächsischen Studiengängen. In: *Die Hochschule*, 1/2008, S. 91-107.
　　http://www.hof.uni-halle.de/journal/texte/08_1/Krempkow_Studienerfolg.pdf（2014年4月4日閲覧）
Nordrhein-Westfalen: *Gesetz über die Ausbildung für Lehrämter an öffentlichen Schulen (Lehrerausbildungsgesetz – LABG) Vom 12. Mai 2009.*
　　http://www.schulministerium.nrw.de/ZBL/Reform/LABG.pdf（2014年4月4日閲覧）
NRW (2009): *Gesetz über die Ausbildung für Lehrämter an öffentlichen Schulen (Lehrerausbildungsgesetz-LABG) vom 12. Mai 2009.*
　　http://www.schulministerium.nrw.de/docs/LehrkraftNRW/Lehramtsstudium/Reform-der-Lehrerausbildung/Reform/LABG.pdf（2014年4月14日閲覧）
OECD (2012): *Bildung auf einen Blick 2012: OECD-Indikatoren*, W. Bertelsmann Verlag, Germany.
　　http://www.10.1787/eag-2012-de（2014年4月4日閲覧）
Oelkers, J. (2007): *Bildungspolitische Entwicklungen und Perspektiven in Deutschland* (Vortrag auf der Tagung"Schulmanagement in Gymnasien-Bildungsprozesse gestalten"am 16. November 2007 in der Europäischen Akademie Schleswig-Holstein in Sankelmark)
　　http://www.ife.uzh.ch/research/ap/vortraegeprofoelkers/vortraege2007/295_Sankelmark1.pdf（2014年4月4日閲覧）
Oelkers, J. (2012): *Prognosewert des Abiturs-theoretisch betrachtet* (Vortrag auf der Tagung "Studierfähigkeit und Abitur" am 13. 10. 2012 in Berlin).
　　http://www.ife.uzh.ch/research/ap/vortraegeprofoelkers/vortraege2012/BerlinPhilologenverband.pdf（2014年4月4日閲覧）
Technische Universität Dortmund: *Vorkurse.*

http://www.tu-dortmund.de/uni/studierende/start_ins_Studium/Vorkurse/index.html（2014年4月4日閲覧）
　Technische Universität Dortmund: *Einführungsveranstaltungen.*
　　　http://www.tu-dortmund.de/uni/studierende/start_ins_Studium/einfuehrungsveranstaltungen/index.html（2014年4月4日閲覧）
　Technische Universität Dortmund: *Schnupperveranstaltungen.*
　　　http://www.tu-dortmund.de/uni/Einstieg/schnupperveranstaltungen/index.html（2014年4月4日閲覧）
　Timm, U.（2012）: Medienkompetenz sehr gut, deutsche Sprache mangelhaft. Studie fördert bestürzende Lücken bei Studienanfängern zutage. Interview mit Gerhard Wolf. In: *Deutschlandradio Kultur.* Beitrag vom 23.07.2012.
　　　http://www.dradio.de/dkultur/sendungen/thema/1818985/（2014年4月4日閲覧）
　Turner, G.（2012）: *Turners Thesen. Nicht jeder sollte studieren.*
　　　http://www.tagesspiegel.de/wissen/turners-thesen-nicht-jeder-sollte-studieren/7225118.html（2014年4月4日閲覧）
　Universität Bielefeld: *Projekt "Krise und Kontinuität in Bildungsgängen: Der Übergang Schule-Hochschule"*
　　　http://www.uni-bielefeld.de/OSK/NEOS_WissEinrichtung/Projekte/proj13.html（2014年4月4日閲覧）
　vom Lehn, B.（2012a）: *Hochschulreife. Abi? Na und!*
　　　http://www.faz.net/aktuell/beruf-chance/hochschulreife-abi-na-und-11930726.html（2014年4月4日閲覧）
　vom Lehn, B.（2012b）: *Beim Wurzelziehen versagt.*
　　　http://www.fr-online.de/wissenschaft/studium-beim-wurzelziehen-versagt,1472788,17574924.html（2014年4月4日閲覧）

■第12章
Adorno, Th. W.（1976）: Veblens Angriff auf die Kultur. In: Ders.: *Prismen. Kulturkritik und Gesellschaft.* Frankfurt a.M.（Original 1955），S.82-111.
Barz, H.（2003）: Bildung-Bemerkungen zur säkularen Wirklichkeit eines humanistischen Leitbegriffs.（Manuskript für den Antrittsvorlesung von H. Barz in Düsseldorf am 27.Mai 2003）
　　　http://www.phil-fak.uni-duesseldorf.de/fileadmin/Redaktion/Institute/Sozialwissenschaften/BF/Barz/Tagungsbeitraege/Antrittsvorlesung. PDF（2014年1月5日閲覧）
Barz, H./ Tippelt, R.（2003）: Bildung und soziales Milieu: Determinanten des lebenslangen Lernens in einer Metropole. In: *Zeitschrift für Pädagogik* 48, Jg., S.323-340.
Gadamer, H.-G.（1997）: Zukunft ist Herkunft. Oder: Bildung und Barbarei. In: *Bücherei und Bildung*, S.21-27.
Gstettner, P.（1981）: *Die Eroberung des Kindes durch die Wissenschaft. Aus der Geschichte der Disziplinierung.* Reinbek.
Humboldt,W.v.（1964a）: Über Prüfungen für das höhere Schulfach（Original 1810）. In: Flitner, A. v./ Giel, K.（Hrsg.）: Ders.: *Werke.* Bd.IV, Darmstadt, S.241-244.
Humboldt, W.v.（1964b）: Über die innere und äußere Organisation der höheren wissenschaftlichen Anstalten in Berlin（Original 1810）. In: Flitner, A. v./ Giel, K.（Hrsg.）: Ders.: *Werke.* Bd.IV, Darmstadt, S.255-266.
Humboldt, W.v.（1974）: *Bildung und Sprache.* Besorgt von Menze,C., Paderborn = K. ルーメル他訳（1989）『人間形成と言語』以文社

文 献

桂修治(2007)「自立的テクスト解釈とその評価の問題——ドイツの統一アビトゥーアの実情から」『言語文化研究』第15号, 127-152頁

川瀬邦臣(1971)「W.v.フンボルトの『一般的人間陶冶論』についての一考察——プロイセン教育改革『原理』としてみた」『教育学研究』第39巻第3号, 12-22頁

木戸裕(2008)「ドイツの大学入学法制——ギムナジウム上級段階の履修形態とアビトゥーア試験」『外国の立法』第238号, 21-47頁

木戸裕(2009)「ドイツ大学改革の課題——ヨーロッパの高等教育改革との関連において」『レファレンス』第59巻第5号, 9-32頁

Koller, H.-Ch. (2004) : Der klassische Bildungsbegriff und seine Bedeutung für die Bildungsforschung. In: Wigger, L. (Hrsg.) : *Wie ist Bildung möglich?* Bad Heilbrunn.

Lenzen, D. (1997) : Lösen die Begriffe Selbstorganisation, Autopoiesis und Emergenz den Bildungsbegriff ab? In: *Zeitschrift für Pädagogik*, 43, S. 949-968.

Luhmann, N. (2002) : *Das Erziehungssystem der Gesellschaft*. Frankfurt a.M. = 村上淳一訳 (2004)『教育の社会システム』東京大学出版会

望田幸男(1998)『ドイツ・エリート養成の社会史——ギムナジウムとアビトゥーアの世界』ミネルヴァ書房

長尾十三二(1960)「プロイセン絶対主義の崩壊過程における教育政策の研究——Abiturentenexamen の実施過程を通してみた (その1)」『日本の教育史学』第4集, 113-152頁

長尾十三二(1962)「プロイセン絶対主義の崩壊過程における教育政策の研究——Abiturentenexamen の実施過程を通してみた (その2)」『東京教育大学教育学部紀要』第8巻, 1-14頁

長尾十三二(1963)「プロイセン絶対主義の崩壊過程における教育政策の研究——Abiturentenexamen の実施過程を通してみた (その3)」『東京教育大学教育学部紀要』第9巻, 17-36頁

桜井哲夫(1984)『『近代』の意味——制度としての学校・工場』NHK出版

Schulenberg, W. u.a. (1979) : *Soziale Lage und Weiterbildung*. Braunschweig.

Strzelewicz ,W./ Raapke, H.-D./ Schulenberg, W. (1966) : *Bildung und gesellschaftliches Bewusstsein*. Stuttgart.

Tenorth, H.-E. (2006) : *Schule und Universität. Bildungswelten im Koflikt*. Konstanz.

人名索引

●あ
アドルノ（Adorno. Th. W.）　45

●う
ヴィーツォレク（Wiezorek, Chr.）　131
ヴォルフ（Wolf, G.）　166

●え
エーレンシュペック（Ehrennspeck, Y.）
　　22
エークヴィット（Equit, C.）　132, 134
エカリウス（Ecarius, J.）　57
エルカース（Oelkers, J.）　175, 178, 181
エルトジーク＝ラーフェ（Erdsiek-Rave, U.）
　　158

●お
大浦　猛　10

●か
ガダマー（Gadamer, H.-G.）　75

●き
キティ（Kittay, E. F.）　104
木村素衞　9

●く
クノスペ（Knospe, H.）　168
クラウス（Kraus, J.）　170
クリニンガー（Krinninger, D.）　133
クリューガー（Krüger, H.-H.）　29

●こ
コケモーア（Kokemohr, R.）　47
コラー（Koller, H.-Ch.）　27, 30-32, 192

●し
ジープ（Siep, L.）　88-92, 95, 110, 112, 128
篠原助市　6
シュッツェ（Schütze, F.）　114
シュレーゲル（Schlegel, F.）　40-42

●つ
ツェドラー（Zedler, P.）　19, 24

●て
ティエラック（Thierack, A.）　159
ティッペルト（Tippelt, R.）　22
テーハルト（Terhart, E.）　162
テノルト（Tenorth, H.-E.）　20, 21, 33, 178, 181, 197

●に
西田幾多郎　9

●の
ノヴァーリス（Novalis）　40, 41

●は
ハーバーマス（Habermas, J.）　87
バルツ（Barz, H.）　191, 193

●ひ
ビューラー（Bühler, Ch.）　73

●ふ
フィヒテ（Fichte, J. G.）　80
フーバー（Huber, L.）　181
フレイザー（Fraser, N.）　86
プロンシンスキー（Prondczynsky, A. v.）
　　18, 19

220

フンボルト (Humboldt, W. v.) 3, 18, 31, 52, 55, 65, 189-191, 193

● へ

ベイトソン (Bateson, G.) 49
ヘーゲル (Hegel. G. W. F.) 37, 38, 48, 53-55, 65, 75, 80, 81, 88, 111, 112, 127, 128
ペクルン (Pekrun, R.) 25
ベック (Beck, U.) 29
ヘルスパー (Helsper, W.) 107
ヘルツォーク (Herzog, R.) 136
ベンナー (Benner, D.) 21, 25, 26
ベンヤミン (Benjamin. W.) 43

● ほ

ホネット (Honneth, A.) 11, 82-88, 101, 103, 109
ポラチェク (Polaczek. Ch.) 168

● ま

マロツキ (Marotzki, W.) 27, 28, 30, 48-51

● み

ミュラー (Müller, H.-R.) 130, 133

● ゆ

湯原元一 6

● り

リオタール (Lyotard, J.-F.) 31
リッケン (Ricken, N.) 128, 129, 133

● る

ルーマン (Luhmann, N.) 195

● れ

レンツェン (Lenzen, D.) 23, 192

221

事項索引

●あ

アイデンティティ　88
アイデンティティ形成　129
アイデンティティ問題　29, 51
アイデンティティ論　30, 52
アウトプット型統制　154
アオスビルドゥング　173
アビトゥーア　171, 172, 175, 176, 178, 189, 190
アビトゥーアの拡大　172
アルゲマイネ・ビルドゥング　173, 182
アンエアケンヌング　11, 12, 80, 81, 83, 84, 93, 94, 102, 108, 110, 112, 117, 119, 121, 128, 132

●い

異化　75
依存関係　104
一般陶冶　173, 182
インタビュー　60

●う

ヴィルヘイム・マイスター（修行時代・遍歴時代）　74

●お

応用倫理学　95

●か

解釈学的社会学　72
学修ゼミナール　139
学修能力　167, 170, 175, 177, 179
学修能力概念　178
学校　117-120, 122, 126, 132, 168, 189, 199

軽んじられること　84
間人格性　93

●き

記憶　44
機知　41, 42
基本的教員養成　139, 143, 144
ギムナジウム卒業試験　171
教育科学的伝記研究　26, 27
教育科学的ビオグラフィ研究　73
教育学　2, 3, 148, 152, 154, 155, 161
教育学コンピテンシー　161
教育関係　82
教員養成　137, 138, 142, 162
教員養成改革　140
教員養成スタンダード　159, 162
教員養成センター（ZfL）　150, 151
教員養成の高度化　164
協会　103
教科プロフィール　161
教職実践演習　164
教養小説　74

●け

KMKスタンダード　160, 161
経験科学　72, 77
経験的人間形成研究　23
経歴　196, 197
ゲゼルシャフト・フュア・ビルドゥングスフォルシュング　154

●こ

コンピテンシー　161, 170, 177
コンピテンス　24

コンフリクト　93, 116

●し

試験　190, 197, 198
自己関係　90, 101
自己規律化　66
自己形成　102
自己実現　105
自己像　115, 120, 121
自己否定　127
自己変容　3
自然　1, 99
自然哲学　95
実習セメスター　149
質的な人間形成研究　12
自伝　45
自伝テキスト　46
社会学　28, 51, 88
社会哲学　95
シュトゥディーエンゼミナール　139
省察　65
承認　11, 12, 80, 81, 83, 84, 93, 94, 102, 108, 110, 112, 117, 119, 121, 128, 132
承認関係　104
承認関係の綻び　100
承認形態　85
承認の運動　127, 128
承認のコンフリクト　119, 120, 122
承認の否定　100
承認論　89, 105, 125, 126
承認をめぐる闘争　82, 91, 99, 110
職業陶冶　173
新自由主義　187
人生行路の語り　77
心理学　28, 34, 88, 90
人倫的実体　39

●す

スクール・オブ・エデュケーション　151

●せ

精神科学的教育学　73
制度　126, 134
1900年頃のベルリンの幼年時代　43, 45
専門大学入学資格　174

●そ

相互主観性　29, 87
尊重の欠如　110

●た

大学　182, 189, 190
大学改革　181
大学中途退学者　169
大学入学資格　172, 174
ダイナミズム　9
段階的教員養成　142, 143

●ち

知識　196
中等教育段階の学校　179, 181, 182

●て

テーハルト委員会　150
伝記研究　33, 34, 47, 107, 125, 134

●と

ドイツ・ロマン主義者　42
闘争　91, 92
陶冶　5, 6, 7, 8
トラジェクトリー　131

●な

ナラティヴ　73
ナラティヴ・インタビュー　12, 26

223

事項索引

ナラティヴ研究　98, 105

●に
人間形成（ビルドゥング）　1, 3, 5, 7-10, 15, 28, 33, 52, 53, 65, 67, 94, 118, 129, 182, 188, 189, 192-194
人間形成（の）概念　2, 20-22, 56, 130, 134
人間形成科学　152, 153
人間形成科学学会　154
人間形成過程　49, 67, 109
人間形成研究【ビルドゥングスフォルシュング】　4, 11, 18, 20
人間形成研究ハンドブック　22
人間形成的伝記研究　71
人間形成の形態【ビルドゥングスゲシュタルト】　50, 55, 66, 120
人間形成の現実　133
人間形成（ビルドゥング）の日常的理解　193
人間形成論【ビルドゥングスセオリー】　4, 11, 18, 20, 56, 94, 98, 99, 105, 126, 199

●は
発達　75

●ひ
ビオグラフィ研究　72
PISA　23-25, 136
否定性　48
批判理論　83

●ふ
フィクション　197
不正の感情　101
文化　1, 53, 198
フンボルトモデル　160

●へ
ベルリン年代記　43
変容　47, 49, 134

●ほ
暴力　60, 115
ポストモダン　4, 194, 196
ボローニャ・プロセス　137, 140, 148, 158

●み
ミスアハトゥンク　84

●ら
ライフコース　63
ライフヒストリー　134

●り
リスボン戦略　136
倫理学　85

●れ
レーベンスラウフ　196, 197
連続的教員養成　146
連盟　103

224

おわりに

　ローター・ヴィガー氏（Lothar Wigger, 1953-）に初めて直接お会いしたのは，たしか2004年であったと思う。長く付き合いのあるドイツ人教育史学者の紹介で，ドルトムント工科大学におけるヴィガー氏の研究室を訪れて歓談のときを過ごした。ヴィガー氏は，私にとってはそれまで文献上の人物だった。私が大学院生の時代，『文化と教育』という日本語とドイツ語の両方ですべての論文を掲載するユニークな専門誌があった（1969年から1986年まで刊行）。その頃，若きヴィガー氏が執筆した行為論と教育学との関係を論じた好論に接したことがあり，それ以来，何度か彼の著作や論文を読んだり，他の論者たちが彼の業績を引用したりするのを目にするようになった。

　ヴィガー氏に限ったことではないが，文献で親しんだ人物に直接会う機会に恵まれると，私はいつも飛び出す絵本を思い出す。いきなり平面の世界から飛び出してきて，目の前にその人が立っている。それだけでも嬉しい体験だ。ヴィガー氏は予想していたとおり思慮深い面持ちで，ただし想像以上に愛嬌のあるちょっとはにかんだような笑顔でそこに立っていた。彼は，話し始める前にあごにそっと手を添えて，語る内容をじっくりと考えた後でこちらの心に染み入るように言葉を投げかける。本書に収められたヴィガー氏の論文にも，そのような彼の特徴が反映していると思う。彼の語りかけに対して，私たちはコメント論文のかたちで応答することにした。本書はその成果である。

　ヴィガー氏は，これまで2006年，2011年，2012年，2013年と4度にわたって日本を訪れ，各地で講演を行った経験をもつ。2012年の秋にヴィガー氏が来日したとき，教育思想史学会の年次大会でコロキウム「承認と人間形成」（企画者は藤井佳世氏）に参加していただいたことを直接の契機として，「人間形成」と「承認」が日本の文脈においても十分に議論に値するテーマであることを確認したうえで，このコロキウムにかかわった藤井氏，池田全之氏，野平慎二氏，山名が中心となって論集のかたちでヴィガー氏との対話の試みを公にすること

おわりに

を決めた。当初想定していた以上に本書の完成には時間を要することになった。その最も大きな原因は，日本語とドイツ語の世界を往還するなかで鍵概念となる「ビルドゥング」をどのように訳すかという難問に対して，まずは私たちなりの確固とした答えが必要となったことにある。この回答を求める苦難は序章におそらく滲み出ているが，結果としてこの道のりを経たことが本書に奥行きを与えていると信じている。

ヴィガー氏の経歴を紹介しておくことは，本書の内容を理解するうえでいくらか手助けになると思う。ヴィガー氏は，1971年から1978年までボン大学において，教育学，哲学，社会科学を学び，1981年に同大学の教育学者ヨーゼフ・デアボラフ（Josef Derbolav, 1912-1987）のもとで博士論文「行為論と教育学」を提出している。その後，ボン大学で研究助手およびドイツ学術振興協会の研究員を務め，1995年にビーレフェルト大学に論文「教育学的論証の理論」を提出して教授資格を獲得した。ヴェヒタ大学で代理教授（1995年から1997年まで），同大学正教授（1997年から2000年まで）を経て，2000年からドルトムント工科大学における第12学部「教育学・社会学」の一般教育学講座で正教授となり，現在にいたっている。

ヴィガー氏の中心的な研究テーマは何かを本人に尋ねたところ，①青少年自らの自分史物語を主たる対象とした人間形成論および人間形成研究，②教育，教育的行為，倫理の理論研究，③一般教授学および授業理論，④教育学および教育学的思考の学問論・方法論・学問研究，がその柱であるという回答が返ってきた。今ここでそれぞれの柱について詳細に論じる余裕はないが，哲学・思想研究に対する関心を一貫して保持しつつ，教育や人間形成にかかわる現実と制度についても積極的に考究しようとしていること，また同時に方法論においては経験科学の手法にも関心を示しつつ，それを哲学・思想研究に接合しようとする意志が非常に強いということが，ヴィガー氏の特徴として強調されるところであろう。

ヴィガー氏のそのような基本的な研究姿勢は，彼の恩師であるデアボラフのもとで培われたように思われる。『現代教育科学の論争点――教育学の体系的展望』（小笠原道雄（監訳）玉川大学出版部，1979年），『教育と政治――その関係の体系的－批判的分析』（石原鉄雄・山田邦男（訳）広池学園出版部，1980年）

おわりに

など，邦訳されたデアボラフの著作名からすでに推察されるように，彼はドイツの精神科学的教育学という抽象度の高い哲学的考察の伝統に基づきつつも，さまざまな方法論を採り入れて積極的に政治・政策および人間のより幅広い文化領域を視野に捉えた教育学を展開しようとしたことで知られる。彼はそのように現実に開かれた自らの教育学を「実践学（Praxeologie）」と呼んだ。ヴィガー氏は学生時代にデアボラフが主導する教育政策研究プロジェクトに参加し，また後年には彼の哲学論集の編纂に携わった。そのような経験が哲学・思想研究をその外部と接続する自分の志向性を生み出したと，ヴィガー氏自身が私に語ったことを，ここに記しておこう。

ヴィガー氏の研究スタイルは，一方でそうした彼個人の経歴と密接に関連しているが，他方でドイツ教育学そのものの変化とも結びついているといわねばならない。1980年代以降，ドイツでは，哲学・思想を基盤とした教育学（精神科学的教育学）に大きな意義が認められてきた時代から社会科学や心理学などの経験科学的な学問ディシプリンに基づく教育研究が重視される時代へのシフトが顕著にみられた。今日の時代文脈のなかで教育学研究における哲学・思想の意義をどのように捉えるべきか。哲学・思想的な議論（人間形成論）と実証科学性を帯びた議論（人間形成研究）とはいかにして架橋することが可能なのか。ヴィガー氏が大学に職を得て研究に従事するようになった1990年代，教育哲学の領域を専門とする者にとっては避けることのできない問題として，それらの問いが眼前に横たわっていた。本書に収められたヴィガー氏の論考は，その後に彼が思索したことに基づいて示された回答としての色合いを帯びている。この回答が，グローバル化した今日の社会においては「ドイツにおいて」という限定を超えて，日本を含むドイツ以外の国々においても重要な意味をもつことについては，すでに序章において論じたとおりである。

哲学・思想は，人間や教育に私たちが向き合う際に重要となる視点や問題構成に関する知識のストックとしての側面がある。ヴィガー氏のこうした見解は，「新しいものは旧いものの問題を克服して登場しているはずだからきっとよいはずだ」という私の漠とした偏見を修正してくれた。ある理論が形成されるとき，そこではかつてあったいくつかの要素の選び取りとその際に選ばれなかった要素の捨て去りの作業がなされている。そうした取捨選択の過程を遡り，ま

おわりに

だ不定形であったがゆえに豊穣な潜在性を保持したままの知の源泉に接触し、そのことによっていまだ発現していない可能性を見いだすこと。新しいものと旧いものとを往還すること。各論点に対する批判的な考察については各章をご覧いただかねばならないが、本論集の共同執筆者はみな、そのようなことの重要性を強調するヴィガー氏に賛同を覚えるものである。

　本論集においてヴィガー氏が執筆した章は、以下の論文および講演原稿が加筆修正されたものである。章によっては他の章と内容上の重なりをもつ場合もあるが、各章が単体としても読解できるようにあえて省略などの調整をしなかった。なお、日本人執筆者によるコメント論文はすべて書き下ろしである。

Bildungstheorie und Bildungsforschung in der Gegenwart. In: *Vierteljahrsschrift für wissenschaftliche Pädagogik*. 80. Jg., Ⅱ H. 4, 2004, S. 478-494.（第1章）

Hegels Bildungstheorie und die moderne Bildungsforschung（2011年10月26日、京都大学において開催された講演の原稿）（第3章）

Anerkennung und Bildung. In: Lutz Koch / Sascha Löwenstein（Hrsg.）: *Freiheit, Wille, Willensfreiheit. Jürgen-Eckardt Pleines zum 75. Geburtstag*. Berlin 2011, S. 115-137.（2011年9月19日、東京大学において開催された教育思想史学会年次大会コロキウムの講演原稿）（第5章）

Institutionelle Zwecke, Anerkennungskonflikte und Bildung. In: *Vierteljahrsschrift für wissenschaftliche Pädagogik*. 86. Jg. H. 4, 2010, S. 542-557.（2010年3月16日に開催されたドイツ教育学会第22回大会「民主主義における人間形成」の報告原稿）（第7章）

Die Reform der Lehrerbildung und die Transformation der Erziehungswissenschaft in Deutschland（広島大学で2011年10月4日に、また九州産業大学で2011年10月31日に開催された講演の原稿）（第9章）

Das Abitur und die Diskussion um die Studierfähigkeit in Deutschland（2012年11月21日、京都大学において開催された講演の原稿）（第11章）

おわりに

　本書の刊行に際しては，多くの方々にお世話になった。とくに「ビルドゥング」をどのように訳すかという大問題に頭を抱えていた頃，その「悩み」を聞いていただいた。お話をうかがった順番で，鳥光美緒子氏，木下江美氏，櫻井佳樹氏，鈴木晶子氏，今井康雄氏，石井英真氏，宮本健市郎氏，矢野智司氏，西村拓生氏，田中毎実氏にこの場を借りて感謝申し上げたい。次に，ヴィガー氏の来日講演において，各地の受け入れ先としてお世話になった方々や講演後のディスカッションにおいて生産的な質問や意見をお寄せくださった方々。広島大学の講演では，小笠原道雄氏，坂越正樹氏，丸山恭司氏，木内陽一氏に，また福岡教育大学・九州産業大学では，堺正之氏，寺岡聖豪氏，小林万里子氏，松原岳行氏にお世話になった。これまで最も多く講演を開催してきた京都大学では，「多次元入試研究会」による支援などをはじめとして，教育学研究科の温かいサポートを受けた。私が所属する教育学講座の鈴木晶子氏は，ドイツ教育学研究の頼りがいのある先達として，講演会開催の意義をよく理解してくださり，ヴィガー氏の講演を運営面と内容面の双方において一貫して支えてくださった。西平直氏は，本書第3章のもとになった京都大学でのヴィガー氏講演において，コメンテーターをお引き受けくださった。その成果は，第4章として本書に収められている。各大学や学会コロキウムなどにおいて議論に積極的に参加してくださった方々にも感謝申し上げたい。

　共編著者である藤井佳世氏による本書のコンセプトに関する積極的な提案と献身的なとりまとめがなければ，今回の論集は完成をみなかっただろうと思う。北大路書房の奥野浩之氏は，最初の締め切り日を過ぎても，私たちの基本構想が十分に具体的な形になるまで忍耐強く待ってくださった。2013年の11月にヴィガー氏，藤井氏とともに北大路書房の奥野氏を訪ねて最終的な打ち合わせを行ったが，その際の和やかな会話によって本書の具体的イメージと入稿までの元気の素を私たちは得ることができた。心からお礼申し上げたい。

　　　2014年5月3日

　　　　　　　　　　　　　　　　　　　　　　　　　　　　　　山名　淳

■編著者紹介

ローター・ヴィガー（Lothar Wigger, Prof. Dr.） 第1章，第3章，第5章，第7章，第9章，第11章
1981年　論文「行為論と教育学」によってボン大学で博士号を取得
　現　在　ドルトムント工科大学教育科学・社会学部教授（哲学博士）
〈主著・論文〉
Bildung, Biografie und Anerkennung（hrsg. zusammen mit Claudia Equit）2011.
Wie ist Bildung möglich?（hrsg.）2009.
Erziehungsdiskurse（hrsg. zusammen mit Winfried Marotzki）2008.
Reflexive Erziehungswissenschaft. Forschungsperspektiven im Anschluss an Pierre Bourdieu
　　（zusammen mit Barbara Friebertshäuser und Markus Rieger-Ladich）2006, 2. Auflage 2009.

山名　淳（やまな・じゅん） 序章，第3章（訳），第11章（訳），第12章
1991年　広島大学大学院教育学研究科博士課程単位取得退学
　現　在　京都大学大学院教育学研究科准教授（博士（教育学））
〈主著・論文〉
『ドイツ田園教育舎研究──「田園」型寄宿制学校の秩序』風間書房　2000年
『教育人間論のルーマン』（共編著）勁草書房　2004年
『夢幻のドイツ田園都市──教育共同体ヘレラウの挑戦』ミネルヴァ書房　2006年
『教育思想史』（共著）有斐閣　2009年
『「もじゃぺー」に〈しつけ〉を学ぶ』東京学芸大学出版会　2012年

藤井佳世（ふじい・かよ） 序章，第5章（訳），第6章
2005年　東京学芸大学大学院連合学校教育学研究科博士課程修了
　現　在　横浜国立大学教育人間科学部准教授（博士（教育学））
〈主著・論文〉
『学校という対話空間』（共著）北大路書房　2011年
『子ども・若者の自己形成空間──教育人間学の視線から』（分担執筆）東信堂　2011年
「教育的承認の多層性──愛の関係と法の関係のあいだ」『臨床教育人間学4　関係性をめぐって』臨床教育人間学会編　東信堂　2011年
ペーター・スローターダイク『方法としての演技──ニーチェの唯物論』（共訳）論創社　2011年
ガート・ビースタ『民主主義を学習する──教育・生涯学習・シティズンシップ』（共訳）勁草書房　2014年

■執筆者紹介（執筆順）

池田全之（いけだ・たけゆき） 第1章（訳），第2章
1989年　東北大学大学院教育学研究科博士課程単位取得退学
　現　在　お茶の水女子大学大学院人間文化創成科学研究科教授（博士（教育学））
〈主著・論文〉
『シェリングの人間形成論研究』福村出版　1998年

『自由の根源的地平——フィヒテ知識学の人間形成論的考察』日本図書センター　2002年
『ドイツ　過去の克服と人間形成』（共著）昭和堂　2011年
「寓意家, 収集家, 遊民——ヴァルター・ベンヤミンのアレゴリー的解釈術の基本構造」『近代教育フォーラム』第13号　2004年
「〈主体〉化の系譜学から新たな自己関係へ——身体をめぐるフーコーの言説に準拠して」『教育哲学研究』第99号　2009年

西平　直（にしひら・ただし）　　　　　　　　　　　　　　　　　　　　第4章
1990年　東京大学大学院博士課程修了
現　在　京都大学大学院教育学研究科教授（教育学博士）
〈主著・論文〉
『エリクソンの人間学』東京大学出版会　1993年
『魂のライフサイクル——ユング・ウィルバー・シュタイナー』東京大学出版会　1997年
『教育人間学のために』東京大学出版会　2005年
『世阿弥の稽古哲学』東京大学出版会　2009年
『無心のダイナミズム——しなやかさの系譜』岩波現代全書　2014年

野平慎二（のびら・しんじ）　　　　　　　　　　　　　　第7章（訳）, 第8章
1992年　広島大学大学院教育学研究科博士課程単位取得退学
現　在　愛知教育大学教育学部教授（博士（教育学））
〈主著・論文〉
『ハーバーマスと教育』世織書房　2007年
Concepts of Aesthetic Education - Japanese and European Perspectives.（共著）Waxmann, 2007.
『システムとしての教育を探る——自己創出する人間と社会』（共著）勁草書房　2011年
テオドール・リット『原子力と倫理——原子力時代の自己理解』（共訳）東信堂　2012年
クラウス・モレンハウアー『回り道——文化と教育の陶冶論的考察』（共訳）玉川大学出版部　2012年

鈴木　篤（すずき・あつし）　　　　　　　　　　　　　　第9章（訳）, 第10章
2010年　広島大学大学院教育学研究科博士課程修了
現　在　大分大学教育福祉科学部准教授（博士（教育学））
〈主著・論文〉
「一九二〇年代ドイツ「教育の限界論争」の再検討：S. ベルンフェルトの議論を中心に」『教育哲学研究』第100号　2009年
Wissenstransfer durch staatliche Stipendiaten in Japan vor 1920. Ihre ambivalente Auseinandersetzung mit der deutschen Erziehungswissenschaft. In: Jahrbuch fur Historische Bildungsforschung. Bd.15, 2010.
Netzwerke in bildungshistorischer Perspektive.（共著）Bad Heilbrunn, 2013.

石本沙織（いしもと・さおり）　　　　　　　　　　　　　　　　　　　　第12章
2014年　京都大学大学院教育学研究科修士課程卒業
現　在　京都大学大学院教育学研究科博士後期課程在籍

人間形成と承認

教育哲学の新たな展開

2014年7月10日	初版第1刷印刷
2014年7月20日	初版第1刷発行

定価はカバーに表示
してあります。

編　著　者	ローター・ヴィガー
	山　名　　　淳
	藤　井　佳　世
発　行　所	㈱北大路書房

〒603-8303　京都市北区紫野十二坊町12-8
　　　　　　電　話　(075) 431-0361㈹
　　　　　　Ｆ Ａ Ｘ　(075) 431-9393
　　　　　　振　替　01050-4-2083

Ⓒ2014
DTP制作／ラインアート日向・華洲屋　印刷・製本／創栄図書印刷㈱
検印省略　落丁・乱丁本はお取り替えいたします。
ISBN978-4-7628-2863-8　　Printed in Japan

・ JCOPY 〈㈳出版者著作権管理機構 委託出版物〉
本書の無断複写は著作権法上での例外を除き禁じられています。
複写される場合は，そのつど事前に，㈳出版者著作権管理機構
(電話 03-3513-6969,FAX 03-3513-6979,e-mail: info@jcopy.or.jp)
の許諾を得てください。